COLLECTION UNIVERSELLE

DES

MÉMOIRES PARTICULIERS,

RELATIFS

A L'HISTOIRE DE FRANCE.

TOME XXI.

CONTENANT les Mém. de Messire MARTIN DU BELLAY.

XVIᵉ SIÈCLE.

Il paroît régulièrement chaque mois un Volume de cette Collection.

Le prix de la Souscription pour 12 Volumes, à Paris, est de 48 l. Les Souscripteurs de Province payeront de plus 7 l. 4 f., à cause des frais de poste.

C'est au Directeur de la Collection des Mémoires, &c. qu'il faut s'adresser, *rue d'Anjou-Dauphine* N°. 6, à Paris. Il faut avoir soin d'affranchir le port de l'argent & des lettres.

COLLECTION

UNIVERSELLE

DES

MÉMOIRES PARTICULIERS

RELATIFS

A L'HISTOIRE DE FRANCE.

TOME XXI.

A LONDRES;

Et se trouve à PARIS,

Rue d'ANJOU-DAUPHINE, N°. 6.

1786.

ERRATA

Pour le dixième Livre des Mémoires de Meſſires DU BELLAY.

Page 199, ligne 11, après ces mots : entre les mains du Roi d'Angleterre, placez l'obſervation n° (23).

Page 207, ligne 6 ; au lieu du n° (23), placez-y (24).

Page idem, ligne 11 ; au lieu de (24), liſez (25).

Page 214, ligne 15 ; au lieu de (26), liſez (27).

MÉMOIRES

DE MESSIRE
MARTIN DU BELLAY,
SEIGNEUR
DE LANGEY.

SOMMAIRE
DU DIXIÈME LIVRE,

Contenant les évènemens arrivés depuis l'année 1543 jusqu'en 1546.

SIÉGE d'Avesnes entrepris & abandonné par les François. Ils prennent Bapaume & Landrecy que le Roi fait fortifier. Se rendent maîtres du château d'Aimeries & de Maubeuge; mais ils font obligés de lever le siége de Binche. Le Comte d'Anguyen essaye inutilement de surprendre le château de Nice. Siége de Landrecy par les Impériaux. Brissac bat un de leurs détachemens. Le Duc d'Aumale leur enleve plusieurs châteaux. Prise d'Arlon & de Luxembourg par le Duc d'Orléans. Le Duc de Cleves fait sa paix avec l'Empereur. Luxembourg est ravitaillé par le Prince de Melphe.

A

La garnison de Landrecy est rafraîchie, &
l'Empereur est obligé de lever le siége de cette
place. Ruses ausquelles il a recours pour surprendre Cambrai. Prise de Nice par le Comte
d'Anguyen ; mais il attaque inutilement le
château. Le Marquis du Guast s'empare de
Mondovi & de Carignan, & oblige Boutieres
de lever le siége d'Yvrée. Fameuse bataille de
Cerisoles gagnée par le Comte d'Anguyen. La
conquête du Montferrat & de Carignan est une
suite de cette victoire. Traité de l'Angleterre
avec l'Empereur. Prise de Luxembourg & de
Ligny par les Impériaux. Surprise d'Abbe par
le Comte d'Anguyen. Suspension d'armes pour
l'Italie. Fameux siége de Saint-Disier. Une
trahison rend les Impériaux maîtres de cette
place. Ils surprennent Epernay & Château-
Thierry. Paix de Crespy. Prise de Boulogne
par les Anglois. Ils levent le siége de Montreuil. Monsieur le Dauphin reprend la Basse-
Boulogne, & la perd presque aussi-tôt. Etrange
exécution de Cabrieres & de la Merindole.
Descente en Angleterre faite par le Maréchal
d'Annebaut sans aucun succès. Construction du
fort d'Outreau. Mort du Duc d'Orléans. Les
François ravagent la terre d'Oye. Traité de
paix avec l'Angleterre. Mort de Henri VIII,
suivie de près de celle de François I. Des-

…cription des magnifiques obseques faites à ce
Prince.

Desja estoit la fin du mois de May, mil
cinq cens quarante-trois, que le Roy estant
à Villers-Costerez, ordonna de rassembler de
toutes parts son armée, pour se jetter en
campagne selon ce qu'il arresteroit en son
Conseil; les uns estoient d'advis qu'il devoit
marcher à Lilliers (a), nouvellement prise &
bruslée, par Mgr. de Vendosme, & la fortifier : car il estoit aisé, parce qu'elle est en
forte assiette, des deux parts fermez d'un marais, & n'y a qu'une advenue à fortifier du
costé tendant à Pernes (b). Et en mesme
temps fortifier Sainct Venant, qui est deux
lieuës plus outre sur la riviere du Lis, fort
de nature, d'autant qu'il est en une isle trian-
gulaire environnée de toutes parts d'icelle
riviere, & de marais, laquelle on ne peut
oster, de sorte qu'il n'y a ordre d'y arriver
que par deux chaussées; & le tenant, on
pourroit courir librement tout le bas-pays de
Flandres, sans trouver ou ville ou passage
qui fasse obstacle ; puis à Sainct-Paul, ou

(a) Lillers.

(b) Pernes, sur la Clarence, autre petite ville de
l'Artois.

bien à Pernes faire un chasteau, pour asseurer le chemin à Lilliers avecques Teroüenne, qui est à quatre lieuës delà sur la main gauche, tirant de Pernes audit lieu, pour y mener vivres; car tenant Teroüenne, Pernes, Lilliers & Hedin à la queuë, le pays seroit suffisant pour s'avitailler sans le secours d'autruy.

Les autres disoient, qu'estant la ville d'Avennes desgarnie d'hommes, à cause que la garnison estoit à la guerre contre le Duc de Cleves, l'allant investir à l'improviste, avant que l'ennemy eut l'opportunité de la secourir, on la prendroit, sinon on prendroit Landrecy, qu'on pourroit fortifier, & le chasteau d'Emery, & quelques autres, pour avoir entrée au pays de Hainault. Ce fut l'opinion à laquelle le Roy s'arresta, & depescha l'Admiral d'Annebault (1), nouvellement Admiral, par le trespas de l'Admiral de Brion, mort à Paris, à ce qu'il print le droit chemin, pour, en attendant son arrivée, clorre ladite ville d'Avennes, & empescher qu'il n'y entrast secours : il manda à Mgr. de Vendosme, de rassembler son armée vers Abbeville, & de prendre son chemin à travers le pays de l'ennemy, pour vivre à ses despens sans fouller le sien, & le venir rencontrer au

Cateau - Cambrezis ; par ce moyen il avoit l'armée que menoit l'Admiral en forme d'avant-garde à sa main dextre, & celle de Mgr de Vendosme à sa gauche, & luy estoit au milieu.

L'Admiral ayant pris congé du Roy à Villers-Costerez, alla coucher à Soissons, de là à Moncornet en Tierasse (a) auquel lieu il assembla les forces qu'il devoit mener : de Montcornet, il devoit camper à Estrée, au pont sur la riviere d'Oyse, duquel lieu, après avoir fait repaistre les chevaux, dès jour couché, il fit partir le Sieur de Longueval, avecques cinquante hommes d'armes de sa compagnie, & Martin du Bellay, Sieur de Langey (b), avecques la sienne, & le Capitaine la Lande avecques mille hommes de pied, pour passer entre Avennes, & la haye d'Avennes, afin d'empescher que du costé delà l'eau il ne luy put arriver secours. Or entre Estrée, au Pont & Avennes, deux lieuës au deçà dudit lieu d'Avennes, passe une petite riviere qui sort de l'estang du Beuffe, laquelle pour la hauteur des rives en peu de lieux est guayable, & il y a un seul pont à un

(a) Dans la Thierache.

(b) Depuis la mort de Guillaume son frère, Martin du Bellay avoit pris le titre de *Sieur de Langey.*

A 3

village nommé Eſtreul , par lequel on paſſe:
au bout d'iceluy pont , les ennnemis avoient
fait un blocus (car ainſi nomment-ils ce que
nous appellons un fort) dedans lequel il y
avoit trois cens hommes pour la garde. Langey print le devant , menant avecques luy
une douzaine de pionniers , & entre ledit
fort & l'eſtang du Beuſle , feit abbatre les
bords de la riviere , en ſorte qu'il y paſſa à
gué , & ſe trouva devant les portes d'Avennes , avant que le Sieur de Longueval &
la Lande arrivaſſent à Eſtreul ; il tint ceux
d'Avennes en telle ſubjection , que le Capitaine la Lande força ledit fort d'aſſaut , &
meit ceux de dedans au fil de l'eſpée , ſans
que ceux de la ville en euſſent cognoiſſance
A Avennes paſſe une autre riviere , laquelle ſe nomme la riviere d'Avennes , & va
tomber dans la riviere de Sembre : Langey
pour achever l'entrepriſe de ſe jetter entre
la haye d'Avennes & la ville , adverty de
la prinſe du fort , marcha pour paſſer la riviere : mais avant qu'il y arrivaſt , vint devers
luy un homme , envoyé de la part de Mgr.
l'Admiral , l'advertir qu'il avoit changé d'oppinion , & qu'il eut à ſe retirer le chemin
de Cartigny , qui eſt ſur la riviere de Beuſle,
tirant au chemin de Landrecy : à quoy il obeyt.

Si eſt-ce que ſur ſa retraitte ceux d'Avennes, luy feirent pluſieurs charges ; mais ayant laiſſé trente ou quarante chevaux en une foſſe, l'ennemy qui n'en avoit la cognoiſſance paſſa outre : incontinent ceux qui eſtoient demeurez en la foſſe leur donnerent à dos, & prindrent quinze ou vingt des ennemis. Je n'ay pas bien entendu à quelle occaſion on avoit changé le deſſeing, ſinon que l'on diſoit, que S. Remy, Commiſſaire de l'artillerie, avoit dit que la ville n'eſtoit forçable ; ſi ainſi eſtoit, on ne devoit venir juſques là pour laiſſer d'autres plus belles entrepriſes ; ſi eſt-ce qui l'euſt aſſaillie de furie, il eſtoit apparent qu'on l'euſt priſe, la trouvant deſpourveuë d'hommes comme elle eſtoit.

Eſtant noſtre armée arrivée à Cartigny, fut ordonné que le lendemain matin, Langey iroit devant à Landrecy, pour faire le logis du camp, & ſelon l'occaſion qui ſe preſenteroit, feroit ſommer ceux de dedans de ſe rendre à la mercy du Roy, & que le Sieur de Longueval le ſuivroit avecques ſa compagnie, & les mille hommes du Capitaine la Lande. Paſſant chemin, Langey trouva le fort de Priſſé abandonné des ennemis, auquel il meit des gens, attendant le camp : de là alla devant Landrecy, où il fit donner par quelques gens de cheval jufques aux barrieres; mais nul ne fortit de la ville pour venir à l'efcarmouche plus avant que lefdites barrieres. La ville de Landrecy eft affife fur la riviere de Sembre, laquelle n'eft encore fort groffe, mais parce qu'elle eft profonde, & les bords hauts, elle fe paffe malaifément fans pont. Cefte riviere fort du viviers d'Oïfi, qui eft du Duché de Guyfe, & vient tomber à Catillon, & delà à Landrecy & à Marolles, de Marolles à Emery & à Maubeuge, & delà au pont fur Sembre, & fe va defcharger dedans la Meuze, près Namur. Landrecy eft deçà l'eau, & au delà à la portée d'un canon eft la foreft de Mormaux. Langey qui bien fçavoit que l'an mil cinq cens vingt & un, lors que M. de Vendofme print (a) ladite ville, la nuiðt dont le lendemain il penfoit donner l'affaut, les ennemis fe retirerent dedans la foreft, de forte qu'au matin on n'y trouva que le nid : pour obvier à cela, & qu'en partant il meiffent le feu dedans la ville, & bruffaffent les munitions (car il fçavoit que le Roy la vouloit fortifier) il fift rabiller un pont à un moulin, auquel il y a une tour quarrée, qui eft audeffoubs de Landrecy, tirant à Marolles;

(a) Voyez le premier Livre des Mémoires de du Bellay.

puis il fit paſſer cent chevaux des ſiens, conduits par le Comte Maxime-Antoine de Seſſe,
pour ſe jetter entre la foreſt & la ville, attendant la venuë de l'Admiral, qui les pourroit
renforcer : mais eſtant arrivé il luy demanda
deux ou trois enſeignes, avecques quelques
cent cinquante hommes d'armes de renfort,
car il y avoit lieu commode pour les loger
ſans hazard ; toutesfois ledit Admiral ne le
trouva bon, & fit revenir ce qui desjà eſtoit
paſſé. Les ennemis environ minuict, ne faillirent d'executer ce que Langey avoit pre-
veu, car ils deſlogerent, & ſe retirerent à
la foreſt, parce qu'il n'y avoit perſonne de
là l'eau, & au partir mirent le feu dedans la
ville, en tant de divers endroits, qu'elle
fut toute convertie en cendres, horſmis l'Eſ-
gliſe, ſans que l'on y peuſt remedier ; ils bruſ-
lerent bleds, farines, & autres vivres & munitions en ſi grand nombre, qu'il y en avoit
à ſuffiſance pour nourrir le nombre d'hommes
qu'il faudroit à la garde de la place pour un
an.

Pendant ce temps M. de Vendoſme marchoit avecques ſon armée par le haut pays
d'Artois, lequel paſſant près de Bapaulme,
aſſaillit la ville, & la miſt en ſon obeïſſance.
Dedans le chaſteau qui n'eſt qu'une roquet-

te, (a) s'estoit retiré le Seigneur d'Auchimont, avecques tous les soldats & les habitans de la ville , femmes & enfans , en si grand nombre , qu'attendu qu'il n'y avoit qu'un puits , en deux jours il fut tary , de sorte qu'ils estoient prests de se mettre à sa misericorde , la corde au col : mais le Roy qui par plusieurs fois avoit mandé au Duc de Vendosme qu'il eut à passer outre sans s'arrester là ni ailleurs , luy fit un reiteratif mandement , que sur peine de desobeïssance , & d'encourir sa male-grace (b) , il eut ce jour là à le venir trouver au Cateau en Cambrezis , auquel lieu il ne feroit faute de se trouver , à quoy il ne voulut desobeïr , & leva son camp à la grande joye des assiegez , & à son grand regret. Le Roy estant arrivé à Cateau en Cambrezis , M. l'Admiral le vint trouver , ayant tousjours laissé son camp près Landrecy , lequel luy apporta le dessein de la ville , à ce qu'il en ordonna son bon plaisir. Le Roy luy commanda de se venir loger à Catillon , deux lieuës au dessus de Landrecy sur la riviere , & que le lendemain il se trouveroit audit Catil-

(a) Petite Citadelle.

(b) *D'encourir son inimitié* : Telle est l'explication que nos Lexicographes donnent du mot *Malegrace*. Celui *d'indignation* nous paroît plus exact.

lon, avecques toutes fes forces, & là eſtans fur les lieux, ils concluroient ce qu'ils avoient à faire. Eſtans fes forces unies audit lieu de Catillon, fe trouva fon armée de feize ou dixhuiƈt cens hommes d'armes : ſçavoir Mgr. le Dauphin en perſonne, ayant cent hommes d'armes foubs fa charge, Mgr. d'Orleans & fa compagnie de cent hommes d'armes, Antoine Duc de Vendofme cent, le Comte de Sainƈt Pol, cent, M. l'Admiral, cent, M. le Duc de Guyfe, cent, M. d'Aumalle fon fils, cinquante, le Marefchal du Biez, cent, la compagnie de M. d'Anguien, qui eſtoit allé en Provence, ainſi que je vous diray cy après, cinquante, le Sieur de Briſſac, cinquante, le Sieur Dampierre, cinquante, le Sieur Maugeron, cinquante, M. de Boiſy, cinquante, le Sieur de Longueval, cinquante, & pluſieurs autres qui feroient longs à nommer : & dixhuiƈt cens chevaux legers, dont eſtoit Colonnel le Sieur de Briſſac, douze mille Legionnaires, tant de Picardie, Normandie, que de Champagne ; le Colonnel du Sieur de Roignac, de quatre mille bas Allemans, le Colonnel du Sieur de Frefnoy Lorrain de quatre mille, le Colonnel de Ludovic, de quatre mille. Ayant veu fon armée en campagne entre Catillon & Lan-

drecy, après avoir resolu de fortifier Landrecy, & avoir ordonné de ceux qui en auroient la charge, il delibera d'aller loger à
Marolles qui est un gros bourg, où il y a une
abbaye de Moines, sur la riviere de Sembre,
deux lieuës au dessous de Landrecy, parce que
c'estoit le lieu le plus à propos pour empescher l'ennemy de venir troubler les fortifica-
teurs; puis il ordonna le Capitaine la Lande,
pour Gouverneur d'icelle ville. Or est-il que
la riviere de Sembre, passe au bas de la ville
du costé de la forest; & parce que ladite ville
est fort en pente, le Roy la fist retrancher;
car du costé de la forest il y a une montaigne
qui regardoit dedans; mais à l'occasion dudit
retranchement on estoit à couvert, & cela
fit abandonner tout le bas : aussi y furent faits
trois gros boulleverts, dont l'un fut nommé
le Dauphin, l'autre le boullevert *d'Orleans*,
l'autre le boulevert de *Vendosme*, & le retranchement fut nommé la courtine du Roy :
& pour servir de quatriesme boullevert, il
y avoit un vieil chasteau en forme de roquette, qu'il feit remplir de terre, pour en faire
une plateforme, servant de flanc ausdits
boulleverts.

Quelque temps auparavant, le Roy estant
adverti de l'armée de mer, que Barberousse

menoit à son secours, avoit envoyé Mgr François de Bourbon, S^r d'Anguien, frere de Mgr de Vendosme, pour estre en ladite armée jointe avecques la sienne du Levant, son Lieutenant General. Le Sieur d'Anguien, estant à Marseille, attendant nouvelles de l'armée de Barberousse, le Sieur de Grignan, lequel estoit Lieutenant du Roy à Marseille, luy proposa une vendition que luy devoient faire trois soldats Savoisiens du chasteau de Nice, qui luy promettoient livrer ledit chasteau, disans avoir telle intelligence dedans, qu'à leur arrivée il leur seroit livré. Le Sieur d'Anguien, après avoir sur ce entendu la volonté du Roy, delibera d'executer ceste entreprise : pour ceste execution il fit equipper quatre galleres, dont estoient Chefs les Capitaines Magdelon, Chevalier d'Aux, Pierre Bon, & Michelet : encore qu'il fut jeune d'aage, seulement de vingt ans, il s'y voulut conduire dextrement (a) & sagement, ne se voulant du tout mettre au hazard de traistres, lesquels

(a) On verra dans les Mémoires du Maréchal de Vieilleville cet événement raconté d'une manière bien plus détaillée. Les deux récits s'accordent pour le fond. Ils ne varient que sur un point. Du Bellay attribue au jeune Comte d'Anguien la prudence avec laquelle il se conduisit dans cette circonstance. Au contraire, si l'on

pouvoient auſſi aiſément vendre l'eſtranger que
leur patrie. Pour ne rien laiſſer derriere du
ſervice qu'il pouvoit faire au Roy s'il prenoit
ledit chaſteau, il ſe jetta en mer, avecques
onze galleres, outre les quatre, & quelque
aſſeurance que leur donnaſt le Sieur de Grignan de la facilité de l'entrepriſe , & du
peu de danger qui eſtoit en icelle execution,
il donna charge audit Capitaine de Magdelon, frere du Baron de Sainct Blanquart,
de ſe mettre devant avecques quatre galleres, menant quand & luy les (a) marchands.
Avecques le reſte des galleres, il print le
largue & l'avantage du vent, ou pour ſervir ſes gens ou pour ſe retirer, ſi raiſon y
avoit , comme toſt après elle fut deſcouverte :
car ſoudain que Magdelon approcha près
de Nice , ſortirent ſix galleres pour l'inveſtir,
& quinze qui venoient après , conduites par
Janetin Dorie (b) , couvertes du cap Sainct
Souſpir, leſquelles donnerent la chaſſe audit
Magdelon & ſa compagnie, juſques dedans

en croit les Mémoires de Vieilleville , ſans les conſeils
de ce Seigneur, le Comte d'Anguien tomboit dans le
piège.

(a) C'eſt-à-dire, les trois Soldats qui promettoient
de livrer la place.

(b) Jannetin Doria, neveu du fameux André Doria.

le port d'Antibe, où lefdittes galleres furent abandonnées, refervé le Capitaine Magdelon, qui fut bleffé d'un coup de canon par la cuiffe, dont il mourut, & furent amenées lefdittes quatre galleres par Janetin au port de Ville-Franche. Le Sgr d'Anguien, eftant furgy au Caproux (a), Janetin qui venoit pour le furprendre, fut defcouvert au clair de la lune; mais nos gens feirent telle diligence de lever l'ancre, & faire force & volte, que terre à terre ils fe retirerent à Toulon fans rien perdre.

Le Roy cependant qui eftoit à Marolles, fut adverty que le chafteau d'Emery, qui eft à deux lieuës par delà, au deffous, fur la riviere de Sembre, eftant entre fes mains, fe pouvoit fortifier : à cefte caufe il ordonna Mgr le Dauphin avecques une partie de fon armée, & une bande d'artillerie, pour aller le mettre en fon obeïffance, lequel arrivé devant ladite place mal pourveuë d'hommes, parce que le Seigneur d'icelle eftoit à la guerre en Gueldre, ceux de dedans voyans les approches faites fe rendirent à luy : fut laiffé dedans le Sieur de Sanfac, avecques deux cens chevaux legers, dont il avoit la charge, & quelque nombre de gens de pied;

(a) On lit *Cauroux* dans l'édition de 1569, & dans les Mémoires du Maréchal de Vieilleville.

mais peu de jours après il fut retiré au camp,
& en fon lieu fut envoyé le Sieur de Langey
avecques fa compagnie, & une Enfeigne de
gens de pied de la legion de Picardie, à laquelle commandoit le Capitaine la Moyenne,
& le Seigneur Hieronyme Marin Boulonnois,
fortificateur (a), pour fortifier ladite place.
Auffi fut prins Barlemont, autre chafteau fur
ladite riviere & tout le pays couru jufques à
Bains, & près les portes de Monts en Hainault. Le chafteau d'Emery eft compofé d'une
roquette en (b) quadrature, ayant quatre
groffes tours aux quatre coings d'icelle roquette, & un grand foffé à fond de cuve
plein d'eau, puis reveftu de quatre courtines, environ cinquante toifes de chafque cir-
conference loing de ladite roquette, avecques quatre groffes tours aux quatre coings
defdites courtines, & un portail : & eft ledit
chafteau affis en une ifle que fait en cet endroit la riviere de Sembre, & ne fe peut battre cefte roquette, à caufe qu'elle eft couverte de la douve d'icelle ceinture. Derriere
chacune encogneure des quatre tours qui font
en ladite ceinture, le Sieur de Langey fit
commencer un grand cavalier, & parce que

(a) C'étoit ainfi qu'on défignoit ce que nous àppel-
lons Ingénieur.   (b) En quarré.

les

les tours n'eſtoient ſufffiſantes pour ſouſtenir une furieuſe batterie, il avoit auſſi fait commencer de grandes tranchées par dedans, de cavalier en cavalier, afin que là où l'enremy auroit battu & les tours & la courtine (choſe toutesfois qui eſtoit mal-aiſée à faire, parce que la muraille (a) & la chaux eſtoient de marbre noir) il trouvaſt nouvel obſtacle.

Auſſi, peu de jours après, le Roy adverty de la ville de Maubeuge, ſituée ſur la meſme riviere de Sembre, quatre lieuës au deſſoubs d'Emery, en laquelle avoient accouſtumé les ennemis de faire leur amas quand ils vouloient faire entrepriſe en France, depeſcha de rechef Mgr. le Dauphin, pour l'aller mettre en ſon obeïſſance, lequel arrivé devant la ville, pour n'eſtre pourveüe de gens de guerre, qui attendiſſent le canon, les citadins ſe mirent entre ſes mains, & puis il ſe retira au camp, laiſſant pour Chef audit Maubeuge, le Sieur de Heilly avecques mille hommes de

(a) Si on prend les expreſſions de du Bellay à la lettre, il paroît que la muraille & la chaux qui étoit entrée dans ſa conſtruction étoient de marbre noir. Il inſinue que l'ouvrage en avoit plus de ſolidité. Il n'appartient qu'aux Ingénieurs de décider ſi cette explication eſt exacte.

la legion de Picardie, dont il avoit la charge,
& le Capitaine Sainct Yve avecques cinq
cens hommes. En icelle ville, il y a un beau
convent de Canoniesses (a) genti-femmes,
lesquelles ne font aucuns vœux de religion,
& se peuvent marier à leur volonté.

Cinq ou six jours après, la garnison d'Emery estant advertie que de jour en autre les
soldats Imperiaux, qui retournoient de la
guerre de Gueldres, venoient loger aux fauxbourgs de Bains (b) & villages circonvoisins,
ne se doubtans de rien, d'autant qu'il y avoit
dix lieuës du camp jusques là, & qu'il n'y
avoit gens de cheval dedans Maubeuge, entreprint de les y aller surprendre, faisant entendre
au Sr de Maugeron, qui estoit au camp de Marolles, que s'il vouloit venir avecques six ou
sept vingt hommes d'armes, on trouveroit
moyen de faire entreprise, dont il pourroit
sortir honneur & proffit, celuy-cy y vint
avecques sa compagnie de cinquante hommes d'armes, & environ quatre vingts hommes d'armes de la compagnie de M. l'Admi-
ral d'Annebault, conduits par le Sr de Fontai-
nes (c) de Harcourt, son Lieutenant. Passans

(a) De Chanoinesses.
(b) *Biache*, selon l'édition de l'Abbé Lambert.
(c) L'Abbé Lambert se contente de l'appeller simple-
ment *le Sieur de Harcourt*.

auprès d'Emery, ils allerent ensemblement
repaistre à Maubeuge, & parce que les nuicts
estoient courtes, ils monterent à cheval à
jour couché, menans seulement quand & eux
de la garnison de Maubeuge, le Capitaine
Sainct Yve, avecques cinquante arquebusiers
à cheval, pour rompre les fauxbourgs de
Bains : ils mirent leur embuscade à une lieuë
au deçà de Bains, en un bois : fut depesché
le Sieur de Marville Lieutenant de Langey,
& avecques luy le Vidasme de Chartres, &
le Sieur de la Rocheguion, qui y estoient allez
pour leur plaisir, & pour mener lesdits arcquebuziers à cheval de Sainct Yve, pour au
poinct du jour surprendre les Imperiaux dedans les fauxbourgs. Puis envoyerent le Capitaine la Mothe Gondrin, Lieutenant du Sieur
de Maugeron, demeuré malade à Maubeuge,
avecques la compagnie de son Capitaine,
pour donner jusques aux fauxbourgs de Monts,
qui est à deux ou trois lieuës près de Bains;
& Bains est à quatre lieuës près de Maubeuge : ayant iceluy la Mothe charge de mettre le feu en quelques maisons d'iceux fauxbourgs, afin d'oster à ceux de la ville (où y
avoit grosse garnison, tant de cheval que de
pied) la cognoissance de l'execution que l'on
vouloit faire à Bains. Se devoient les deux

trouppes retirer à l'embuscade où estoit Langey pour les soustenir, avenant qu'ils fussent chargez par l'ennemy. Ceux qui allerent à Bains, surprindrent dans les fauxbourgs, cent ou six vingts hommes de cheval arrivez le soir, qui furent tous pris dedans leur logis, horsmis quelques uns qui se sauverent parmy les jardins tous en chemise : après avoir pillé les villages circonvoisins, mesme une Abbaye voisine de là, où se trouva grand butin, parce que nul ne s'estoit retiré, à raison qu'il y avoit dix lieuës jusques à nostre camp, & qu'il n'y avoit point de gens de cheval à Maubeuge, ils se retirerent à l'embuscade ; aussi firent ceux qui estoient allez à Monts, lesquels pareillement ramenerent gros butin. Estans leurs forces & butin rassemblez, ils retournerent à Maubeuge, & le butin departy, chacun se retira où il estoit ordonné.

Ce jour mesme M. d'Aumale (a) fils aisné

(a) L'Abbé Lambert reproche ici à du Bellay une faute qui n'est point dans le Texte ; c'est d'avoir nommé *Duc d'Aumale* ce jeune Seigneur, vu, observe le critique, que la Seigneurie d'Aumale ne fut érigée en Duché qu'en 1557. Ce qu'il y a de plaisant, c'est que cette faute, dont du Bellay n'est point coupable, a été

du Duc de Guife, ayant fait entreprife pour attirer ceux d'Avenes hors de leur ville, quelques uns fortirent, mais ils n'abandonnerent la faveur de leur artillerie : M. d'Aumale, efperant les irriter pour fortir plus avant, les chargea jufques fur le bord de leurs foffez, où ils perdirent beaucoup de leurs gens, & de fa part n'y mourut qu'un homme : toutesfois ils ne s'efmeurent autrement : combien que ledit Sieur y fuft demouré bien tard en intention de les provoquer davantage, fi n'eut il moyen de les attraire, lequel voyant qu'il perdoit temps fe retira au camp.

Le Roy ayant entendu, tant par les prifonniers que l'on avoit amenez de Bains, que par les François qui y avoient efté, que dedans il n'y avoit aucuns gens de guerre (au moins bien peu) y envoya M. le Dauphin, & l'Admiral d'Annebault, avecques une partie de l'armée, ne retenant que ce qui eftoit befoin pour tenir en feureté ceux qui fortiffioient Landrecy, pour la reduire en fon obeïffance : mais il fut abufé, car les ennemis le lendemain qu'ils eurent cefte alarme, avoient mis en la ville quatre en-

commife par l'Abbé Lambert, même dans fa traduction. Ainfi la correction devient applicable à lui feul.

seignes de Lanſquenets de renfort , & auſſi
ils eſtoient advertis comme Mgr. le Dauphin
ne menoit vivres que pour deux jours, dont
ils pouvoient juger qu'ils n'auroient à ſouſtenir que le premier effort ; parquoy ils delibererent de faire teſte à noſtre armée. Lorſque Mgr le Dauphin arriva devant la place,
ceux qui conduiſoient l'œuvre n'ayans cognoiſſance de la fortereſſe , planterent l'artillerie au lieu qui eſtoit le plus remparé , &
le plus deffenſable , de ſorte que la batterie
n'y fiſt grand dommage ; ſi eſt-ce que pluſieurs jeunes hommes voyans la preſence de
Mgr le Dauphin ſe hazarderent de donner
juſques aux foſſez , où ils furent bien recueillis ; il y en eut de morts & de bleſſez , entre
autres y mourut le Sieur d'Allegre (a) jeune
homme , qui pour ſon aage avoit jà fait hon-

(a) Paradin, Hiſtoire de notre tems, p. 429 , en ra-
contant la mort du Seigneur d'Allegre , dont il plaint
le ſort , ajoute « qu'en haine de la mort dudit jeune
» Seigneur, pluſieurs Soudarts, qui avoient porté les
» armes ſous ſon enſeigne , mirent le feu en aucuns
» Chaſteaux & maiſons de belle ſtructure , ce dont les
» ennemis eſmeus mettoient le feu partout où ils pou-
» voient eſtre les maiſtres, comme aſſez teſmoignoient
» les larmes & gemiſſements des pauvres laboureurs &
» gens du plat-pays , leſquels brûlés & appauvris piteu-
» ſement ſe lamentoient »....

nefte preuve de fa perfonne , auffi le Sieur
de Chatillon , Gafpard (2) de Coligny , jeune
homme de grande volonté y eut une arcque-
bouzade à la gorge , dont avecques le temps
il fut guary.

Le Roy adverty du grand nombre d'hommes qui y eftoient jufques à 12 ou 15 cens
Allemands , & eftant preffé de Mgr le Dauphin de luy envoyer renfort de munitions
d'artillerie , & de vivres, ayant deliberé foubs
fon bon plaifir ne partir de là qu'il ne l'euft
mife en fon obeïffance , confiderant toutesfois
le hazard qui pouvoit advenir de tenir fon armée feparée , & que s'il alloit en perfonne fe
joindre avecques fon fils , il laifferoit fa fortification de Landrecy commencée & impar-
faite : & demourant feul comme il eftoit , eftant fa principale force en la compagnie de
fondit fils, les ennemis qui fe renforçoient
à Monts , & au Quefnoy le Comte , quelque
nuiđ luy pourroient donner une camifade.
Pour y obvier il manda à Mgr. le Dauphin ,
qu'il euft à fe retirer devers luy , & qu'en
paffant il retiraft les forces qui eftoient à Maubeuge , rompant les fortifications , & met-
tant le feu dans les maifons, parçe que c'eftoit la ville en laquelle ordinairement l'Empereur affembloit fes forces venans d'Alle-

magne , & de ſes Pays-Bas ; à cela il fut obey
par Mgr. le Dauphin , mais à grand regret
de ſe retirer ſans rien executer.

Au retour de Mgr. le Dauphin, le Roy
eut advertiſſement qu'il y avoit deux places
entre Avennes & Simay (a) , l'une appellée
Trélon , & l'autre Glayon , auſquelles couſ-
tumierement il y avoit gens de guerre qui
portoient grand dommage à ſa frontiere de
Tieraſſe , & de Champagne. Pour y aller ,
il depeſcha le Sieur de Bonneval , avecques
ſa compagnie de cinquante hommes d'armes ,
& le Sieur de Stenay , Lieutenant de Mgr.
d'Anguien , lequel eſtoit en Provence, &
le regiment de Lanſquenets du Seigneur de
Roignac , & deux mille hommes de pied
François , mille du Seigneur de Bacqueville ,
& mille du Capitaine S. Aubin-Gobelet , tous
deux de la Legion de Normandie , avecques
quatre canons & leur ſuitte. Arrivé que fut
ledit Sieur de Bonneval , devant Trélon ,
après que ceux de dedans eurent apperceu
marcher le canon , eſtimans que tout le camp
du Roy y fuſt , ils envoyerent pour parlementer , & ſe rendirent la vie ſauve ſeulement :
auſſi firent ceux de Glayon : puis après avoir
fait butiner aux ſoldats ce qui y eſtoit , Bon-

(a) Chimay.

neval fiſt bruſler leſdites places ſans autrement ruiner la fortification, ſinon abattre les
portes, qui fut cauſe que ladite place de
Trélon fut depuis fortifiée par les ennemis :
car avant qu'elle fut bruſlée , le Seigneur
d'icelle place craignoit de la fortifier , pour
le regret qu'il avoit de deſmolir un batiment
qui touchoit à la muraille. Bonneval, ayant
executé ſa charge ſe retira au camp.

Quelques jours après, le Roy manda Martin du Bellay, Seigneur de Langey, qui eſtoit au chaſteau d'Emery (a) , pour venir devers luy, ſçavoir l'eſtat auquel eſtoit ledit
chaſteau, lequel luy fiſt entendre (quant à
ce qui touchoit la fortification) que dedans
douze jours la place ſeroit en eſtat pour ſouſtenir l'effort d'une groſſe armée ; mais qu'il
eſtoit beſoing de la pourveoir de vivres : car
eſtant ſon camp retiré , il eſtoit malaiſé d'y
en mettre, d'autant qu'il y avoit entre Landrecy & Emery , deux rivieres qu'il faut
paſſer à pont, attendu qu'elles ne ſont guéa-
bles , & auſſi que la ville d'Avennes luy
coupoit le chemin. Le Roy y voulant donner
ordre, fiſt venir le Preſident Olivier , depuis
Chancelier de France, les Sieurs d'Eſturmel,
de la Hargerie & de Pierrevive , qui eſtoient

(a) Aimeries.

Commiſſaires des vivres , pour s'enquerir du moyen qu'ils avoient de fournir vivres audit chaſteau , leſquels firent rapport audit Sieur qu'ils n'avoient l'opportunité d'envitailler l'armée , & la ville de Landrecy , & que s'ils mettoient vivres dedans Emery , on affame-roit le camp , & n'y auroit ordre de pourveoir Landrecy , à faute du charroy qui ne pou-voit venir à cauſe des pluïes continuelles , qui n'avoient ceſſé depuis trois ſepmaines ou un mois. Ayant ledit Sieur entendu ce rap-port , & ſe voyant preſſé d'envoyer ſecourir le Duc de Cleves , à l'occaſion qu'il avoit nouvelles que l'Empereur avecques ſon ar-mée approchoit près de ſes païs , il de-libera de retirer les hommes qui y eſtoient , & de faire raſer ledit chaſteau , renvoyant ſur le champ Langey pour ce faire , lequel fiſt telle diligence à la ruine d'icelle place , tant par mines , que par autres moyens , que de-dans quatre jours les quatre tours de la ro-quette , & le portail de la cloſture , avec-ques deux des groſſes tours des courtines volerent en l'air , & furent renverſez dedans les foſſez , & fut la ruine ſi grande que de-puis on ne l'a redifiée. Puis pour approcher plus près de ſes vivres , le Roy retourna lo-ger à Catillon , qui eſt entre Gayſe , Bohain

& Landrecy, & de jour en autre ne failloit d'aller revifiter fes fortifications de Landrecy, pour hafter l'ouvrage, mefme tous les Princes & Seigneurs de fon camp, eftoient ordinairement à la follicitation (a) ; mais on n'y pouvoit faire telle diligence qu'on euft voulu, à caufe de la continuation des pluyes comme j'ay prédit.

Environ la fin de Juillet, le Roy voyant fa place de Landrecy desjà en eftat, & que fans avoir efpaule (b) d'une armée, on pouvoit continuer la fortification, s'il laiffoit feulement à Guife quelque nombre de gens de cheval & de pied, pour y conduire les vivres, fe retira audit lieu de Guife, pour advifer au fecours du Duc de Cleves fon allié ; il laiffa dedans Landrecy pour Gouverneur le Capitaine la Lande, avecques deux cens chevaux legers foubs fa charge, & mille hommes de pied de la Legion de Picardie, à laquelle pareillement il avoit à commander. Parce qu'iceluy la Lande eftoit malade d'une fiebvre tierce, craignant qu'elle ne rengregeaft (c), dont fon fervice peuft demourer, il y ordonna le Sieur d'Effé, Lieutenant de

(a) Preffoient les Ouvriers.
(b) Sans être foutenu par une armée.
(c) Craignant qu'elle n'augmentât.

la compagnie de cinquante hommes d'armes
du Duc de Montpenſier, avecques ladite compagnie, luy donnant pareil pouvoir qu'audit
Capitaine la Lande. En outre il y laiſſa juſques à deux mille hommes de pied. Et puis
eſtant à Guyſe il depeſcha Mgr de Vendoſme,
pour aller en la baſſe Picardie vers Montreul & Abbeville, à ce que l'ennemy ne
feit entrepriſe de ce coſté là ; il meit à Guyſe
le Prince de Melphe, avecques deux ou trois
cens hommes d'armes, & auſſi le Sieur de
Briſſac, avecques douze ou quinze cens chevaux legers dont il eſtoit General, pour faire
l'envitaillement, & mener ce qui ſeroit neceſſaire à Landrecy. Après avoir ainſi pourveu aux affaires, il s'en alla à Marle, & delà
à Noſtre-Dame de Lieſſe, pour quelque temps
ſe rafreſchir aux chaſſes le long de la montagne de Reims.

Peu de temps après que le Roy ſe fut retiré de Guyſe, le Comte de Reux avec les
forces du Pays-Bas, penſant ſurprendre Landrecy, non pourveüe de vivres, vint planter
ſon camp vers la foreſt de Mormaut ; mais ce
fut trop tard ; car desjà le Prince de Melphe
y avoit mis bon nombre de vivres. Le Duc
d'Aumale (a), François de Lorraine, fils

(a) C'eſt ici que l'Abbé Lambert auroit dû placer

aifné de Monfieur de Guife, le Duc de Nevers (a), les deux frères de la Rochefoucault,
le Sieur d'Andelot (b), les deux frères de Brezé
furnommez de Maillé, le Sieur de Creve-
cueur (c), le Sieur de Bonnivet fon frère,
Sainct Laurens de Bretagne, Mouy (d) Sainct
Phale, & une bonne part (e) de la jeuneffe
qui fuivoit M. le Dauphin, efperans faire faits
d'armes, & acquerir honneur, partans de la
Cour fe mirent dedans. Un jour le Comté

fa note critique dont nous avons parlé. François de Lorraine n'étoit point encore Duc d'Aumale. Il étoit fimple-
ment Comte.

(a) François de Cleves, Duc de Nevers, eut deux
fils qui moururent fans poftérité. Leur fœur, Henriette
de Cleves, porta le Duché de Nevers dans la maifon de
Gonzague.

(b) Frère de Gafpard de Coligny.

(c) François Gouffier, Seigneur de Crevecœur, étoit,
ainfi que fon frère de Bonnivet, fils de l'Amiral de ce nom
& de Louife, Dame de Crevecœur.

(d) Louis de Vaudray, connu dans l'hiftoire fous le
nom de Mouy Saint Phale, parce qu'il étoit Seigneur de
Mouy en Beauvoifis, & puîné de la Maifon des Seigneurs
de S. Phale, à qui cette terre appartenoit par Catherine
de Soyecourt leur mère. On parlera fouvent de lui dans
les guerres du Proteftantifme en France. Il fe diftingua
par fa bravoure.

(e) Une bonne partie.

Roquendolf, pour lors favorisé de l'Empereur, partit du camp Imperial, & vint passer la riviere de Sembre à Marolles, & se vint mettre en embuscade sur le chemin qui vient de la Capelle, en un vallon près de Long-Favery, & envoya quarante chevaux devant la ville pour les attirer à l'escarmouche ; le Sieur d'Essé & le Capitaine la Lande feirent sortir le Capitaine Ricarville, Lieutenant des chevaux-legers dudit la Lande, avec trente chevaux pour recognoistre ce qui estoit derriere ; mais l'escarmouche s'attaqua forte & roide ; car à toutes fins les Imperiaux voulurent empescher que leur embuscade ne fut découverte. Messieurs d'Aumalle & de Nevers & le reste de la jeunesse ne voulurent perdre leur part du passe-temps ; parquoy encore que ce ne fut l'opinion des vieils Capitaines, ils sortirent pour soustenir les nostres qui estoient renversez. Le Comte Roquendolf voyant les siens foulez, envoya son Lieutenant avec cent chevaux pour soustenir les siens, lequel Lieutenant dès la premiere charge fut porté par terre, pris prisonnier, & emmené dans la ville. Le Comte Roquendolf de ce irrité, debusqua avec toute sa trouppe, lequel renversa les nostres, de sorte qu'à peine se fussent sauvez sans le Capitaine la

Lande, qui fortit avec fix cens Arcquebuziers, & quatre cens Picquiers, lequel arrivant au combat, remit les noftres debout,
de forte que les Imperiaux furent par après
renverfez, & plufieurs pris & tuez. Des
noftres n'y fut pris que Sainct Laurent, lequel le lendemain fut renvoyé en efchange
du Lieutenant de Roquendolf. Le Roy de ce
adverty les contremanda de fe retirer devers
luy pour l'entreprife de Luxembourg : mais
à vray dire c'eftoit craignant qu'ils n'en fiffent
encore de femblables ou plus mal, au moyen
dequoy fa ville pourroit eftre en hazard. Le
Roy cependant eftoit autour de Reims, pour
conclure du chemin plus expedient, pour fecourir le Duc de Cleves. Toutes chofes debattues, fe trouva n'y avoir chemin plus expedient,
que d'affaillir le Duché de Luxembourg, pour,
par ce moyen, divertir les forces de l'Empereur,
ou à tout le moins ayant prins Luxembourg,
d'avoir le paffage plus facile pour luy envoyer
une armée à fon fecours. Pour cet effect il depefcha le Sr de Longueval, & en fa compagnie le Sr de Langey, le Sr de Dampierre & le
S^r d'Ecars, pour aller à Stenay, ville fur la
Meufe, entre Verdun & Mouzon, à l'entrée
du Duché de Luxembourg, laquelle depuis
peu de temps il avoit euë du Duc Antoine

de Lorraine en eschange d'autres terres, pour faire les preparatifs , tant de vivres qu'autres choses pour le passage de son armée. Ce que lesdits Sieurs ayans executé , & bien entendu par espies , & autres advertissemens , en quel estat estoient les affaires de Luxembourg, Langey retourna en poste devers le Roy lequel il trouva en un village à trois lieuës de Reims , auquel il fist entendre ce qu'ils avoient negocié , & aussi de la grande armée que l'Empereur amenoit , tant d'Italie , que d'Allemagne , laquelle estoit preste , ou pour marcher contre le Duc de Cleves , ou (comme il estoit plus à conjecturer) pour secourir son pays de Luxembourg , s'il estoit assailly.

Quelque recit que Langey eust fait au Roy de ceste armée que menoit l'Empereur, si est-ce qu'il ne se divertit de sa deliberation, ayant determiné que là où l'Empereur marche en personne, aussi de s'y trouver pour le combattre en son pays , & tenter la fortune si ledit Empereur auroit cest heur (a) , estant present comme il avoit eu par ses Ministres : & au cas que sondit ennemy marchast , il conclud d'aller à Saincte-Menehoult , place sur l'entrée du Luxembourg , pour y estre plustost joint à son armée, ou pour devancer son

(a) Seroit aussi heureux.

ennemy.

ennemy. Auſſi il conſideroit combien ce luy feroit grande reputation, de lever de ſes mains un Duché des plus anciens de la Chreſtienté, dont il eſtoit ſorty cinq Empereurs, la pluſpart deſquels ont audit lieu, leurs ſepultures, au cas que l'Empereur eſtant proche de là avecques toutes ſes forces d'Eſpagne d'Italie & d'Allemagne, n'oſaſt entreprendre de la venir ſecourir.

Pour cette execution ledit Seigneur ordonna Mgr. le Duc d'Orleans, ſon fils puiſné, & avecques luy, à raiſon de ſa jeuneſſe, pour la conduitte de ſon armée M. l'Admiral d'Annebault.

Eſtant donc le Roy reſolu de faire ſon entrepriſe, il manda au Prince de Melphe, lequel à ſon retour de devant Landrecy, après l'avoir fortifié, il avoit laiſſé ſon Lieutenant General à Guyſe, de ſe retirer devers luy, prenant le chemin de Reims, avecques la gendarmerie, chevaux legers, & gens de pied eſtans en ſa compagnie : il manda au Duc de Vendoſme, qui eſtoit (comme j'ay dit) en la baſſe Picardie, qu'il ſe retiraſt à Guyſe, avecques les forces qu'il avoit, tant de cheval que de pied, pour favoriſer en tout ce qui ſeroit neceſſaire, la ville de Landrecy.

Tome XXI.   C

Le Prince de Melphe, pour obeïr au commandement du Roy, d'autant que la plus grande part des chevaux legers, eftoient logez en deux villages par delà, en l'Abbaye de Bonhourie, une lieuë au deffoubs deGuyfe, fur la riviere d'Oyfe, tirant le chemin de Bohain, & de Landrecy, commanda au Seigneur de Briffac de les faire retirer à Guyfe, pour partir le lendemain tous enfemble à la pointe du jour. Le Sieur de la Hunaudaye, Capitaine de deux cens chevaux, & le Capitaine Theode Bedaigne, Albanois, ayant pareille charge, fe trouvans bien logez, delibererent de coucher audit lieu, laiffans partir leurfdits compagnons, efperant defloger fi matin, qu'ils feroient à Guyfe, avant le deflogement du Seigneur de Briffac leur General : mais de fortune, les forces que l'Empereur avoit en cefte frontiere, s'eftoient affemblées ce jour là, pour affaillir le chafteau de Bouhain ; & comme elles eftoient fur le chemin, le Seigneur de Licques, Lieutenant de la compagnie du Duc d'Arfcot, fut adverty par fes efpies, que lefdites bandes de chevaux legers eftoient demeurées feules audit lieu ; il dreffa entreprife de les aller furprendre & deffaire : pour ceft effet, il tira des trouppes Imperiales, huiĉt cens chevaux esseuz Bourguignons (a), deux cens Anglois, & quatre enseignes de gens de pied. Voyant desja le soleil levant, & ses gens de pied marcher trop lentement, il print les devans avecques la cavalerie, se faisant suivre par les gens de pied, craignant d'arriver trop tard sur le logis de nos chevaux legers. A son arrivée il assaillit le logis du Capitaine Theode Bedaigne, lequel ne voyant point de gens de pied, & se voyant seulement surpris de la cavalerie, ferma la porte de son logis, & pendant le temps que les ennemis descendirent à pied, & s'amuserent à rompre la porte d'une grange où il estoit logé, il meit le harnois sur le dos, & monta à cheval, la lance sur la cuisse, & à la desesperade sortit, estant la porte rompuë, & de furie donna pessemesse, de sorte qu'il fauça (b) ce qu'il trouva devant luy, & se vint joindre avecques sa trouppe sans dommage, avecques celle du Seigneur de la Hunaudaye, qui estoit à cheval. Cependant le Seigneur d'Aché, ayant charge de deux cens arquebusiers à cheval, & Bertran de Foissy, Seigneur de Crené,

(a) C'est-à-dire, huit cent chevaux choisis : on appelloit Bourguignons les habitans de cette Province.

(b) De manière qu'il enfonça.

oyans l'alarme, estans logez à l'Abbaye de
Bonhourie, monterent à cheval, & forcerent le pont que les ennemis gardoient, &
vindrent au secours des chevaux legers, lesquels voyans leur secours, prindrent cœur,
de sorte qu'avecques l'ayde des arquebusiers
à cheval ils repousserent les ennemis. Estans
venuë l'alarme à Guyse, le Capitaine Theode
Manes, qui estoit logé aux fauxbourgs de
Guyse avecques deux cens chevaux legers,
monta à cheval, par le commandement du
Seigneur de Brissac, General de la caval-
lerie, pour soustenir ses compagnons, pendant que ledit Seigneur de Brissac (d'autant
que desjà ses trouppes s'estoient acheminées
le chemin de Marle) emprunta du Prince de
Melphe, environ soixante chevaux pour suivre ledit Theode, & secourir ses compagnons ; avecques laquelle trouppe, il passa
l'eau à Guyse, par le fauxbourg, pour se
jetter entre les bois & la riviere, esperant que
les ennnemis estans travaillez du long chemin qu'ils avoient faict, & leurs chevaux
dehallez, les trouvans en cest estat, il leur
pourroit faire recevoir une honte. Ayant faict
un mille, & arrivez sur un hault, il fut adverty par le Capitaine Theode Bedaigne,
que les ennemis commençoient à branler,

penſans noſtre armée eſtre toute ſur leurs bras, parquoy il eſtoit beſoing de les charger , devant qu'ils euſſent loiſir de ſe recognoiſtre , ce qui fut fait. Car s'eſtans raſſemblées toutes ſes trouppes enſemble , ils furent chargez de telle vigueur, que leur cavalerie fut renverſée ſur leurs gens de pied , de ſorte que tout s'en alla à vau de routte , & furent ſuivis ſi chaudement qu'il en demoura ſur la place trois cens de morts, & ſix cens priſonniers, & les quatre enſeignes de gens de pied prinſes , avecques deux cornettes de la cavalerie. Le reſte de l'armée Imperiale, qui eſtoit allé aſſaillir Bohain , ayant eu nouvelles de ladicte deffaitte, penſans que noſtre armée fut toute enſemble , entrerent en tel effroy, que ſans parachever leur entrepriſe ſe retirerent au Queſnoy-le-Conte.

Desja eſtoit arrivée à Stenay une partie de l'armée, entre autres M. d'Aumale, le Marquis du Maine (a) ſon frere, le Sgr de Longueval , le Vicomte d'Eſtauges , le Sieur de Dan-

----

(a) Il faut lire le Marquis de Mayenne. Chez pluſieurs Auteurs contemporains les Princes de la Maiſon de Guiſe , qui portoient le nom de Mayenue, ſont ſouvent déſignés ſous le titre de Marquis ou de Ducs du Maine. On peut s'en convaincre en liſant les Mémoires du Chancelier de Cheverny.

pierre, le Sieur de Langey, le Sieur d'Ecars, &
quelque autre nombré de gendarmerie, jufques à trois cens hommes d'armes, & fix ou
huiſt cens chevaux legers, avecques le regiment de Lanſquenets du Seigneur de Frefnay, & environ ſept ou huiſt cens hommes
de pied François, attendans la venue du
Duc d'Orleans, de l'Admiral d'Annebault, &
du reſte de l'armée. Longueval fut adverty
que ceux qui devoient entrer dedans Luxembourg (leſquels pouvoient eſtre trois mille
hommes de pied, & quatre cens chevaux)
eſtoient logez à fix lieues de Stenay, par delà
les bois, en un grand village, près de Sainſte-
Marie, au Comté de Signy, lieu mal-aifé à
y conduire une armée, auquel ils devoient
faire leurs monſtres, & recevoir deniers,
pour au partir de là ſe mettre dedans Luxembourg. Cela bien confideré, avecques l'advis
des Capitaines, fut ordonné de les y aller furprendre : pour ceſt effeſt nous partifmes de
Stenay, avecques deux canons & deux lon-
gues coulevrines, afin que fi les ennemis
nous fentans venir ſe retiroient à Ste Marie,
& autres petits chaſteaux des environs, on eut
moyen de les forcer, ou bien au cas qu'ils ne
s'y retiraffent, les ruiner, à ce que l'ennemi
ne miſt gens de cheval dedans, pour nous

rompre les vivres quand nous ferions devant Luxembourg.

Ayans marché jufques à l'entrée des bois, il eſtoit environ demie heure de nuit, & parce que le village, auquel eſtoient les ennemis, eſtoit à un quart de lieuë delà les bois, en la plaine fur un petit ruiſſeau, & un quart de lieuë outre ledit village, pareillement y avoit un autre bois : pour obvier qu'ils ne s'y retiraſſent, fut ordonné le Sieur d'Ecars, avecques deux cens chevaux pour marcher devant, & autres quatre cens chevaux, qui le devoient ſuivre pour le ſouſtenir, & puis trois cens hommes d'armes, avecques les Lanſquenets, marchoient après le pluſtoſt que leur feroit poſſible. Semblablement luy fut ordonné, quand il feroit arrivé à la ſaillie du bois, ce qui pourroit eſtre au point du jour qu'il donneroit à toutes brides dans le village, pour les ſurprendre dedans leurs licts, & les empeſcher de ſe jetter en bataille, pendant que Mgr d'Aumale, avecques leſdits quatre cens chevaux, le ſuivroit pour le ſouſtenir. D'Ecars arrivant au bord du bois à l'heure qu'il eſtoit dit, depeſcha le Capitaine la Cha-pelle (a) de Biron, avecques trente ſala-

(a) L'Abbé Lambert le nomme ſimplement la Cha-pelle.

des (a), pour donner à toutes brides dedans le village, & luy le devoit fuivre aux talons : la Chapelle executa cefte charge, & trouva la plufpart des ennemis, les uns fellans leurs chevaux, autres en chemife, effrayez, comme font gens furpris en leur logis, defquels il deffeit quelques uns. Mais les ennemis le voyant n'eftre fuivy, fe recogneurent, & fe remettans enfemble, le contraignirent de tenir bride : cependant ils fauverent leur bagage, & l'argent de leur payement, & eux auffi fe retirerent fans grande perte, car les bois eftoient prochains. Il eft evident, que qui euft pourfuivy, ainfi qu'il eftoit ordonné, & en la forte qu'il s'offroit, on euft fait grand fervice au Roy, car on rompoit toutes les forces que l'Empereur avoit deçà, & mefme on faififoit le payement des trois mille hommes de

(a) Cette efpèce de troupes légères étoit défignée fous le nom de *Salades*, parce que ceux qui la compofoient avoient la tête couverte d'un cafque. Selon l'Auteur du *Ducatiana*, comme ces troupes légères étoient formées de Soldats de différens corps & d'habits divers, elles reffembloient à une falade où il entre plufieurs fortes d'herbes. Mais fans nous arrêter à cette explication de M. le Duchat, qu'on pourroit lui contefter, nous renvoyons le Lecteur à notre Obfervation fur le premier Livre de du Bellay, n° 2. *Argoulet* ou *Salade*, en fait de troupes légères, fe reffembloient.

pied qui fe devoit faire après difner. Mgr.
d'Aumale, & M. de Longueval, voyans
que cefte entreprife avoit failly, tournerent
leurs forces fur le chafteau de Sainđe-Marie,
lequel endura le canon, mais il fe rendit,
avecques plufieurs autres petites places circonvoifines, lefquelles furent toutes rafées,
fi que l'ennemy pour ce voyage ne s'en pouvoit prevalloir. Après cefte execution, lefdits Sieurs fe meirent à leur retraitte, à travers les bois, mais à grande difficulté peurent
retirer leur artillerie; car deux jours & deux
nuiđs, la pluye ne ceffa, attendu mefme que
le païs eft de foy fort enfondré, & qu'il y
avoit grand nombre de bois abbattu qui empefchoit les chemins : fi eft - ce qu'avecques
grand travail nous vinfmes loger à Noftre-
Dame d'Anneau, à deux lieuës de Stenay,
& une de Montmedy, deçà les bois, laquelle
ville de Montmedy, enfemble celle d'Yvoy,
eftoient en l'obeïffance du Roy, dès la premiere conquefte qu'avoit fait Mgr d'Orleans,
& Danvilliers eftoit abandonnèe.

Audit lieu d'Anneau arriva M. l'Admiral,
penfant venir à temps pour ladite entreprife,
un peu mal content de ce qu'on y avoit
efté fans luy, mais il n'y avoit eu ordre de
le fur-attendre, parce que l'ennemy le lende-

main en devoit desloger pour aller à Luxembourg. Après avoir sejourné un jour audit lieu, nous allasmes loger à Virton, petite place au Duché de Luxembourg, laquelle estoit abandonnée des ennemis : audit lieu se trouva le Duc d'Orleans. La nuict sequente (a), les Mareschaux de camp deslogerent pour prendre le chemin d'Arlon, & avec eux le Sgr de Brissac, & toute la cavalerie legere. Arlon est (comme j'ay dit ailleurs) petite ville sur le haut d'une montagne , en assez forte assiette. Le Sr de Brissac, pendant qu'on faisoit l'assiette du camp, allant en attendant l'artillerie l'investir , à ce que personne n'y put entrer ou en sortir : les soldats dedans qui pouvoient estre quatre cens hommes , n'attendirent l'arrivée de tout le camp; ains voyans marcher l'artillerie de loing (estant la place éminente) ils demanderent à parlementer, ce qui leur fut accordé; ils sortirent leurs bagues sauves, & les citadins firent le serment de fidelité. Y fut laissé pour la garde par Mgr. d'Orleans un soldat nommé le Capitaine Tavernier (b), avecques cinq cens hommes de

(a) La nuit suivante.

(b) L'Abbé Lambert le nomme Capitaine Tavernier, & lui ôte ainsi sa dénomination de *Soldat*, qui dans le Texte de du Belloy annonce que cet homme , après avoir été Soldat , étoit parvenu au grade de Capitaine.

pied. Le lendemain , qui pouvoit eftre le dixiefme jour de Septembre , nous partifmes pour aller affieger Luxembourg , & y arrivafmes environ les dix heures du matin ; dedans Luxembourg eftoient quatre cens chevaux en auffi bon équipage qu'il eft poffible. Entre autres Capitaines y eftoient Gilles de Levant, homme fort eftimé par les Imperiaux, & Jean de Heu l'un des Sgrs de Metz , & trois mille cinq cens hommes de pied auffi bien armez & equippez que j'en vey oncques.

Eftant le Duc d'Orleans arrivé devant Luxembourg, il fut logé près d'une Eglife, en une petite vallée, tirant le chemin dudit Luxembourg, au mont Saint-Jean à la portée d'une coulevrine près de la ville, tellement que les boulets venant d'icelle ville paffoient par deffus fon logis ; il avoit devant luy logé le regiment d'Allemans du Capitaine Ludovic, & à fa main droite celuy du Capitaine Frefnay, & fur la gauche les Legionnaires de Normandie & de Champagne. Eftoient la gendarmerie & chevaux legers campez aux lieux plus avantageux, pour empefcher l'entrée & faillie de la ville (couverts toutesfois) des gens de pied. L'affiette de Luxembourg eft fort bifarre, la moitié de laquelle tirant vers France tient le haut, & à l'oppofite il y a une pointe de roche, tendant vers le bois, fur laquelle eft affis le chafteau (fort antique & fuperbe) des anciens Ducs & Empereurs iffus de Luxembourg : au bas de la baffe - cour d'iceluy eft une abbaye, en laquelle il y a deux ou trois Empereurs enterrez en fepultures fort riches & magnifiques ; pareillement y eft inhumé le Roy de Boheme, qui mourut à la bataille de Crecy (a) eftant venu au fecours du Roy Philippe de Valois, contre Edoüart le conquerant, Roy d'Angleterre, le fils duquel Roy de Boheme eftoit Empereur. A la main droite dudit chafteau, eft la baffe ville, à laquelle refpondent trois grandes & profondes vallées, où courent trois torrents, & font ces vallées en roches taillées, dont mal-aifément on ne peut defcendre à pied, finon par quelques endroits ; & par là fe peut de jour en autre mettre fecours dedans la ville fans le pouvoir empefcher ; car on y vient tout à couvert des Ardennes. Cela fut caufe que dès la nuiét que noftre camp arriva, on feit diligenter

(a) La bataille de Crecy fe livra le 26 Août 1346, & non pas en 1344, comme l'Abbé Lambert l'a inféré dans le Texte de fon édition. (Lifez l'Abrégé chronolog. du Préfident Henault, Tome I, p. 233, & nos autres Annaliftes.)

les approches, & fut deliberé de faire deux batteries à une encogneure de la haute ville à la main dextre, du coflé de France, en les traverfant l'une fur l'autre : de l'une defquelles batteries print la charge M. d'Aumale, & avecques luy le Seigneur d'Affier (a) Grand-Maiftre de l'artillerie : de l'autre le Seigneur Pierre Stroffy, Gentil-homme Florentin, coufin du feu Pape Clement, lequel nouvellement eftoit venu d'Italie, ayant amené trois cens foldats Tofcans tous fignalez, ayans efté ou Capitaines, ou Lieutenans, ou Enfeignes, & eftoient armez de corcelets dorez, avecques chafcun un cavalin (b) vifte & difpoft, les deux pars (c) portant la picque, & la tierce l'arcquebuze, allans tousjours avecques les coureurs. S'il eftoit befoin de combat, ou d'affaillir un fort, ou

(a) François Ricard de Genouillac, Seigneur d'Acier, étoit Grand-Maître de l'artillerie par la démiffion de fon père, Jacques Ricard de Genouillac, dit Galiot : le père avoit ceffé d'exercer depuis la bleffure qu'il reçut au fiège de Perpignan, en voulant dégager fon fils, qui alloit périr. Le jeune d'Acier avoit commencé à remplir les fonctions importantes de cette charge au fiège de Landrecy.

(b) Petit cheval.

(c) Les deux tiers portant la pique, & l'autre tiers l'arquebufe.

garder un paſſage, ou le conquerir ſoudain, ils ſe mettoient à pied, & ne leur falloit nul ſergent pour les mettre en bataille, parce que d'eux-meſmes chacun ſavoit ce qu'il avoit à faire, car ils avoient tous commandé.

M. d'Aumale ayant la principale breche en ſa charge avecques ledit Sieur d'Aſſier, feit telle diligence, qu'une heure avant le jour ſes pieces furent en batterie, & pour recognoiſtre quelqu'endroit de la ville (car il deſiroit ſi aſſault ſe donnoit y aller) il ſortit hors de la tranchée, habillé de blanc comme il avoit eſté toute la nuiĉt pour eſtre cogneu des ſiens, à cauſe de l'obſcurité ; mais ſoudain qu'il fut hors de ladite tranchée, il fut deſcouvert de deſſus la muraille, & frappé d'un mouſquet, ou arcquebuzade à croq, qui luy perça le deſſus du col du pied, près de la cheville dont on fut contraint de le reporter au logis de-là à Long-vic, cinq lieuës en-deçà dudit Luxembourg, ſi fort bleſſé, que ſans le ſecours des Chirurgiens du Roy, & auſſi du (a) Duc de Guyſe ſon pere, lequel le vint faire panſer, il eſtoit en danger de mort ; car le coup eſtoit fort

(a) L'Abbé Lambert a ſupprimé dans ſon édition les ſoins que le Duc de Guiſe vint prendre de ſon fils.

dangereux, pour raifon des nerfs, & os qu'il avoit froiffez.

Le jour venu l'Admiral d'Annebault, lequel avoit la charge de l'armée foubs Mgr. d'Orleans, & avoit efté toute la nuict aux tranchées, feit faluer la place de cinq ou fix volées de canon; mais après ceux de dedans demanderent à parlementer, & à quatre des principaux fut baillé faufconduit pour venir vers mondit Seigneur d'Orleans : enfin plufieurs chofes debattuës d'une part & d'autre, fut accordé aux gens de guerre de leur en aller avecques les armes & bagues fauves : quant aux citadins, ceux qui voudroient demeurer faifans ferment de fidelité, jouyroient de tous leurs biens meubles & immeubles, les autres pourroient aller feurement où bon leur fembleroit. Environ deux heures après midy les Imperiaux fortirent de la ville, à fçavoir trois mille cinq cens hommes de pied, & quatre cens chevaux en fort bon equipage, prenans le chemin de Baftogne au Comté de Signy : audit Luxembourg fut mis le Seigneur de Longueval en poffeffion du Gouvernement, & entra dedans fa compagnie de genfdarmes, & le Seigneur de Frefnay avecques deux mille Lanfquenets, pour pourvoir à ce qu'elle ne fut faccagée :

les habitans demeurerent la plufpart avecques leurs biens & franchifes, horfmis les
Prefidens & Confeillers du Parlement qui
fe retirerent en la compagnie defdits gens
de guerre Imperiaux.

Cela fait, Mgr. le Duc d'Orleans affembla
tous les Capitaines en fon logis, pour confulter de ce qui eftoit à faire, confideré
que tout le Duché de Luxembourg eftoit en
l'obeïffance du Roy, horfmis Thionville, petite ville forte fur la riviere de Mofelle, quatre lieuës au-deffous de Metz, leur propofant
d'aller affaillir ladite ville, ce dont les Capitaines ne feurent d'advis, allegans qu'il y
avoit danger que s'allant attaquer audit
Thionville (eftant l'hyver à dos) on n'euft
cependant le moyen d'envitailler Luxembourg, fi le Roy avoit deliberé de le garder :
mais il fut conclu qu'il feroit envoyé devers
ledit Seigneur un Gentil-homme, lequel luy
remonftreroit les chofes que l'on cognoiffoit
fur le lieu, c'eftoit que mal - aifément on
pouvoit fortifier Luxembourg, à caufe de
l'affiette & des montagnes qui regardent la
baffe-ville, & qu'il ne fe trouvoit autre
expedient que de retrancher la haute ville
d'avec la baffe, chofe qui feroit longue &
de grande defpenfe. Et ores qu'elle feroit

fortifiée

fortifiée, ſi eſtoit-il mal-aiſé de l'envitailler;
pareillement eſtant envitaillée pour cinq ou
ſix mois, que toutesfois il falloit dreſſer une
armée bonne & gaillarde, pour la renvitailler, s'il y avoit continuation de guerre, ce
qui ne ſeroit ſans grands fraiz & onereuſe
deſpenſe, d'autant que l'ennemy ayant l'Allemagne à ſon cul, pouvoit en peu de temps
(voyant ladite ville diminuée de vivres)
jetter vingt-mille Allemans devant, qui ne
luy couſteroient qu'un eſcu pour homme :
quant au Roy partant ſeulement de ſa frontiere, il luy falloit pour le moins ſept journées de camp, l'aller & retour compris;
car il y en avoit de Stenay juſques à Luxembourg trois journées & autant de retour,
& une pour deſcharger. Pour concluſion il
ſembloit à la plus ſaine partie des Capitaines,
que le meilleur & plus expedient eſtoit de
faire abattre les murailles d'icelle ville, &
fortifier Arlon plus fortifiable & facile à envitailler; auſſi fut adviſé, en attendant ſur
ce l'intention du Roy, d'aller loger le camp
au deſſoubs du Mont-Sainct-Jean, à quatre
lieuës de Luxembourg, tirant le chemin de
Thionville & de Mets, & afin de n'empeſcher les vivres, que cependant on mettroit
audit Luxembourg; & ſi le plaiſir du Roy

eſtoit qu'on aſſailliſt Thionville, l'armée eſtoit à la porte.

Pour aller devers le Roy luy faire ces remonſtrances fut ordonné Martin du Bellay, lequel trouva ledit Seigneur à Saincte-Menehoult, ayant avecques luy le Comte de Sainct Paul, & le Cardinal de Tournon (a), qui avoit le maniement de ſes affaires en l'abſence de M. l'Admiral. Il fit entendre au Roy amplement & par le menu tout ce qui avoit eſté mis en avant, & debattu par les Capitaines, eſtans près de la perſonne de Mgr. d'Orleans. M. de Sainct Paul, le Cardinal de Tournon, & autres eſtans près du Roy, furent bien d'advis que l'on devoit raſer Luxembourg, veu la difficulté de l'envitaillement ; meſme que le Preſident Oli-

(a) Ce Cardinal & l'Amiral d'Annebaut, depuis la diſgrace du Connétable de Montmorency, étoient à la tête du Miniſtère. Ni l'un ni l'autre, peut-être, n'avoient ce génie qui conſtitue les hommes d'Etat : mais tous deux ſe rendirent recommandables par leur probité & leur déſintéreſſement ; ils en fournirent la preuve par l'état où ſe trouvèrent les finances à la mort de François I : Henry II, ſon ſucceſſeur, les priva de leurs places. On a pourtant un reproche à faire à la mémoire du Cardinal de Tournon ; c'eſt d'avoir été un des promoteurs du maſſacre de Cabrieres & de Merindol.

vier (a) depuis Chancelier de France, lequel avoit la fuperintendance des vivres, leur avoit mandé qu'à peine avoit-il le moyen (pour la faute du charroy) d'envitailler le camp, & à plus forte raifon, de mettre vivres dedans Luxembourg. Mais le Roy, quelque perfuafion qu'on luy feit, demoura en fon opinion de garder cefte ville, difant qu'elle eftoit fon heritage, & fi l'Empereur luy detenoit contre raifon le Duché de Milan, luy avec raifon pouvoit tenir celuy de Luxembourg, ores qu'il n'y euft autre droit comme il avoit : *& s'il ne tenoit la ville principale, il ne feroit nommé Duc de Luxembourg.* Parquoy il envoya tous fes Maiftres-d'Hoftel, les uns à Semiers, autres à Eftain, pays de Lorraine, & autres à Mets, pour avoir vivres pour la fourniture de fa ville : & manda querir le Seigneur de la Bourdaiziere (b) auquel il en bailla la fuperintendance,

(a) Il devint Chancelier dans les dernières années de François I. Il débuta par un Edit qui préparoit la deftruction de la vénalité des offices. Le préambule de cet Edit offre un tableau curieux des abus de la procédure & des plaintes qu'on en faifoit à cette époque.

(b) Jacques Babon, Seigneur de la Bourdaifiere & de Sagonne, Bailli de Touraine, eut un fils, dont il fera parlé dans les Mémoires qui fuivront.

eſtimant qu'il fut pour bien l'executer, &
auſſi reſolut de luy-meſme aller à Luxembourg, renvoyant Langey devers Monſeigneur
d'Orleans pour luy declarer ſon intention,
& afin d'envoyer eſcorte au-devant de
luy.

Le 25 Septembre le Roy partit de Sainɗe-
Menehoult, paſſant par Stenay, par Jamets
& Long-vic, & arriva en ſon camp, au-
deſſous du Mont-Säinɗ-Jean, & logea audit
Mont-Sainɗ-Jean, qui eſt un chaſteau ſur une
montagne, lequel il bailla en garde au Seigneur de Sanſac, Capitaine de deux cens
chevaux legers, après y avoir ſejourné une
journée pour ordonner de la fortification d'i-
celuy. Puis le lendemain, veille Sainɗ-Michel, il s'en alla au giſte à Luxembourg,
auquel lieu il feit la feſte Sainɗ-Michel,
& la ceremonie de l'Ordre. Et conſe-
quemment diſpoſa de la fortification d'icelle
place.

Peu de temps auparavant, ayant le Roy
ordonné l'Admiral d'Annebaut, pour paſſer
outre & aller ſecourir le Duc de Cleves,
avecques quatre cens hommes d'armes, &
dix mille hommes de pied, il eut advertiſſement comme iceluy Duc de Cleves avoit
accordé (3) avecques l'Empereur : auſſi

eſtant à Luxembourg ledit jour Sainct Michel en intention d'y faire quelque ſejour, luy vindrent nouvelles que l'Empereur en toute diligence, après avoir reduit ledit Duc (a) en ſon obeiſſance, marchoit avecques toutes ſes forces pour aſſieger Landrecy nouvellement fortifiée par le Roy dedans le pays dudit Empereur. Auſſi luy manda M. de Vendoſme qui eſtoit à Guiſe, qu'outre l'armée, laquelle le Sieur de Reux avoit de long-temps devant ledit Landrecy, y eſtoit arrivé Dom Ferrant de Gonzague, Lieutenant-General de l'Empereur, avecques un gros renfort, attendant la venuë dudit Empereur. A ceſte occaſion, craignant que Landrecy ne fut ſuffiſamment pourveuë d'hommes, il y avoit fait entrer par atravers leur guet, René de la Chapelle Rinſovin, Sieur d'Eſpeaux, avecques cinquante hommes d'armes de la

(a) Tous nos Hiſtoriens contemporains du Duc de Cleves lui reprochent le traité qu'il ſigna avec Charles-Quint. Paradin ſur-tout ne le ménage pas. Il eſt certain que le traité de ce Prince avec l'Empereur fut très-humiliant pour lui. On s'en convaincra en liſant l'Obſervation, n° 3. Mais il s'agit de ſçavoir ſi le Duc de Cleves pouvoit faire autrement, & ſi François I, au lieu d'employer ſes forces à réduire Luxembourg, n'auroit pas dû préférablement marcher au ſecours d'un allié utile qui alloit être écraſé.

compagnie du Sieur de Jarnac, dont iceluy
la Chapelle eſtoit Lieutenant. Le Roy ayant
les nouvelles du renfort entré dedans ſa place,
fut fort ſatisfait, & quant audit Empereur,
ledit Sieur delibera partir le lendemain pour
l'aller rencontrer devant Landrecy, auquel
lieu on l'attendoit journellement, & l'aller
combattre ou ſecourir ſa ville : mais ce ne
fut ſans avoir ſoigneuſement pourveu au fait
de Luxembourg, dedans laquelle il laiſſa le
Sieur de Longueval, ſon Lieutenant-General
avecques ſa compagnie de cinquante hommes
d'armes, le Sieur de Jour, nommé d'Anglurre avecques mille hommes de la legion
de Champagne, le Sieur d'Araucourt de
Lorraine, cinq cens hommes, le Vicomte de
la Riviere, autres cinq cens, & le Sieur Hie-
ronime Marin, Boulenois, avecques cent ou
ſix-vingts Italiens, lequel avoit entrepris la
fortification de ladite place, & l'avoit retran-
chée, gardant toutesfois le bas, combien
qu'il fut ſeparé du haut. Puis il ordonna le
Prince de Melphe ſon Lieutenant-General en
la compagnie, pour l'envitaillement d'icelle
place, avec luy le Sieur de Jamets & ſa compagnie ; le Sieur de Langey, & le Vicomte
d'Eſtauges, avecques les leurs, le Sieur
de Senerpont, avecques la compagnie de

Mr. de la Mailleraye (a) duquel il estoit Lieutenant, & le Sieur de Guillaucourt avecques celle de M. de Sedan, le Sieur du Fresnay avecques deux mille Lansquenets, & le Comte de Brienne, avecques cinquante hommes d'armes de sa compagnie, & dix mille hommes de pied tant des legions de Normandie que de Champagne, dont il estoit Colonel : & puis se retira à grandes journées avecques le reste de son armée.

Le Roy estant party de Luxembourg, comme dit est, deliberé d'aller rencontrer l'Empereur, lequel avoit assiegé Landrecy & Guyse, tout par un mesme moyen, il luy fut proposé par le Seigneur de Brissac, General de la cavalerie legere, que s'il luy vouloit permettre de se mettre devant avecques toutes ses troupes, luy donnant pour le favoriser quelque nombre d'arcquebuziers à cheval, il pourroit surprendre une partie de l'armée de Dom Ferrand de Gonzague, Lieutenant-General pour l'Empereur, qui tenoit le siege devant Guyse ; parce que ne se doubtans de si soudain retour de l'armée de Luxembourg, il estoit apparant que les

(a) Son nom de famille étoit de *Moy*, Seigneur de la Meilleraie.

chevaux legers Imperiaux ne trouvans nulle resiſtance ſe pourroient eſcarter par le pays loing de leur camp pour faire butin. Choſe que le Roy trouva bonne, & pour ceſt effect manda au Comte de Sainct-Segond (a), Colonnel des gens de pied Italiens, qu'il euſt à luy fournir le nombre d'arcquebuziers à cheval qu'il luy demanderoit; mais ledit Comte s'offrit d'aller en perſonne en ſa compagnie (ce qu'il feit) avecques les hommes les plus experimentez qui eſtoient en ſes bandes. Arrivez qu'ils furent à Marle, quatre lieuës près de Guyſe, ayans paſſé à Noſtre-Dame de Lieſſe & à Pierre-pont, le Seigneur de Briſſac fut adverty que le lendemain matin Dom Ferrand de Gonzague ayant eu le vent du retour du Roy à Coucy, & de ſon armée, n'eſtoit d'advis d'attendre l'armée dudit Seigneur; parquoi eſtoit deliberé de faire ſa retraite à Landrecy, où eſtoit le reſte de l'armée Imperiale, abandonnant Guyſe, qu'il avoit entreprins d'aſſieger : cela fut cauſe que Briſſac partit trois heures devant le jour, pour arriver ſur leur deſlogement. Eſtant arrivé une petite lieuë près de Guyſe ſur un haut à couvert d'un bois, duquel lieu il pouvoit deſcouvrir tout le chaſteau de Guyſe, il cogneut que

(b) San Secondo.

la garnifon du chafteau, qui eftoit (a) le Seigneur de Bourdillon, guidon de la compagnie de M. de Nevers, avoit attaqué l'efcarmouche contre les chevaux legers Imperiaux ; parquoy pour mieux recognoiftre l'intention de l'ennemy, il depefcha le Capitaine Theode Bedaigne, Albanois, avec fa bande, pour de plus près aller recognoiftre l'ennemy, & l'attirer (fi poffible eftoit) à fon embufcade, à ce qu'il eut moyen de leur couper chemin entre le chafteau & eux, & par ce moyen les deffaire. Mais Theode, après longuement les avoir efcarmouchez, veit fon entreprife eftre vaine, parce que l'ennemy ne vouloit s'effoigner de la groffe trouppe que conduifoit Dom Ferrand de Gonzague qui, pendant lefdites efcarmouches, fe retiroit (b) le chemin de Landrecy. Eftant ledit Theode de retour & fait fon rapport, Briffac, par l'advis des Capitaines eftans auprès de luy, depefcha cinq cens chevaux pour les charger à toutes brides, & luy avecques la groffe troupe, fe meit à leur queüe pour les fouftenir : noz gens ayant fait la charge gaillarde, renver-

____

(a) Que commandoit le Seigneur de Bourdillon. Il fe nommoit Imbert de la Plattière : on le verra jouer un rôle important fous le règne de Henry II.

(b) Vers Landrecy.

ferent ce qu'ils trouverent des ennemis devant eux, où il y en eut plusieurs prins prisonniers, tuez, & portez par terre. Entre autres y fut prins par un cheval leger de la bande du Sieur de la Hunaudaye, Dom Francisque d'Est (a), frere du Duc de Ferrare, Capitaine - General de toute la cavalerie Imperiale : le reste fut pressé si vivement que Dom Ferrand de Gonzague, qui estoit sur sa retraite, fut contraint de rassembler tous ses bataillons, & tourner teste pour sauver le demeurant, & se retira ledit Dom Ferrant au camp devant Landrecy, & le Seigneur de Brissac à Marle, quatre lieuës de delà dont il estoit party. Telle fut la fin de ceste entreprise. L'armée de l'Empereur se logea devant Landrecy, avecques la trouppe que de long-temps le Seigneur de Reux avoit, & demoura du costé de Marolles & de la Capelle, & celle de Dom Ferrand se logea du costé du Cateau-Cambrezis près la forest de Mormault. L'Empereur estoit au Quesnoy-le-Comte, attendant le regiment que luy amenoit le Duc Maurice de Saxe, & celuy

(a) François d'Est, Marquis de Massa di-Romagna. Il passa par la suite au service de Henry II, qui lui conféra l'Ordre de S. Michel. Il mourut en 1578. (Voyez les Généalogies de Chazot de Nantigny, &c.)

de Martin Van-Roff, Marefchal de Gueldres, & dix mille Anglois que luy envoyoit le Roy d'Angleterre de renfort; car fachant la deliberation du Roy, qui eftoit de fecourir fa ville, il ne vouloit venir en perfonne en fon camp fans avoir toutes fes forces pour luy mettre au-devant.

Le Prince de Melphe, que le Roy avoit laiffé pour avitailler Luxembourg, après que ledit Seigneur fut retiré, fe vint camper aux Challas (a), village à deux lieuës deçà ledit Luxembourg; mais pour la faute du charroy qui eftoit à Stenay & à Moufon, où fe faifoit la munition, la famine furvint en fon camp fi grande, que les Capitaines mefme n'avoient un pain pour leur difner. La caufe eftoit qu'on avoit retenu à Stenay tout le charroy pour tout en un coup envitailler Luxembourg, de forte que les Lanfquenets & legionnaires ne voulant avoir la confideration & patience de deux ou trois jours, fe mutinerent : toutesfois à force de remonftrances nous arreftafmes les Lanfquenets; quant aux legionnaires defquels eftoient General le Comte de Brienne, ils furent de fi mauvaife volonté, que de dix mille, tant

(a) Il y a Chelas dans l'édition de 1569.

Champenois que Normands, il n'en resta pas
trois cens qu'ils ne retournassent en France;
les Capitaines demourerent, mais soubs chacune enseigne il n'y avoit pas trente hommes.
Le Prince de Melphe & les Capitaines estans
près de luy, tels que j'ay nommez cy-dessus,
se voyant affoiblis d'une si grosse trouppe,
adviserent de leur retirer à Erancy, cinq
lieuës au deçà, & trois lieuës prés de Jamets,
pour y attendre l'envitaillement, & estre
plus près de leurs vivres : auquel lieu ayans
sejourné trois ou quatre jours, arriva l'envitaillement pour Luxembourg, lequel nonobstant que n'eussions que deux mille Lansquenets du Capitaine Fresnay, avecques la
gendarmerie, & que fussions advertis que
vers la Mozelle & le chasteau de Roque-
demar il y eust assemblée de dix ou douze
mille Lansquenets pour nous empescher, si
fut-il entrepris de le conduire, & fut mis
dedans ladite ville, à la faveur de nostre gendarmerie, des vivres pour trois mois.

Alors que nous y arrivasmes, ceux de la
ville d'Arlon envoyerent nous faire entendre
comme le Capitaine Tavernier (lequel avoit
esté laissé dedans pour leur conservation)
après avoir pillé toute la ville, s'en estoit

allé avecques fon Enfeigne en France fans
dire adieu, & que ceux de Baftogne (a)
eftoient venus de la part Imperiale, pour
s'en faifir ; mais eux ayans fait au Roy le ferment de fidelité, n'y avoient obey, deliberez
de garder leur foy moyennant qu'ils fuffent
fecouruz, nous prians de leur bailler gens
pour la garde d'icelle ville, autrement qu'ils
feroient contraints par force d'obtemperer à
l'Empereur. Le Prince de Melphe confiderant la bonne volonté defdits habitans, lefquels avoient mieux gardé leur foy que le
paillard auquel ils avoient efté baillez en
garde, delibera de les aller fecourir des chofes
dont il feroit befoin. A cefte caufe, partans
de Luxembourg nous vinfmes paffer par ladite
ville d'Arlon, en laquelle furent laiffés trois
Capitaines de gens de pied, avecques chacun environ deux cens hommes, fçavoir le
Capitaine Lanque, le Mont S. Pere, & un
autre, avec vivres fuffifamment pour quelque
temps. Ce fait, nous retirafmes à Erancy, duquel lieu le Prince de Melphe ayant executé
fa charge, depefcha le Sieur de Langey en
pofte devers le Roy, pour fçavoir ce qu'il

(a) Ville des Pays-Bas au Duché de Luxembourg,
dans le Comté de Chiny. Elle n'eft éloignée que de huit
lieuës de Luxembourg vers le Septentrion.

luy plairoit commander de nouveau, & en attendant de ſes nouvelles on ſe retira entre Jamets & Stenay, pour mettre l'armée en ſeureté, & l'approcher des vivres, parce que les pluyes eſtoient ſurvenuës telles qu'il n'y avoit plus de moyen de conduire le charroy. Langey vint trouver le Roy à la Fére ſur Oiſe : incontinent ledit Seigneur redepeſcha un courrier pour faire entendre ſon intention au Prince de Melphe, laquelle eſtoit d'aller combattre ſon ennemy devant Landrecy, ou bien ſecourir ſa place ; & à ceſte cauſe qu'il euſt à marcher en toute diligence prenant ſon chemin par le plus court, le long de la frontiere des bois pour ſe venir rendre à Guyſe, & de-là où ſeroit ledit Seigneur.

L'Empereur pendant ce temps eſtoit au Queſnoy-le-Comte, & avoit toutes ſes forces devant Landrecy, leſquelles eſtoient de dix-huiɕ mille Allemans, & dix mille Eſpagnols des vieilles bandes, ſix mille Walons, & de huiɕ à dix mille Anglois que le Roy d'Angleterre luy avoit envoyé de ſecours, ſuivant leur concordat, & treize mille chevaux, tant des ordonnances de ſes Pays - Bas, que de Clevois, & hauts Allemans : & eſtoit ſon Lieutenant-Général en ladite armée Dom

Ferrand de Gonzague. Auffi eftoit près de la perfonne dudit Empereur le Duc d'Alve, lequel depuis n'agueres avoit efté fait Grand-Maiftre de la Maifon dudit Seigneur, ayant recompenfé le Comte de Reux du Gouvernement de Flandres & d'Artois : mefme y eftoient tous les Princes & grands Seigneurs, tant d'Allemagne que de fes bas pays. Après que fon camp fut logé, il fift affeoir fon artillerie, de laquelle il fift diligenter de tirer, pour faire batterie par tous endroits, l'une le long de la courtine realle, qui tiroit entre le chafteau & le boullevert d'Orleans, l'autre batterie contre le chafteau, & l'autre au droit du boullevert de Vendofme, & de la courtine qui regarde Catillon (a). Puis confiderant un petit tertre vers la foreft de Mormault, qui regardoit le flanc du dedans de la grande courtine, il y fift loger une longue coulevrine pour empefcher les affiegez de remparer & de venir à leur deffenfe : car il faut entendre que nos bouleverts & courtines n'eftoient à demy haulcez; parquoy cefte piece leur faifoit grand dommage, pour lequel éviter ils chercherent tous les moyens à eux poffibles de la lever de là. Enfin ayans advifé de deffus le rempart que les Lanfquenets qui en avoient

(a) Il faut lire *Caftillon*, felon l'édition de 1569.

la garde eſtoient fort negligens, & qu'ils ne
ſe doutoient de pouvoir eſtre aſſaillis que
par un coſté, à l'occaſion que la riviere qui
repaſſoit au recoupement de la ville baſſe,
laquelle eſtoit abandonnée, eſtoit entre la
ville & eux, ils delibererent de les ſurprendre & enclouer ladite piece. Pour ceſt effeci,
ils mirent dehors les Capitaines Ricarville,
avecques quarante chevaux, & S. Symon,
avecques trente hommes de pied, & douze
pionniers, avecques des cordages pour faire
paſſer la riviere auſdits gens de pied : ceux
qui furent mis dehors firent ſi bon office,
qu'ils ſurprindrent les Lanſquenets, de ſorte
qu'ils les mirent à vau de roupte, leur fai-
ſans abandonner leur garde. Ainſi ſe voyant
la piece demourée, & avoir moyen de l'amener, ils la lierent avecques les cordes dont
ils avoient paſſé l'eau, & à force de bras la
trainerent droit au boulevert d'Orleans, par
lequel ils eſtoient ſortis. Les ennemis ayans
de ce la cognoiſſance, donnerent en toute
furie pour la recouvrer, mais ne la peurent
rataindre, qu'elle ne fuſt embourbée dedans
la riviere, & fut ſi bien ſecourue des aſſiegez,
qu'elle fut miſe en ſeureté dedans ledit boulevert d'Orleans : & ſoudain (parce qu'elle
eſtoit chargée) fut tournée devers l'ennemy
& tirée

& tirée fur luy, & auffi fut tué beaucoup de Bourguignons à coups d'arcquebuze de def-fus le rempart, lefquels avoient donné juf-qu'au foffé dudit boulevert, pour recourre (a) ladite piece.

Dom Ferrand de Gonzague voyant nos gens faire ordinairement faillies fur fon camp, ordonna de redoubler fes tranchées pour em-pefcher que homme (fuft à pied ou à cheval) peuft fortir de la ville. Ce nonobftant peu de temps après, le Sieur d'Effé ayant cog-noiffance de deffus le rempart qu'il y avoit trois cens Anglois travaillans aufdites tran-chées du cofté de leur garde, faillit avecques cent ou fix-vingts chevaux, & la plufpart de la jeuneffe de la Cour demourée en laditte ville ; mais ne penfans trouver que lefdits Anglois, s'y trouverent huict ou neuf cens chevaux en embufcade, en une vallée au-deffous pour les fouftenir, lefquels firent une charge audit d'Effé, telle qu'il demoura huict ou dix des fiens morts ou bleffez, & luy eut le bras percé d'un coup de picque : auffi y eut-il eu plus grand defordre, fans cinq cens arcquebuziers fortans de la ville, qui fouf-tindrent l'effort de l'ennemy, à l'ayde def-quels d'Effé fe retira tousjours combattant

(a) Pour reprendre.

Tome XXI.   E

fans grande perte, horſmis celle de la pre-
·miere charge.

Sçachant auſſi l'Empereur que le Roy ſe
preparoit en toute diligence pour venir ſecourir les aſſiegez, il fiſt tant diligenter ſa
batterie, qu'en peu de temps il fit breche
plus que raiſonnable pour aſſaillir, laquelle
fut trois ſepmaines ouverte, horſmis quelque
peu de rempart que nos gens pouvoient faire
la nuict ; car le jour il eſtoit mal-aiſé, d'autant
qu'ils eſtoient deſcouverts de tous coſtez. Il
fiſt apporter grand nombre de faſcines pour
emplir les foſſez ; mais outre ce, les aſſiegez
avoient telle penurie de vivres, qu'un chacun
ſoldat n'avoit que demy pain de munition par
jour ; quant au breuvage, de l'eau toute pure :
auſſi pour plus les tourmenter en la baſſe
ville que nous avions abandonnée, il y avoit
un portail, dedans lequel les Imperiaux mirent des gens, & deſſus des pieces d'artillerie
dont on commandoit à la breche. Les Sieurs
d'Eſſé & de la Lande conſiderans le grand
dommage qu'ils en recevoient, meſme que
gens mal nourris & ordinairement en travail
(comme eſtoient iceux aſſiegez) tombent
bientoſt ſoubs le faix, conclurent de leur oſter
ledit portail : ayans attiré toute leur artillerie
audit lieu, au cas que le camp y vinſt en

troupe, ils firent fortir trois cens hommes à un poinct du jour, lefquels combattirent fi obftinément, qu'ils emporterent ledit portail d'affault, devant que ceux du camp le peuffent fecourir : cela leur donna du repos ; car onques puis les ennemis n'oferent entreprendre d'y retourner. Or cognoiffoit bien l'Empereur qui eftoit au Quefnoy, que la breche eftoit fuffifante pour affaillir ; mais auffi n'ignoroit-il les gens de bien qui eftoient dedans, & que mal aifément les pourroit-il emporter d'affault, fans perdre beaucoup des fiens. A cefte occafion il refolut de l'avoir par famine, au moyen de la neceffité de vivres qui y eftoit, & le travail que jour & nuict il convenoit porter aux affiegez, dont (à ce qu'il penfoit) enfin feroient mattez, tant qu'ils n'auroient moyen de lever les armes : fe perfuadant auffi que le Roy n'arriveroit d'heure pour les venir fecourir, que premier il n'euft moyen d'achever l'execution qu'il avoit deliberée.

Environ le dix - huictiefme jour du mois d'Octobre, les affiegez confiderans la neceffité de vivres (a), la debilité de la place, &

______

(a) Le récit qu'en fait Paradin, p. 433, confirme celui de du Bellay. « Or fe continuoit, dit il, le fiège » & camp devant Landrecy ... Les affaillis eftoient en » telle extrémité de vivres, qu'il n'eftoit plus poffible

l'infupportable travail que neceffairement ils portoient jour & nuict, ils depefcherent le Capitaine Yville, Normand, lequel avoit cinq cens hommes dedans ladite place, & cognoiffoit les adreffes du pays, pour trouver moyen de fortir & advertir le Roy de leur neceffité, vers lequel environ le vingtiefme dudit mois il arriva à la Fére-fur-Oyfe, où il faifoit de tous coftez affembler fon camp, ayant mefme (comme j'ay dit) mandé au Prince de Melphe fe venir joindre avecques luy. Yville arrivé, declara en general & par le menu l'eftat des affiegez, & que fi de brief ils n'eftoient fecourus, la faim les chafferoit dehors ; mais que la force ne les en pourroit lever (a) tandis qu'il y auroit un homme en vie. Le Roy ayant entendu la neceffité des

» de diffimuler ; & avoient les foudarts, qui eftoient
» enclos, fi grande faulte d'habillements, chauffures &
» autres veftements, qu'ils s'enveloppoient le corps &
» les jambes de peaux de moutons crues ; & fembloient
» hommes fauvages, tant eftoient pafles, deffaits, &
» mal en poinct ; & eftoit la boue par la ville fi grande,
» qu'ils y eftoient tousjours jufques à mi-jambe ; & ce
» nonobftant falloit coucher ordinairement fur les rem-
» pars & baftions, lefquels eftoient totalement refous
» & fondus en boue & bourbiers... »

(a) Oter.

aſſiegez, & auſſi leur bonne volonté, delibera de hazarder ſa perſonne, pluſtoſt que de laiſ-ſer perdre tant de gens de bien. Il commanda à Yville de trouver le moyen de rentrer (ce qu'il feit) & de les aſſeurer qu'il n'y auroit faute, qu'il les ſecourroit dedans briefs jours. Pour haſter l'execution de ceſte promeſſe, ſoudain ledit Sieur feit aſſembler ſon camp en l'Abbaye de Homblieres, une lieuë au-deſſus de Sainct-Quentin, ſur la riviere, & luy s'en alla à Sainct-Quentin, afin qu'un chacun le ſuiviſt, duquel lieu, y ayant ſeu-lement ſejourné un jour, il deſlogea pour aller camper à Premont (a), gros village hors les bois de Bohain, tirant dudit Bohain à Cambray. Le jour ſuivant, il logea au village de Sainct-Souplex, au-deſſus de Sainct-Mar-tin, à la riviere, d'où aiſément on voyoit la furieuſe batterie que faiſoit diligenter l'Empereur, ſentant le Roy approcher, la-quelle eſtoit de quarante-cinq groſſes pieces d'artillerie. Parquoy la nuict venue, le Roy, pour faire entendre aux aſſiegez que leur ſe-cours eſtoit prochain, feit tirer une volée de toute ſon artillerie, choſe qui leur augmenta le cœur ; & ils eurent grande resjouïſſance pour l'aſſeurance qu'ils eurent du ſecours.

(b.) Selon l'Abbé Lambert, il faut lire Prémonſtré.

Le Roy eſtant campé audit lieu de Sainct-Souplex, aſſembla les Capitaines pour conſulter le chemin qu'il devoit prendre : aucuns furent d'advis qu'il devoit aller loger à Catillon, lieu avantageux, pour eſtre d'un coſté couvert de la riviere de Sembre, & de l'autre coſté d'un ruiſſeau mareſcageux ; de ſorte qu'il n'y avoit qu'une avenue, laquelle ſe pouvoit, en moins de vingt-quatre heures, trancher, parquoy ſe leveroit le moyen à l'ennemy de nous aſſaillir. Semblablement nos vivres pourroient venir de Guyſe & Bohain ſans eſtre en ſa mercy. Et là eſtans logez, on pourroit en un jour refaire les ponts ſur la chauſſée dudit Catillon, parce qu'elle y eſtoit bonne & ferme. Outre plus, ſi l'ennemy qui avoit ſon armée ſeparée en deux, ne la remettoit enſemble, nous pourrions paſſer la riviere, & combattre ce qui eſtoit de-là l'eau, du coſté de Long-Favery : & ſi l'ennemy, pour reunir ſes forces, faiſoit repaſſer vers la foreſt de Mormault ceux qui eſtoient audit Long-Favery, nous y pourrions aller loger, & rafraiſchir Landrecy d'hommes, de pionniers, de vivres, & autres choſes neceſſaires tout à noſtre loiſir, & de-là nous retirer par Cartigny, ayans ſecouru la ville. Car ſi l'Empereur nous vouloit venir

combattre, il falloit qu'il allaſt paſſer la riviere à Marolles, deux lieuës au-deſſoubs ;
ou bien ſi nous eſtans logez audit Catillon,
il paſſoit les forces qu'il avoit devers Mormault, pour les joindre à celles de Long-
Favery, nous pouvions ſemblablement aller
au lieu d'où il partoit, car nous avions le
paſſage de la riviere pour faire l'un ou l'autre.
Ceſte opinion ne fut la plus forte ; ains encore que le logis du Cateau - Cambreſis ſoit
aſſez mal-aiſé pour loger une armée, ſi fut-il
conclu d'y aller loger (qui eſtoit la teſte
droit à l'ennemy), *& qu'il eſtoit plus honnorable de l'aller chercher , que de tourner
autour du pot.* Pour viſiter ce logis du Cateau, furent ordonnez M. de Sainct - Paul,
l'Admiral d'Annebault, le Mareſchal du Biez,
& quelques autres.

Autres mirent en avant, que puiſqu'il
eſtoit ainſi reſolu de prendre ce logis, ils
eſtoient d'advis que pendant que le Roy feroit teſte à l'Empereur, on envoyaſt à Guyſe
& à Vervin quelque homme cognoiſſant le
pays, lequel fiſt aſſembler tout le beſtial gras
qui ſe trouveroit le long de la riviere de
Cere (a) & du pays de Laonnois, avecques
toutes les farines qu'on pourroit trouver, &

(a) La Serre, rivière qui ſe jette dans l'Oiſe.

foudainement lever tous les chevaux de labeur qu'on trouveroit, tant audit pays de Laonnois que Soiffonnois, pour tout affemblé le faire conduire à la Capelle, & porter à dos de chevaux lefdites farines, ne faifant chacun fac fort pefant, afin que le payfan peuft aller fur fa befte & fur le fac pour faire plus grande diligence, & que pendant ce temps que le Roy tiendroit l'Empereur amufé pour le combat, on mift lefdites farines, bœufs & moutons dedans Landrecy. Cefte opinion fut approuvée ; pour la conduite de laquelle fut ordonné le Sieur de Langey, avecques pouvoir d'eftre obey comme la perfonne du Roy par le pays fufdit : & fut mandé à fa compagnie, laquelle venoit de Luxembourg, à celle du Prince de Melphe, à celle du Comte de Brienne, & au Seigneur de Sanfac, qu'ils le vinffent trouver à Vervin, defquels ne s'y trouva que ledit Sanfac avecques fa compagnie, & celle dudit Seigneur de Langey. Le Comte de Sainct-Paul, ledit Sieur Admiral, & autres, ayans vifité le logis du Cateau-Cambrezis, le Roy marcha audit lieu, & y logea fon armée.

Deux jours après, lefdits Comte & Admiral advertis que les forces de l'Empereur eftoient deflogées de de-là l'eau, & retirées deçà, & aussi qu'il avoit quelque peu discontinué la batterie qu'il faisoit si furieuse, sentant le Roy & son armée logez si près de luy, allerent passer à Catillon pour retirer de Landrecy les soldats, lesquels y avoient tant souffert, & la rafraischir de soldats nouveaux. Aussi aisément y eust passé toute l'armée ; mais j'ay entendu depuis, qu'on avoit si mal pourveu pour les vivres & envitaillement, qu'on n'avoit un seul charroy, ny mesmement vivres que bien estroittement pour nourrir le camp, ce qui fut cause que l'opinion plus apparente d'aller loger audit Catillon ne fut suivie. En somme mesdits Sieurs de S. Paul & d'Annebault y entrerent sans danger de l'ennemy, & en tirerent les Sieurs d'Essé, & de la Lande, & le Capitaine la Chapelle Rainsovin, avecques leurs soldats, & y laisserent pour Lieutenant du Roy le Sieur de Vervin, ayant charge de mille hommes du Boullennois, de la legion de Picardie, & le Capitaine Rochebaron, frere du Sieur de Lignon du Boullennois, avecques autres cinq cens hommes. Le Sieur d'Essé & autres estans arrivez au camp, le Roy pour remuneration de leurs agreables services les honora : il fit le Sieur d'Essé Gentil-homme de sa Chambre : les Sieurs de la Lande & de la Chapelle, les fiſt ſes Maiſtres d'hoſtel ordinaires : à tous les ſoldats qui avoient forfait, il leur donna grace, & les annoblit leurs vies durans : & quant aux jeunes hommes qui y eſtoient entrez pour leur plaiſir, & honneur acquerir, il les decora ſelon leur qualité.

Durant ce temps les deux armées n'eſtoient ſans groſſes (4) eſcarmouches d'un camp à l'autre. Or entre celuy de l'Empereur & le noſtre, il y avoit une grande vallée, au fond de laquelle paſſe un ruiſſeau, lequel venant du Cateau - Cambrezis, va tomber à Happre, gros village & prieuré, my-chemin de Cambray à Valentiennes : & combien qu'il ſoit petit, ſi eſt-il mal guéable, pour eſtre haut de bords. Environ le vingt-huiɛtiefme jour dudit mois d'Oɛtobre, l'Empereur eſtant venu du Queſnoy en ſon camp, accompagné des regimens du Duc Maurice, & de Martin Van-Roſſen, feit preſenter au haut de la montagne de ſon coſté bon nombre de chevaux - legers meſlez d'arcquebuziers, derriere leſquels eſtoient en un vallon deux ou trois gros bataillons de Lanſquenets & de Gendarmerie pour les ſouſtenir, qui n'eſtoient apperceuz. L'alarme ſe donne en noſtre camp : ſoudain le Sieur de Briſſac, lequel eſtoit General des chevaux-legers, paſſa ledit ruiſſeau, & d'arrivée repouſſa les Imperiaux bien avant; mais ayant cognoiſſance deſdits gros bataillons de gens de cheval, & de Lanſquenets qui marchoient pour ſouſtenir leurs gens, il fut contraint (a) de tenir bride : dequoy il advertit le Roy, lequel eſtant ſur la montagne, de ſon coſté conſiderant que ſi ceſte eſcarmouche eſtoit continuée, le pourroit amener à la bataille à ſon deſavantage (car il n'eſtoit raiſonnable de paſſer le ruiſſeau, & aller combattre ſon ennemy à pied en montant) il envoya l'Admiral d'Annebault pour la faire retirer, ſur laquelle retraitte nous perdiſmes quelques gens par trop s'aventurer : entre autres le Sieur d'Andouins y fut frappé d'une arcquebuzade, dont il mourut. Cependant le Roy eſtoit en bataille, M. de Vendoſme d'autre part, avecques un eſquadron, M. de Guyſe d'autre, & un chacun au lieu où il devoit combattre ; mais l'Empereur ne fut conſeillé de paſſer ſur nous, ains ſe retira en ſon logis.

Le Sieur de Langey, qui eſtoit à Vervin pour executer ce qui luy eſtoit ordonné, feit

______

(a) Briſſac ſe ſignala dans cette occaſion : on dit que François I le voyant revenir couvert de ſueur, lui préſenta à boire, & le combla d'éloges.

telle diligence, que le 29 d'Octobre il eut
affemblé douze cens moutons, neuf vingts
beftes à corne, comme beufs & vaches graffes, & fix cens facs de farine, avecques autant de beftes à fomme pour le port defdits
facs, & ledit jour vint coucher à la Capelle,
auquel lieu fe trouva tout ledit équippage,
fpecialement le Sieur de Sanfac, lequel venoit du Mont-Sainct-Jean en Luxembourg,
où le Roy l'avoit laiffé. Mais des compagnies
du Prince de Melphe, ny du Comte de Brienne
n'eftoient nouvelles : fi eft-ce que lefdits Sieurs
de Langey & de Sanfac regarderent, que s'ils
faifoient fejour, attendans lefdites compagnies, & fi l'ennemy en eftoit adverty, il ne
feroit en leur puiffance par après d'achever
leur entreprife : à cefte occafion ils advertirent le Roy, que le lendemain ils eftoient
deliberez de fe mettre en chemin, afin qu'à
cedit jour il mift ordre de faire dreffer l'efcarmouche au camp Imperial, pour l'empefcher d'avoir la cognoiffance de leur fait.
Le lendemain, qui eftoit jour de Touffaincts,
ils s'acheminerent fuivant leur deffeing, avecques environ deux cens hommes de pied
qu'ils prindrent audit lieu de la Capelle feulement, pour conduire l'envitaillement jufques hors des bois ; car ils n'eftoient deliberez

de le paſſer outre, de peur que les cuidans ſauver (ſi l'ennemy ſurvenoit) eux-meſmes fuſſent deffaits. Pour faire plus grande diligence, ils feirent monter chaſque payſan ſur ſon ſac de farine que portoit ſa beſte, tellement que la fortune leur fut ſi dextre (a), qu'ils arriverent hors des bois, près de Priſſe, ſans rencontre, où ils laiſſerent leſdits gens de pied, reſervez trente ou quarante pour la conduite du beſtial. Mais eſtans en la plaine, ils deſcouvrirent à leur main gauche mille ou douze cens chevaux des ennemis, qui avoient paſſé l'eau à Caſtillon, à raiſon dequoy ils entrerent en diſpute, s'ils devoient pourſuivre leur entrepriſe, ou l'interrompre; toutesfois Langey qui avoit promis au Roy de l'executer (*ſinon qu'il fut ou mort ou pris*), reſolut de paſſer outre : meſme le Sieur de Sanſac, encore qu'il n'euſt parlé au Roy pour ceſt effect, ayant ſeulement entendu dudit Sieur de Langey le ſervice que ce ſeroit au Roy, fit pareille reſolution. Parquoy ils adviſerent de prendre le chemin à main droite pour eſloigner l'ennemy, & pour interpoſer entre luy & eux un petit ruiſſeau qui paſſe au Long-Favery, concluans qu'ayans mis les vivres en ſauveté (b), ils mettroient peine

(a) Leur fut ſi favorable.   (a) En ſureté.

de se retirer, ou au moins de bien vendre leur peau. Parce qu'il n'estoit besoin de long sejour, soudain ils conclurent de parachever leur chemin, faisans marcher les paysans sur leurs chevaux en bataille, & leur bailla ledit Sieur de Langey, le Capitaine Marville, son Lieutenant, avecques dix chevaux, afin qu'il leur fist faire bonne mine, & marcher comme gens de guerre. Les ennemis qui de loing les descouvroient (à ce que depuis ils m'ont dit), les voyans sur leurs bestes & farines, jugerent qu'ils estoient gens de guerre : à cause de quoy ils tindrent bride, esperans nous avoir au retour, ce qui n'advint; car ayans rendu nos vivres en seureté, nous fismes remonter chaque paysan sur·sa beste, pour faire diligence, & nous retirasmes le chemin de Cartigny, contraire à celuy auquel nous attendoient les ennemis; de sorte que sans rien perdre nous revinsmes seurement à la Capelle. Au partir de devant Landrecy pour nostre retraicte, le Sieur de Sansac & un Gentil-homme de la bande du Sieur de Langey, avecques un bon guide que Langey leur bailla, entreprindrent d'aller advertir le Roy de leur execution, lesquels passans par les maraiz qui sont à la queuë du vivier d'Oisy, sans danger arriverent au Cateau vers ledit Sieur; & Langey paffant près de Roque-Roy (a) pour éviter la rencontre, ramena cefte troupe à la Capelle, & puis de-là retourna trouver le Roy à l'heure de la retraitte de noftre armée.

Le Roy qui n'eftoit venu que pour fecourir la ville de Landrecy affiegée par l'Empereur de toutes les forces d'Allemagne, de Flandres, & de fes Pays-Bas, mefme de tous fes Efpagnols aguerris avecques le fecours des Anglois, voyant avoir achevé ce qu'il avoit entrepris (car il fut mis vivres dedans Landrecy au moins pour quinze jours), & qu'il eftoit impoffible à l'Empereur d'y fejourner fon camp huict jours, pour eftre le pays ruiné à fix lieuës à la ronde, à caufe de noftre armée & de la fienne, lefquelles y avoient campé fix mois confecutifs, joinct qu'il avoit l'hyver à dos, & outre pour les grandes pluyes qui continuoient, refolut de fe retirer, & feit commander qu'un chacun fuft preft à defloger à l'heure qu'il luy feroit ordonné. Puis eftant tout le bagage trouffé, il ordonna de fa retraitte & de ceux qui marcheroient devant, au milieu, fur le derriere, & fur les aifles. Ledit Sieur print le devant, jettant feulement quelques chevaux devant luy : au milieu il

____
(a) Rocroy.

ordonna Mgr le Dauphin, fon fils, avecques
fept ou huict cens hommes d'armes, & quatorze mille Suiffes en forme de bataille ; fur
la queuë le Seigneur de Briffac, avecques
tous les chevaux-legers dont il eftoit General, & quelque arcquebuzerie, pour le fouftenir en quelque paffage, s'il s'offroit, &
dreffa fa retraitte à Guyfe, qui fut le lendemain de Touffaincts mil cinq cens quarante
trois. Les chofes ainfi difpofées, chacun fe
mit à la retraite (5) ; le Roy marchoit devant,
& avecques luy M. de Guyfe, & devant le
bagage, après l'artillerie, puis Monfeigneur
accompagné de MM. les Comte S. Paul &
Admiral, & à fa queuë lefdits chevaux-legers
& arcquebuziers.

L'Empereur au matin eftant adverty du
deffogement de noftre camp, ordonna Dom
Ferrant de Gonzague pour fuivre noftre armée, efperant que fur la retraitte fe trouveroit quelque defordre, à caufe des bois
qui eftoient à paffer, & que communément
gens qui fe retirent ne font couftumiers à tenir
bataille, ainfi que font ceux qui marchent en
avant. Mais Dom-Ferrand, quand il arriva à
la rive des bois, trouva desja l'artillerie paf-
fée, & le bagage & toute l'armée, encore
qu'ils euffent efté contraints de paffer à la
file,

file, pour la difficulté du paſſage. Voulant toutesfois ledit Gonzague entreprendre de recognoiſtre noſtre armée de plus près, il feit entrer dedans les bois quelque nombre d'hommes, qui ne firent pas grand voyage; car ils trouverent les bois farcis de noſtre arcquebuzerie, qui les ſervit de ſorte, que la pluſpart de ceux qui y entrerent ne retournerent dire les nouvelles à leurs compagnons. Durant que l'eſcarmouche s'entretenoit dedans le bois, l'Empereur marcha avecques le reſte de ſon armée à la portée du canon près dudit bois : Dom Ferrand voyant qu'il eſtoit ſuivy par Sa Majeſté, trouva moyen par autre chemin à main droite tirant vers Bohain, de faire paſſer mille ou douze cens chevaux, & quelque nombre d'arcquebuzerie, & quelques chevaux-legers Anglois, leſquels prouffiterent autant que les autres qui eſtoient au bois. Car après que Mgr le Dauphin fut paſſé, & vit ſon artillerie & bagage marcher en ſeureté, il laiſſa le Sieur de Briſſac avecques la cavalerie legere, & le Seigneur de la Guiche, Lieutenant de M. le Conneſtable, avecques cent hommes d'armes, & autres Capitaines, juſques au nombre de trois cens hommes d'armes, pour ſouſtenir leſdits chevaux-legers : un peu ſur le derriere

il fit jetter ſes Suiſſes en bataille, & luy avecques le reſte de ſes forces ſur les aiſles deſdits
Suiſſes, pour leur faire eſpaule, en deliberation, ſi l'Empereur paſſoit le bois, de luy
donner la bataille ; mais nos chevaux-legers
à la faveur de la gendarmerie qui les ſouſte-
noit, & noſtre arcquebuzerie jettée comme
enfans perdus, contraignirent l'ennemy de
repaſſer le bois, dont depuis il ne fut aſſez
hardy de comparoiſtre : il demoura pluſieurs
des ſiens pris & tuez, des noſtres quelque
peu ; *car en telle marchandiſe on ne peut gai-*
gner ſans recevoir de la perte.

Cependant le Roy, lequel avoit marché
juſques à l'Abbaye de Bonhourie, ſiſe ſur la
riviere de l'Oyſe, pour mettre ordre de faire
paſſer la groſſe artillerie & le bagage deçà
l'eau, afin que s'il eſtoit queſtion de combattre elle ne s'embarraſſaſt parmy les gens
de guerre, & les miſt en deſordre, ayant nouvelles de ceſte cavalerie Imperiale, laquelle
avoit paſſé le bois, & que M. le Dauphin
ſon fils eſtoit deliberé de preſenter la bataille,
ſi l'Empereur paſſoit, tourna bride pour le
ſecourir, ne voulant qu'il combattit ſans luy ;
mais il ne marcha le quart d'une lieuë qu'il
n'eut advertiſſement que l'Empereur s'eſtoit
retiré, & que Monſeigneur eſtoit ſur la re-

traitté, après avoir repoussé les ennemis delà
les bois, & longuement attendu si quelqu'un
s'ingeroit de les repasser : parquoy il se retira à Guyse, laissant tousjours M. le Dauphin sur la queuë, ainsi qu'au commencement. L'Empereur, qui pendant ce temps
avoit repeu tout à cheval, voyant ses gens
repoussez si honteusément, changea l'opinion
qu'il avoit de suyvre le Roy, & après avoir
quelque peu temporisé, considerant qu'il
avoit en vain & à sa perte suivy nostre armée,
retourna au logis dont il estoit party. Pour
conclusion, le Roy secourut sa ville à la barbe
d'un grand Empereur (6), lequel avoit toutes
les forces d'Allemagne, de ses bas pays, &
une partie de celles d'Espagne, d'Angleterre,
& d'Italie, qui n'est peu de reputation,
toutes choses bien pesées.

Le Roy estant arrivé à Guyse, se voyant
l'hyver à dos, & que les pluyes estoient si
excessives qu'il n'y avoit ordre ny à l'Empereur ny à luy de campayer (a), il delibera
pour rafraischir son armée, de la separer ;
car elle en avoit besoin pour les grands travaux qu'elle avoit portez huict mois durant,
tant en Henault que dans le Luxembourg.
Il envoya le Mareschal du Biez à S. Quentin

(a) De tenir la campagne.

F 2

avec quatre cens hommes d'armes, & quatre
mille hommes de pied, pour pourveoir aux
choses que l'Empereur pourroit entreprendre
de ce costé là : aussi envoya les Lansquenets
à Crecy-sur-Cere, les Suisses à Assy sur ladite
riviere, & le reste de son armée se logea le
long de la riviere d'Oyse, aux lieux qui
furent trouvez plus commodes pour empescher l'Empereur d'endommager ce Royaume,
au cas (comme de brief il estoit apparant)
qu'il abandonnast Landrecy. Puis pour aller
renforcer ceux dudit lieu de Landrecy, il
ordonna le Capitaine Stenay, Lieutenant de
M. d'Anguien, avec la compagnie dudit Seigneur de cinquante hommes d'armes, & une
partie de celle des Escossois, & luy se retira
à la Fére-sur-Oyze.

L'Empereur, après avoir encore sejourné
quatre ou cinq jours en son camp depuis le
departement du Roy, feit sa retraitte à Cambray. Arrivé qu'il y fut, congnoissant la honte
que ce luy estoit, d'avoir tant fait le brave, de
s'estre vanté au partir de Gueldres qu'il viendroit jusques à Paris (mais il n'avoit sceu prendre une petite ville faicte à la haste, en laquelle
n'estoit aucune fortification achevée, qui seulement peust estre ditte deffence) il persuada
faussement aux pauvres Cambresiens credules,

par le moyen de leur Evefque, qui les ven-
doit, qu'il eſtoit adverty que le Roy eſtoit deliberé de ſe ſaiſir de leur ville, leur oſter la
liberté de neutralité que de toute ancienneté
ils avoient, & l'attribuer à ſa couronne;
que pour empeſcher cela, il eſtoit de neceſſité de faire edifier une citadelle, de laquelle ils auroient la garde pour leur protection. Les Cambreſiens, ainſi ſeduits par
l'interceſſion de leur Evefque, lequel eſtoit
de la maiſon de Croy, l'accorderent : à ceſte
occaſion l'Empereur feit diligenter à leurs
deſpens, la conſtruction d'icelle citadelle :
vray eſt qu'elle eſt gardée à leurs deſpens;
mais les ſoldats ont le ſerment à l'Empereur,
& commandent à la ville, de ſorte que *de
liberté, il les a mis en ſervitude.*

En ce temps fut né à Fontainebleau François, premier fils de Henry, Dauphin de
Viennois, lequel fut tenu ſur les fons par le
Roy ſon grand-pere, qui le nomma de ſon
nom François, laquelle nativité fut magni-
fiée (a) en grand joye, avecques tournois &
autres ſortes de ſolemnitez.

Je vous ay dit cy-devant comme le Roy
avoit depeſché le ſieur d'Anguien pour eſtre

____

(a) Fut célébrée.

chef fur fon armée de la mer de Levant, &
fe joindre avecques Barberouffe, qui devoit
venir avecques celle du grand Seigneur : con-
fequemment vous avez ouy le voyage que
feit ledit Seigneur d'Anguien à Nice fous
efperance d'une pratique, & auffi ce qui en
provint. Peu de jours après fon retour dudit
voyage à Marfeille, Barberouffe avec cent
& dix galleres, paffa devant Ville-Franche,
près de Nice, puis vint à Toulon, & de là
à Marfeille trouver mondit-Seigneur d'Anguien avec l'armée du Roy, où après avoir
mis en deliberation des Capitaines ce qui
eftoit à faire, il fut conclu d'affaillir Nice,
à raifon que le Roy la repute (7) fienne,
pour avoir efté, par les Comtes de Provence,
baillée en gage au Duc de Savoye pour une
fomme de deniers. Après la réfolution prinfe,
eftans arrivez à Ville-Franche, l'artillerie fut
mife en terre hors des galleres, & menée
devant la ville de Nice, dont fut fi bien dili-
gentée la batterie, qu'en peu de jours ladite
ville (8) fe rendit, à condition de n'eftre faccagée. Ce fait, ils planterent leurs pieces
contre le chafteau ; mais ils perdirent leurs
peines & munitions ; car la place eft fur un
rocher, mal aifée à battre, & encore moins
facile à miner, à caufe de la dureté & hau-

teur d'icelle roche. Barberouffe (a) voyant le temps pour neant fe confommer, & l'hyver approcher, retira fon armée à Toulon; car il ne fe fentoit feurement pour pouvoir demourer, ni hyverner au port de Ville-Franche (9) : M. d'Anguien retourna à Marfeille, & de-là devers le Roy, lequel il vint trouver devant Cateau-Cambrezis, efperant que là fe donneroit une bataille.

Le Marquis du Guaft, alors Lieutenant-General pour l'Empereur au Duché de Milan, voyant Nice affiegée, la ville prife & le chafteau en danger, avoit mis enfemble toutes fes forces, tant d'Allemands, Efpagnols, qu'Italiens, pour donner fecours aux affiegez; mais eftant arrivé dedans les montagnes de Tendes, adverty de la retraite de l'armée à Toulon, & le chafteau en liberté, il délibera d'employer fes forces ailleurs; parquoy il retourna au Piémont, où d'entrée il affiegea le Mont-Devis (b), laquelle eftoit en fon chemin la premiere ville de l'obeïffance du Roy. Le Sieur de Boutieres, qui eftoit

(a) Les Mémoires de Montluc offriront des particularités intéreffantes fur ce fiège, & en général fur tout ce qui fe paffa en Piémont pendant cette campagne & la fuivante.

(b) Mondovi.

Lieutenant-General pour le Roy en Piemont,
ayant peu de gens de pied François pour la
provifion d'icelle ville, à caufe de fa grandeur, fut contraint d'y mettre des Suiffes,
gens mal aguerris pour la garde d'une place;
car c'eft leur naturel de combattre en campagne; fi eft-ce qu'ils firent très-bien leur
devoir : mais après avoir beaucoup enduré,
tant par faute de vivres, que pour les con-
tinuels affaults qu'ils avoient fouftenus, enfin
n'efperans aucun fecours, ils capitulerent
avecques le Marquis, qu'ils s'en iroient armes & bagues fauves. Le Gouverneur dudit
lieu de Mont-Devis, nommé Charles de Dros,
Piemontois, homme de guerre & de bon
efprit, fçachant bien la hayne que luy portoit
le Marquis, n'ofa fe fier en luy ; ains pendant
que le traité fe concluoit, il monta fur un
cheval turc, & par une fauffe porte fe mift
aux champs, & fe retira à Roque-de-Bau,
place du mandement de Mont-Devis, dif-
tante dudit lieu de quatre milles, laquelle
en toute diligence il fift remparer fi bien,
que le Marquis paffant par devant ne l'ofa
attaquer. Les Suiffes fe confians au traité fait
avecques le Marquis, fortirent ; mais nonobftant icelle capitulation, ils furent par les
Efpagnols devalifez (10), & plufieurs tuez,

choſe que les Suiſſes leur vendirent bien cher, ainſi que puis après vous entendrez, en la bataille de Seriſſolles.

Le Marquis partant de Mont-Devis, paſſa par devant Beyne & Savillan, leſquelles il trouva ſi bien pourveuës, qu'il ne les voulut aſſaillir : mais ayant entendu que le Sieur de Boutieres s'eſtoit retiré à Pignerol, & qu'il avoit ſeulement laiſſé dedans Carignan le Seigneur d'Auſſun, & le Capitaine Franciſ-que Bernardin de Vimercat, avecques leurs compagnies de chevaux-legers, & quelque petit nombre de gens de pied, pour raſer les fortifications que l'an precedent y avoit fait faire Langey, il tourna la teſte audit lieu de Carignan, pour mettre peine de le gaigner & s'y fortifier : car gardant ce logis, il nous oſtoit la commodité de toute la plaine du Piémont deçà le Pau, ſçavoir, la pluſpart du Marquiſat de Saluſſes, & la plaine juſ-ques à Pignerol & à Turin, & meſme le val de Suze à la faveur de Vulpian. Quant à ce que nous tenions de-là l'eau, à ſçavoir Sa-villan, Beyne, Rocque-de-Bau & Cental, elles demouroient hors d'eſperance de ſecours. Le Marquis ſuivant ſa deliberation, print ſon chemin à Carmagnole, & fit telle diligence, qu'il paſſa le Pau, & arriva audit Carignan

avant que nos gens euſſent loiſir de parachever la ruine : leſquels voyans arriver ſur
leurs bras une armée de quinze ou ſeize mille
hommes de pied, & trois mille chevaux, ſe
meirent à la retraitte vers la Loge, pour
tirer le chemin de Montcallier ou de Turin,
ayans leurs gens de pied devant, à leur queuë
Franciſque Bernardin & ſes chevaux-legers,
& ſur le derriere M. d'Auſſun pour ſouſtenir
le faix, pendant que les autres paſſeroient
une riviere venant de Num, laquelle ne ſe
paſſe qu'à Pont, à cauſe des bords qui ſont
hauts. Les ennemis, leſquels ledit Sieur
d'Auſſun avoit tousjours ſouſtenus, ſe renforcerent ſi fort, qu'à deux portées de canon
près ledit pont, ils le chargerent de ſi grand
nombre, qu'il fut porté par terre (a), & furent la plus grande part des ſiens priſonniers :
cependant le reſte paſſa le pont, & ſe retirerent à Montcallier, à la faveur de ceux qui
en ſortirent pour les ſecourir.

Le Marquis eſtant demouré Seigneur de
Carignan, s'y logea avecques ſon armée, &
ſeit en toute diligence parachever le fort, y

____

(a) D'Oſſun fut pris ; & on verra dans les Mémoires
de Montluc la diſpute qu'il eut avec Franciſque Bernardin Vimercat. Il voulut rendre ce dernier reſponſable
d'un événement qu'il ne devoit attribuer qu'à ſa témérité.

comprenant les fauxbourgs, de forte qu'en moins de cinq femaines la place fut en deffence; pareillement il y feit amener (d'autant qu'il eftoit maiftre de la campagne) tous les bleds, & autres vivres de la plaine, jufques des environs de Pignerol, Turin, Vigon, Villefranche, & d'une partie du Marquifat de Saluffes, en telle abondance, qu'il fut envitaillé pour fept ou huict mois. Puis l'ayant pourveu d'artillerie & d'amonitions raifonnablement, il y laiffa pour Chef le Seigneur Pirus (a) d'Epire, autrement dit le Seigneur Pierre Colonne, avecques quinze cens Efpagnols naturels des vieilles bandes, & le Comte Felix, Colonel de deux mille cinq cens Lanfquenets; & luy accompagné du refte de fon armée fe retira à Quiers, & après y avoir mis le Seigneur Ludovic Viftarin, Gentil-homme de Laude, & trois mille hommes pour favorifer ceux de Carignan, parce que nous tenions Villeneufve d'Aft, qui luy pouvoit beaucoup nuire, fans la faveur de ladite ville de Quiers, puis il fe retira à Aft.

Nous nous tairons un peu des affaires de Piemont, & reviendrons au Roy, lequel eftant de retour à la Fére, après avoir fecouru

____

(a) On lit *de Pire* dans l'édition de 1569.

Landrecy, eut les nouvelles que vous venez d'entendre : c'eſtoit ſommairement que l'armée Impériale tenoit la campagne en Piemont. Ledit Seigneur pour y remedier, depeſcha le Sieur de Tais (a), Colonel des bandes Françoiſes, eſtans audit Piemont, pour y aller, & faire nouvelle levée de douze enſeignes de gens de pied François : pareillement il depeſcha le Comte de Gruiere, auquel il avoit baillé ſon ordre, pour aller faire levée de cinq mille Gruyens (b) de ſes pays, les paſſer en Piemont, & ſe joindre avecques cinq mille Suiſſes qui y eſtoient entretenus, eſperant que les Gruyens feroient ſemblable faction que les Suiſſes, leſquels ſont leurs voiſins ; mais autrement en advint, ainſi que cy-après vous pourrez cognoiſtre. *J'ay ouy dire qu'il eſt mal-aiſé de deguiſer un aſne en un courſier.*

Auſſi le Roy fut adverty que le Comte Guillaume de Fuſtemberg, avecques douze

(a) Jean, Seigneur de Taix en Touraine, devint par la ſuite Grand-Maître de l'artillerie, & Colonel-Général de l'Infanterie Françoiſe.

(b) Quelques-uns de nos Hiſtoriens, & entre autres Daniel, ont confondu mal-à-propos avec les Griſons ces *Gruériens*, qui ſont ſujets en partie du Canton de Fribourg.

mille Lanſquenets, & bon nombre de chevaux & d'artillerie, tenoit au nom de l'Empereur la ville de Luxembourg aſſiegée, &
que desjà les vivres deffailloient aux aſſiegez:
ledit Seigneur ne voulant en façon.quelcon-
que perdre rien de ſa conqueſte, encore que
l'hyver eſtoit le plus extreme qu'il fuſt vingt
ans au precedent , depeſcha le Prince de
Melphe pour aller lever le ſiege, & rafraiſchir leſdits aſſiegez, & avecques luy le Sieur
de Briſſac, General de la cavalerie legere,
& environ quatre cens hommes d'armes. Les
gelées furent ſi fortes tout le voyage, qu'on
departoit le vin de munition à coups de
congnée, & ſe debitoit au poids, puis les
ſoldats le portoient dedans des panniers. Si
eſt-ce que la volonté des chefs & des ſoldats
ne diminua ; ains partant le Prince de Melphe
de Stenay, il marcha droit à Erancy, de là
à Long-Vic, puis tira ſur la main droitte,
vers le chemin du Mont-Sainct-Jean pour
gaigner l'advantage, afin de combattre l'armée
de l'Empereur. Le Comte Guillaume adverty
du grand vouloir de nos ſoldats , tant de
cheval que de pied, qui ne craignoient aucun
danger , ne fut conſeillé de nous attendre,
mais incontinent leva ſon camp, & ſe retira
en Allemagne ; par ce moyen tout à loiſir

nous rafraifchifmes la place. Le Sieur de Longueval, lequel par cy-devant avoit efté laiffé Lieutenant pour le Roy dedans ladite place de Luxembourg, en fut retiré dehors avecques les autres bandes, tant de pied que de cheval qu'il avoit en fa compagnie, & en fon lieu fut mis avecques pareil pouvoir, le Vicomte d'Eftauges, furnommé d'Anglurre, avecques fa compagnie de cinquante hommes d'armes, & quinze cens hommes de pied. Le Prince de Melphe ayant executé ce dont il avoit la charge, fe retira à Stenay, auquel lieu il rompit fon armée, laquelle fut feparée par les garnifons en Champagne & en Picardie pour, le refte de l'hyver, faire tefte à l'ennemy, & conferver les chofes que nous avions conquifes.

Pour retourner au Seigneur de Boutieres, lequel eftoit Lieutenant du Roy en Piemont, après qu'il eut receu le renfort que le Roy luy envoyoit, de trois à quatre mille hommes de pied François, levez en Provence, Dauphiné, & aux environs, & les 5000 Gruyens, avecques deux ou trois cens hommes d'armes, la campagne que de long temps il avoit perduë, fut recouvrée : ayant fes forces affemblées, il fut confeillé, pendant que l'ennemy eftoit empefché à la fortification de Carignan

(laquelle toutesfois eſtoit desjà en deffence)
de prendre le chemin de Verceil, pour tenter s'il pourroit eſlargir les pays du Roy, du
coſté de deçà le Pau. Suivant cet advis, Boutieres print le chemin de Verceil, & d'I-
vrée. Ayant mis en ſon obeïſſance pluſieurs
petites places, il aſſiegea Sainct-Germain,
qui eſt ſur le grand chemin de Chivas à Verceil, eſperant la ſurprendre, mais il la trouva
pourveuë de gens de guerre : à ceſte cauſe,
il fiſt planter ſon artillerie contre le lieu que
l'on jugea le plus debile. Vray eſt que c'eſtoit une ville, ny flancquée, ny fort rempa-
rée ; mais le foſſé en eſtoit bon, & eſtoit le
bord d'iceluy foſſé auſſi haut que la muraille,
de ſorte que l'artillerie ne pouvoit plonger
juſques au pied d'icelle, toutesfois il y fut
faict quelque breche, non moins digne que
deſraiſonnable d'eſtre aſſaillie : ce nonobſtant
nos gens de pied François, voyans qu'il y
avoit jour à ladite muraille, donnerent dans
le foſſé ; & meſme le Capitaine Achau Baſque, qui portoit l'Enſeigne colonnelle du Sr
de Tais, & le Capitaine Garrou, autre Baſque, Lieutenant dudit Sieur, & le Capitaine
Saincte-Marie, auſſi Baſque, Lieutenant du
Capitaine Renouart, donnerent juſques ſur
le haut de la breche, ſuivis de beaucoup de

bons compagnons ; mais auſſi furieuſement qu'ils aſſaillirent, ils furent repouſſez, & y moururent leſdits Capitaines Garrou , & Saincte-Marie, & le Capitaine Achau, porteur de l'Enſeigne colonnelle, y receut trois ou quatre arcquebouzades, tant dedans les bras, que le corps, & fut renverſé (l'enſeigne au poing) dedans le foſſé. Duquel lieu ne pouvant partir pour ſes bleſſures (a) , & pour le trait de l'arcquebouzerie de ceux de la ville, il ſe rengea ſon enſeigne au poing, contre la muraille au coſté de la breche dont on ne le pouvoit deſloger qu'à coups de pierre, parce que ladiἀe ville n'eſtoit flancquée, & y demoura juſques au matin, que nos gens ſe preparoient de faire nouvelle batterie, pour donner nouvel aſſaut. Les aſſiegez eſtonnez de la hardieſſe & fureur des noſtres, n'oſerent plus attendre ; ains parlementerent, à telle condition qu'ils s'en allerent leurs bagues ſauves, laiſſans la ville avecques les munitions de vivres & d'artillerie en l'obeïſſance du Roy. Boutieres ayant pourveu à ladiἀe place, marcha devant Ivrée, laquelle

(a) On ne ſçait pourquoi l'Abbé Lambert a affoibli le récit de cet aἀe de bravoure : il ſe contente de dire qu'*Achau fut bleſſé de trois à quatre arquebuſades, & renverſé dans les foſſés, où il demeura juſqu'au lendemain matin.*

il aſſiegea

il affiegea de toutes parts : mais durant ce fiege, qui fut environ Noël de ladicte année mil cinq cens quarante trois, le Roy adverty que ledit de Boutieres, n'eftoit bien obey en fon armée, depefcha Mgr. François de Bourbon, Sieur d'Anguien, pour aller en lieu d'iceluy Sieur de Boutieres, eftre fon Lieutenant General en Piemont. D'autre part le Roy n'avoit trouvé bon que Boutieres, euft permis à l'ennemy de fi longuement fortifier, & envitailler Carignan, fans l'en avoir empefché.

Mgr. d'Anguien arrivé en pofte à Turin, fçachant que Boutieres eftoit devant Ivrée, luy fift entendre fa venue à ce qu'il euft à luy envoyer efcorte jufques à Chivas, pour le conduire au camp en feureté. Le Sieur de Boutieres, ne voyant efperance qu'il peuft prendre Ivrée, ou bien mal content d'eftre deftitué de fa charge, fe refolut de lever fon fiege, & d'aller avecques toute l'armée au devant de luy, lequel il vint rencontrer à Chivas, auquel lieu Mondit Sieur d'Anguien, print l'armée en main, & le Sieur de Boutieres, fe retira en fa maifon en Dauphiné. Ce fait, Mgr. d'Anguien, par l'advis des Capitaines, lefquels avoient la cognoiffance

du pays, marcha avecques l'armée contre (a)
bas le Pau, & y mist en son obeïssance la
ville de Pallezol, Cressentin, Desanne, &
autres petites places circonvoisines, ausquelles il laissa bonnes garnisons, & moyen de les
fortifier. Puis à raison que l'intention du Roy
estoit de remettre en ses mains Carignan, qui
luy estoit une espine en son pied, attendu
qu'elle tenoit toute la plaine du Piemont, en
subjection, il conclud y aller. Pour cest effect, il print le chemin de Montcallier, duquel lieu, pour oster la commodité d'un pont
que les ennemis avoient sur le Pau, par lequel ceux de Carignan, de jour en autre pouvoient estre rafreschiz de Quiers, d'Ast, &
autres places de leur domination, il depescha bon nombre d'hommes, pour la nuict
aller brusler ledit pont : laquelle expedition
fut executée, mais non sans grand travail,
pour l'extreme gelée qu'il faisoit, dont plusieurs soldats eurent les pieds & les mains
estropiez. Et pourtant que la place de Carignan estoit en plain pays, composée de
cinq beaux bastions de terre, avecques les
courtines & beau fossé, & que dedans icelle
estoient quatre mille hommes des plus aguerris de toute l'armée de l'Empereur, fut ad-

(a) Vers le bas du Pô.

vifé felon l'opinion de tous les Capitaines,
n'eftre raifonnable d'entreprendre de la forcer, confideré mefme que les hommes de
dedans, fuffiroient pour faire une avant-garde;
mais la conclufion fut prinfe de l'affamer.
Pour ceft effect s'en alla ledit Sieur d'Anguien,
camper à Vimeu, deux milles deçà Carignan,
pour empefcher les vivres que les ennemis
prenoient deçà le Pau. Auffi pour autant que
du cofté tirant à Pancalier contremont (a)
le Pau, venoit aux ennemis grand rafrefchif-
fement, fut ordonné de faire un fort à un
quart de mille de Carignan, tirant fur ledit
chemin de Pancalier à une Eglife fondée de
S. Martin, & y furent mifes deux Enfeignes
de gens de pied Italiens. Ainfi leur fut levée l'efperance de plus eftre rafrefchis de ce
cofté là.

Quelque temps après, le Sieur d'Anguien,
adverty que l'ennemy fe renforçoit à Quiers,
pour du cofté delà le Pau, donner rafref-
chiffement aux affiegez, delibera de paffer
l'eau, laiffant garnifons dedans Vimeu,
Carpenay, & autres petits forts, pour empefcher l'ennemy de faire faillies à fon plaifir
du cofté deçà le Pau : & pour le paffage dudit Sieur d'Anguien, fut advifé un lieu con-

(a) Vers le haut.

tue-bas la riviere, tirant à Montcallier deux
milles au deſſous de Carignan, auquel fut fait
un pont de bateaux en un lieu nommé les
Sablons. Afin que ledit pont ſerviſt pour
noſtre commodité, tant deçà que delà l'eau,
& que l'ennemy ne nous le put oſter, fut ordonné à chacun bout dudit pont un fort, auquel furent mis quatre enſeignes de gens de
pied Italiens, ſçavoir Hercules Boutigeres,
Hercules Viconte, Bernardin Corſe, & un
autre. Cela fait, noſtre armée partit de Vimeu, & paſſant le Pau, par le pont des
Sablons, vint loger à Ville-déſtelon, qui eſt
entre Carignan & Quiers, diſtant de deux
milles de Carignan, & trois de Quiers, pour
empeſcher les ennemis de venir ſecourir ou
rafreſchir ledit Carignan. Car du coſté d'Aſt,
leur eſtoit malaiſé ſans nous combattre, à
cauſe de Villeneuve d'Aſt, que nous tenions
en noſtre obeiſſance. Eſtans audit lieu de
Ville-déſtelon, nous y fortifiaſmes noſtre
camp, & au bout delà du pont que nous
avions bruſlé, fut fait un fort, auquel furent
logées deux Enſeignes de gens de pied de
Dauphiné, ſçavoir le Capitaine Paſſin, &
un autre. En ce point demoura noſtre camp,
depuis environ la Chandeleur, juſques en
quareſme, non ſans qu'il y euſt ordinairement

de belles escarmouches : car les jeunes gens du camp, desirans à faire armes, de jour en un autre passoient le pont, & à la faveur de la garde d'iceluy, & des garnisons de Vimeu, & du fort de S. Martin, se faisoient de belles entreprises, & beaux faicts d'armes, quelquesfois à l'avantage des nostres, autresfois au proffit des assiegez, d'autant qu'ils estoient quatre mille Espagnols (a) & Lansquenets des plus aguerris de l'Europe.

Environ le mois de Mars, mil cinq cens quarante-quatre, Mgr. d'Anguien, eut nouvelles, que le Marquis du Guast, faisoit diligence d'assembler ses forces pour secourir les assiegez : à cest effect ledit Marquis, avoit deliberé de venir prendre le logis de Carmagnole, lequel s'il eust prins, il estoit en son pouvoir sans hazard de les rafreschir. Car se fortifiant audit lieu, il y eust pu faire un pont pour passer deçà l'eau & nous laisser de là mourir de faim, parce qu'il eust trouvé le Marquisat de Salusses, remply de tous biens,

(a) Ferreras dans son Histoire d'Espagne ne compose cette garnison que de quatorze cens hommes Italiens & Espagnols. Cela ne s'accorde pas avec du Bellay. Mais ce dernier est plus croyable que Ferreras. Le même Ecrivain appelle le Général François, *Duc d'Anguien* = c'est un titre que ce Prince ne porta jamais.

G 3

& nous n'avions que tout pays mangé : davantage nous estions contraints (a) de Quiers, Ast, Fossan, Mont-devis, Cony, Busque & autres places, tellement qu'il nous estoit malaisé d'avoir vivres qu'avecques les armes. Ces nouvelles entenduës, ledit Seigneur assembla le Conseil, auquel après plusieurs opinions diverses (car aucuns estoient d'advis, qu'on devoit demeurer à Ville-déstelon) fut conclu de prevenir à Carmagnole, pour oster à l'ennemy ceste commodité de faire un pont, & avoir vivres au Marquisat de Salusses.

L'armée Françoise estant à Carmagnole, les Imperiaux assiegez entrerent en plus grande necessité de vivres que devant, parquoy advertirent le Marquis du Guast, que si dedans la my-Avril ils n'estoient secourus, la famine les contraindroit de faire ce qu'ils n'avoient deliberé, s'ils estoient rafreschis. Le Marquis ayant eu cet advertissement, fist de toutes parts diligenter ses forces, & contremanda quatre mille Lansquenets, lesquels estoient à Genes, prests d'embarquer, pour qu'ils se vinssent joindre avecques luy. Dequoy Mgr. d'Anguien adverty, depescha un Gentil-hommme (b) devers le Roy pour le luy

(a) Nous étions gênés.

(b) Il est surprenant que du Bellay n'ait pas nommé

faire entendre, & que son bon plaisir fust d'envoyer le payement de trois mois deuz à ses gens de pied, car il craignoit qu'arrivant la necessité de combattre, par faute de leur soulde, ils en feissent refus, specialement les Suisses, desquels estoit la principale force avecques les vielles bandes Françoises. Outre plus il manda au Roy, sçavoir si le Marquis se presentoit en lieu raisonnable, il luy plairoit l'authoriser de hazarder la bataille pluftost que de laisser secourir une ville, laquelle luy avoit tant cousté, pour estre reduite en ceste extremité. Audit Seigneur d'Anguien, le Roy fist response que de brief il luy depescheroit le sieur de Langey, Gouverneur de Turin, lequel luy porteroit argent, & qu'il l'avoit retenu près de luy pour cest effect. Quant à la bataille, il remettoit à en user par l'advis des Capitaines qui estoient

ce Gentilhomme : ce fut le brave Montluc. C'est dans ses Mémoires qu'il faut l'entendre raconter la manière dont il remplit sa mission. Nous remarquerons cependant que dans les Mémoires du Maréchal de Vieilleville il est dit que le Gentilhomme envoyé au Roi par le Comte d'Anguien, s'appelloit Blainville. Mais est-il probable que Montluc écrivant à une époque où les contemporains auroient pu le démentir, se fût attribué cette commission, si le fait n'eût pas été exact?

auprés de luy, lesquels pouvoient mieux cognoiſtre (eſtans ſur les lieux) ce que la neceſſité commanderoit à ſes affaires, que luy
qui ne le voioit à l'œil.

Eſtant publié par la cour que le Roy avoit
permis au Seigneur d'Anguien de donner la
bataille, la jeuneſſe de la Cour cogneut bien
que malaiſément ſe paſſeroit la partie ſans
qu'il y euſt du paſſe-temps, parquoy ſelon
qu'eſt la couſtume de la nobleſſe de France,
chacun ſe prepara pour s'y trouver ; les uns
partirent ſans congé, & les autres avecques
congé du Roy. Entre autres le Sieur de S.
André, le Sieur de Dampierre de la maiſon
de Clermont en Dauphiné, tous deux fort
favoris de Mgr. le Dauphin : le Sieur de Jarnac, Gaſpar de Coligny, Sieur de Chaſtil-
lon, François de Vendoſme, Vidaſme de
Chartres, les deux freres de Bonnivet, le
Sieur de Bourdillon, le Sieur d'Eſcars, les
deux freres de Genly, le Sieur d'Aſſier,
Capitaine de l'artillerie, lequel avoit ſa compagnie de cinquante hommes d'armes en
Piemont, le Sieur de la Hunaudaye fils unique de l'Admiral d'Annebault, le Sieur de
Rochefort, le Sieur de Luſarches, le Sieur
de Wartis, & le Sieur de Laſſigny, de ſorte
que peu de jeuneſſe demoura à la Cour, princi-

pailement de celle qui fuivoit Mgr le Dauphin. Il faut entendre que les finances de mondit Sieur d'Anguien eftoient fi courtes, qu'il n'y avoit plus rien entre les mains ny de Threforiers ny d'homme du camp, parquoy cefte arrivée fut commode ; car pour eftre gens de maifon, chacun avoit apporté le fond du coffre, lequel foudain mondit Seigneur d'Anguien vuida de leurs boiftes, pour contenter les foldats, attendant la venue de l'argent du Roy.

Le vendredy de la Paffion, le Roy, lequel eftoit à Ennet (a), ayant journellement nouvelles que le Marquis du Guaft avançoit fon armée pour fecourir les affiegés, confidera que M. d'Anguien l'avoit adverty que la faute du payement pourroit décourager les foldats; mais auffi avoit-il autre confidération, que trois cens mille livres n'euffent fatisfait audit payement, & qu'il avoit à fouftenir une autre grande armée, contre celle que l'Empereur dreffoit en Allemagne, pour entrer en fon Royaume avec celle dont le Roy d'Angleterre pretendoit l'affaillir par autre part ; & que finablement le fond de fes finances pourroit difficilement fournir à tout cela; toutesfois il depefcha en pofte le Sieur de Langey, Meffire

(a) Anet.

Martin du Bellay, Gouverneur de Turin, pour aller trouver son armée en Piemont ; auquel passant par Paris, il fit delivrer quarante huict mille escus, qui n'étoient la quatrieme partie de ce qui estoit deu aux estrangers, mais lui donna charge de chercher tous moyens possibles de contenter les gens de guerre, de sorte qu'on les menast au combat.

Le Jeudy de la sepmaine saincte, qui estoit le cinquiesme jour d'Avril, mil cinq cens quarante-quatre, avant Pasques, arriva ledit Langey à Pignerol, où il eut nouvelles que l'armée de l'Empereur approchoit de la nostre. Comme pour aller à Carmagnole, où estoit nostre camp, il falloit passer à la portée d'une couleurine de Carignan, où (comme dit est) estoient quatre mille hommes de guerre, il trouva que seurement il ne pouvoit passer sans escorte. Parquoy par divers messagers, afin que si l'un estoit prins, l'autre passast, il advertit M. d'Anguien de son arrivée, en lettres de chiffre, lequel le vendredy sainct luy envoya le Sieur Bertin de Solliers, l'un des Seigneurs de Morette, avecques quarante salades nouvellement venuz du camp Imperial au service du Roy, par la pratique de l'Eleu de Riez, Sieur de Cental, & par ledit de Solliers luy manda qu'à Cercenas,

& à Vimeu, & au pont des Sablons il trouveroit nouvelles escortes. Langey fut en difficulté, si sur l'asseurance de cette escorte,
il devoit hazarder les deniers qu'il portoit,
attendu que c'estoient Italiens qui n'avoient
encore fait serment, ny prins la soulde du
Roy ; car il consideroit que perdant cest
argent, l'estat du Roy demouroit en hazard,
& si par faute d'iceluy noz gens faisoient
refuz de combattre, on l'en pourroit blasmer ;
toutesfois plustost qu'endommager le service
du Roy, il resolut de mettre luy & l'argent
au veuil (a) de fortune, concluant que si
mal en advenoit, il seroit plus reprochable
à ceux qui luy avoient envoyé l'escorte qu'a
luy. Joinct aussi qu'il avoit esperance dans
l'autre escorte, laquelle il esperoit trouver
à Cercenas & Vimeu. Mais à tous deux il
ne trouva homme ordonné pour ceste affaire,
de sorte qu'il fut en opinion de prendre le
chemin de Montcallier, pour mettre l'argent
en seureté, craignant qu'en passant par devant
Carignan, si les ennemis faisoient une saillie,
ceux-mesme qui le conduisoient ne le sacca-
geassent. Mais estant adverty par le Sieur de
Cercenas & par l'Abbé de Morette (lesquels
il trouva audit lieu de Cercenas) que le

(a) Au hazard.

camp Imperial eſtoit à Mouta , ſept milles près du noſtre, en apparence de vouloir dedans deux jours donner la bataille , il paſſa outre juſques au pont des Sablons, où il trouva auſſi peu d'eſcorte qu'aux autres lieux , ſinon qu'il fiſt monter à cheval le Capitaine Bernardin Corſe , avecques tous les arcquebuziers à cheval, tant de ſa compagnie, que de Hercules Boutigeres, & de Hercules Viſconte , qui eſtoient à la garde d'iceluy pont , leſquels toute nuiꞓt le conduiſirent à Carmagnole , auquel lieu il arriva une heure après minuiꞓt, au logis de M. d'Anguien. Incontinent il fut divulgué par tout le camp que Langey eſtoit arrivé avecques l'argent pour le payement de l'armée , ce qui donna grande resjouiſſance & bonne affeꞓtion à tous les ſoldats.

Pour reſoudre ce qui eſtoit à faire, M. d'Anguien manda tous les Capitaines qui eſtoient au camp, en l'aſſemblée deſquels Langey declara le peu d'argent qu'il avoit apporté, & que le Roy pour les autres urgentes affaires qu'il avoit à ſupporter, à l'occaſion des armées que l'Empereur & le Roy d'Angleterre (11) preparoient pour l'endommager ailleurs, il n'avoit ſçu fournir plus grande ſomme, ne voulant deſgarnir les finances qu'il avoit difposées pour ceft effect. Ce neantmoins le Roy fe confiant à leur experience efperoit qu'ils inventaffent les moyens de faire marcher les foldats au combat. Après avoir entendu que l'argent qu'il avoit apporté n'eftoit pour payer la fimple paye d'un mois aux eftrangers, ores qu'il leur fuft deu le payement de trois, ils adviferent afin que la bonne opinion en laquelle eftoient les gens de guerre, ne leur fut divertie, qu'on feroit donner l'alarme dedans noftre camp, à ce que chacun fe trouvaft au lieu ordonné pour combattre, que pendant ce temps le jour viendroit, & qu'alors on feroit retirer les Enfeignes à part pour faire les monftres particulieres, enfeigne pour enfeigne, fans autre chofe declarer finon de toucher argent, & qu'il feroit publié que leur payement fe feroit à la banque. Par ce moyen le famedy de Pafques fe pafferoit à faire la monftre, & le jour de Pafques (felon les advertiffemens) ne fe pafferoit que l'ennemy ne fuft fi près, qu'au lieu de faire le payement, il faudroit combattre, avant que les foldats euffent la cognoiffance des deniers. Cefte deliberation fuft executée; l'alarme fe donna, chacun avecques lanternes & falots, (d'autant que la lune n'efclairoit) fe jetta en bataille; le

jour furvint avant qu'on euft rangé les batailles en la forme qu'elles devoient marcher
au combat : puis les bandes feparées & les
monftres faites, le jour fe paffa ; parquoy
fut le payement remis au lendemain, & fe
retira chacun en fon logis.

Incontinent après arriva le Capitaine Blan-
foffé, qui ce jour eftoit forti de prifon des
mains des Imperiaux, par le moyen d'un Gentil-homme, ferviteur du Roy eftant à la foulde
de l'Empereur, lequel advertit M. d'Anguien,
que le Marquis du Guaft avecques l'armée
Imperiale, partoit cedit jour de la Mouta,
deliberé de venir à Serifolles, en intention
qu'eftant audit lieu, il pourroit aller à Ville-
deftelon, que nous avions abandonnée, &
forcer le pont des Sablons (chofe que ne
pouvions empefcher) & paffer deçà le Pau,
pour nous contraindre de demourer delà l'eau
fans vivres & fans argent. Au cas que nous
vinffions pour luy empefcher le logis de Ville-
deftelon, il prendroit le chemin de Raconis,
& par les maraiz, afin que nous ne le puif-
fions combattre, craignant noftre gendarmerie, & gaigneroit le derriere de Carmagnole,
pour venir à Lombriaft & Cafalgras, dreffer
un pont de batteaux, qu'il menoit quand &
luy pour paffer le Pau de deçà ; car il eftoit

affeuré qu'il trouveroit dedans le Marquifat de Saluffes 20000 ou 30000 facs de bled (mefme dedans Conis en avoit quinze mille) qui fourniroient pour envitailler fon camp & la ville de Carignan, & puis nous contraindroit de nous retirer. Cela euft efté entierement noftre ruine, parce que noz gens n'eftans payez, il eftoit malaifé de tenir la campagne, & ne la tenans, ains nous retirans aux villes, le Marquis eftoit deliberé de faire le dégaft par tout le Piemont, brufler le plat pays, & enlever tout le beftail, pour ofter le moyen de labourer. Laiffans gens fraiz dedans Carignan, & groffes garnifons en toutes les places éfquelles les Imperiaux avoient puiffance, il marchoit à Ivrée, auquel lieu il devoit trouver le Comte de Challan (lequel avoit commiffion de l'Empereur de lever dix mille hommes) pour avecques ce renfort paffer par le val d'Aufte, & venir entrer en Savoye & dans la Breffe, pendant que l'Empereur feroit fon grand effort par le pays de Champagne.

Toutes ces chofes bien digerées par M. d'Anguien & les Capitaines qui eftoient avecques luy, il fut conclu d'aller combattre les Imperiaux en chemin devant qu'ils euffent gaigné le pays fort : afin que les foldats

n'apperceuſſent la penurie (a) du payement,
il fut ordonné que le matin on feroit marcher noz gens en bataille dedans le camp
ordonné pour le combat. Puis ſoubs couleur
qu'on n'auroit le loiſir (eu eſgard à la proximité de l'ennemy) de faire le payement
des gens de pied à la banque, fut ordonné
à chacune enſeigne ſon treſorier ; car nous
avions eſperance que devant que l'argent
qu'on avoit apporté fuſt diſtribué aux ſoldats,
nous ſerions à la bataille. Auſſi fut ordonné
au Seigneur de Termes, Colonnel des chevaux-legers d'envoyer vingt chevaux vers
Ville-deſtellon , pour entendre ſi l'ennemy
marcheroit par ce chemin-là , autres vingt
vers Somme-rive & vingt vers Raconis, à
ce que nous eſtans en bataille en la campagne , euſſions le moyen de tourner la teſte
droit le chemin où nous ſerions advertis
qu'ils marcheroient , pour les combattre en
logeant, ou devant que loger , ſans attendre
qu'ils ſe fuſſent mis en pays fort : pareillement fut ordonné de combattre en trois
trouppes , avant-garde, bataille , & arriere-
garde.

Le Seigneur de Boutieres , lequel ayant
eu nouvelles de la bataille eſtoit revenu de

(a) La diſette.

la maiſon pour s'y trouver, eut la conduite de l'avant-garde avecques trente hommes d'armes de ſa compagnie, la compagnie du Comte de Tende, auſſi de trente hommes d'armes que conduiſoit le Sgr. de Thorines ſon Lieutenant, & le Seigneur de Termes, Colonnel de la cavalerie legere avecques les deux cens chevaux dont il avoit la charge, Franciſque Bernardin de Vimercat avecques pareille charge de deux cens chevaux legers, la bande du Seigneur More de Novare, laquelle conduiſoit le Sgr. Cabre, ſon frere, & Lieutenant, pareille charge, & le Seigneur de Cental avecques trente-cinq ou quarante chevaux legers que n'aguères il avoit tiré du ſervice de l'Empereur, & quatre mille hommes de pied des vieilles bandes Francoiſes, dont eſtoit Colonel le Sgr de Tais. Au premier rang deſquels ſe meirent pluſieurs Gentilshommes venus en poſte de la Cour, qui depuis n'avoient eu moyen de recouvrer chevaux, entre autres les trois freres de Bonnivet, & le jeune Genly. A conduire la bataille M. d'Anguien avoit avecques luy le Seigneur de Langey, Gouverneur de Turin, le Seigneur d'Aſſier avecques ſa compagnie de genſdarmes, celle du Baron de Curſol (a),

(a) Charles, Baron de Cruſſol, & Vicomte d'Uzès.

lequel estoit demeuré à Turin en l'absence
dudit Seigneur de Langey, la compagnie du
Comte de Mont - ravel, que conduisoit le
Baron d'Oyn, son Lieutenant, & de Gentils-
hommes pour leur plaisir environ cent chevaux, desquels estoient le Seigneur de Sainct-
André, le Seigneur de Chastillon (a), le
Seigneur de Jarnac, le Vidame de Chartres,
le Seigneur de Bourdillon, le Seigneur de
Rochefort, le Seigneur d'Escars, le Seigneur
de Luzarches, le Seigneur de la Hunaudaye (b), le Seigneur de Genly, le Seigneur
de Lassigny, de Sainct - Amand, nommé de
Rochechouart, & autres, laquelle jeunesse
marchoit sous la cornette de M. d'Anguien,
portée par le Seigneur de Rubempré, le
Seigneur d'Aussun avecques environ cent

Le premier nom de cette illustre Maison est Bastet : les
Bastets, Seigneurs de Crussol, ont possédé de tems im-
mémorial cette terre, une des premières Baronnies du
Vivarez : on voit par leurs titres & par leurs sceaux,
qu'ils prenoient qualité de Chevaliers, & qu'ils scel-
loient à cheval, armés de toutes pièces, & l'épée à la
main ; ce qui est, dit le Laboureur dans ses additions
aux Mémoires de Castelnau, Tome II, p. 59, *la der-*
nière marque de Noblesse & de grandeur qu'on peut désirer
en une race illustre.

(a) Gaspard de Coligny.
(b) Fils unique de l'Amiral d'Annebaut.

cinquante falades. Le Seigneur de Glaive, Gouverneur de Cahors, & Pefcheray, Gouverneur de Montcallier, & de gens de pied quatre mille Suiffes. En l'arriere-garde le Seigneur de Dampierre (a), avecques tous les guidons & archers des compagnies, & les Gruiens qui pouvoient eftre trois mille hommes de pied, & les Italiens eftans foubs la charge du Seigneur d'Ecro (b), qui devoient eftre deux mille, & Meffire Charles deDro s, Gouverneur du Mont-devis, autres mille.

Les chofes ainfi ordonnées, le 10 d'Avril jour de Pafques 1544 au point du jour chacun fe trouva en bataille au lieu & en la forme qu'il eftoit ordonné, auquel eftat nous demourafmes jufques à midy, que nous euf-mes nouvelles par noz chevaux legers que l'ennemy marchoit, mais ne fe pouvoit juger lequel chemin il tiroit, ou de Somme-rive, ou de Raconis, ou de Ville-deftellon. Ce rapport entendu, fut advifé, afin que (s'il prenoit le chemin de Raconis ou de Ville-deftellon) on l'amufaft par efcarmouches, que M. d'Anguien & quant & luy les chevaux legers & mille ou douze cens arcque-

(a) Claude de Clermont.
(b) Il faut lire *Defcros.*

buziers, avecques trois moyennes à double
equippage, pour diligenter aussi-tost que la
cavalerie, marcheroient jusques sur un haut
distant un mille de nostre camp, près un
bois sur le chemin de Serisolles. M. d'Anguien estant arrivé audit lieu, envoya le Sieur
d'Aussun avecques sa bande & quelque arcquebuzerie qui le suivoit de loing, sur un
autre haut, un mille plus avant duquel il des-
couvroit une valée rase, qui est entre Serisolles & Somme-rive.

D'Aussun y estant arrivé decouvrit les Imperiaux marchant de Serisolles à Somme-rive :
pour les divertir de leur chemin, il jetta
ses arcquebuziers dedans un bosquet, lieu
fort & près le chemin que devoient faire les
ennemis, pour le soustenir s'il estoit besoin.
Après avoir adverty le Seigneur d'Anguien,
il alla dresser l'escarmouche, faisant tousjours sa retraite auxdits arcquebuziers ;
mais les ennemis ne l'osoient enfoncer craignans d'entrer en un desordre. Cependant
M. d'Anguien avecques environ trois cens
chevaux & le reste de l'arcquebuzerie marcha : puis ayant fait recognoistre le chemin
par quelques-uns des Capitaines estans avecques luy, il trouva qu'il pouvoit sans hazard
donner jusques sur le haut, parce qu'il estoit

couppé trop court, enforte que l'ennemy ne le pouvoit venir combattre qu'en montant, & à peine fans fe mettre en defordre. Eftant audit lieu, il feit mettre en bataille toute fa cavalerie fur le bord dudit coftau, fi que l'ennemy la decouvroit, mais ne pouvoit recognoiftre noftre derriere, dont il pouvoit pluftoft conjecturer que tout le refte de noftre armée y fut qu'autrement. Ce fait, il feit marcher nos trois moyennes, qui du milieu de noftre cavalerie tirerent dedans l'un des bataillons des gens de pied des ennemis arreftez en la vallée, dont il y eut quelques hommes tuez ; & auffi d'heure en autre envoyafmes renforcer l'efcarmouche tant d'arcquebuziers que de cavalerie, deffendans toutesfois à ceux qui en avoient la charge, de fe mefler, de peur qu'ils fuffent renverfez, & que l'ennemy put avoir la cognoiffance du derriere.

Durant ces chofes le Marquis du Guaft eftoit à Somme-rive pour y vifiter le logis ; mais un foldat François, ferviteur du Comte de Tende, auquel Comte la place appartenoit, eftant dedans la tour du chafteau, ne ceffa de tirer, & ne fe voulut rendre, quelque commination (a) que luy fift le Marquis, parce qu'il

(a) Quelque menace.

voyoit noftre armée en campagne du haut
d'icelle tour, duquel lieu le lendemain il
eut le paffe-temps de la bataille. Le Marquis ayant ouy tirer noftre artillerie, penfa
avoir ce foir la bataille, & retourna en fon
camp, laiffant Somme-rive en patience : puis
après avoir bien confideré noftre contenance,
il eut crainte d'eftre combattu en logeant;
à caufe dequoy il delibera fe loger pour la
nuict à Serifolles dont il eftoit deflogé.

M. d'Anguien voyant que l'ennemy & tout
fon bagage eftoit rentré à Serifolles, & qu'il
avoit laiffé fes forces en bataille le long des
hayes près dudit lieu, & auffi que la nuict
approchoit, affembla tous les Capitaines pour
avoir advis de ce qui eftoit à faire. Les uns
furent d'opinion qu'on devoit mander le refte
de l'armée, & pour le foir fe loger fur le
haut où nous eftions, pour au point du jour
leur donner la bataille. Autres furent d'advis
contraire, en remonftrant que veu qu'il eftoit
tard ils ne pourroient eftre venus qu'il ne
fuft nuict, & que les gens de cheval & de
pied eftoient en bataille dès minuict, fans
avoir beu ny mangé ; & fi avoit fait grande
chaleur tout le jour, à caufe dequoy les foldats eftoient autant travaillez que s'ils euffent
marché, & de faire encore trois milles, ils

feroient fi travaillez, tant les chevaux que les hommes, que fi l'ennemy les vouloit combattre en logeant, ils auroient peu de force pour s'ayder de leurs armés, & auffi qu'ils n'avoient charroy pour amener vivres quant & eux pour repaiftre. Pareillement fi l'ennemy avoit cognoiffance de noftre fait, il ne nous donneroit loifir de loger, ains nous trouvant en defordre en logeant, nous pourroit combattre à noftre defavantage, ainfi que fift le Roy Edoüart d'Angleterre au Roy Philippe de Valois, à la journée de Crecy. Toutes chofes debattues, il fut refolu qu'on fe retireroit à Carmagnolle, laiffant deux cens chevaux legers pour recognoiftre & faire rapport ce que deviendroit l'ennemy pour cefte nuict; puis après que noz gens feroient rafrefchis, s'il eftoit nouvelle que les ennemis marchaffent à Ville-deftellon, nous irions loger entre eux & Carignan, ayans noftre pont fur le Pau près de nous, pour avoir des vivres de deçà l'eau, afin que nous eftans logez audit lieu, les ennemis ne peuffent venir à Carignan fans nous combattre : auffi ne pouvoient-ils venir pour gaigner noftre pont, fans nous avoir en tefte : & s'ils demouroient à Serifolles, nous partions dès minuict pour arriver devant le jour

fur le haut auquel nous eſtions , pour leur
empeſcher le logis de Somme-rive (12) :
ceſte reſolution priſe nous nous retiraſmes à
Carmagnolle.

Le lendemain lundy de Paſques , onzieſme
d’Avril (a) , mil cinq cens quarante-quatre ,
environ une heure après minuiƌ , nous for-
tiſmes de noſtre logis pour faire le chemin
qui avoit eſté ordonné , & en tel ordre qu’il
eſt cy-deſſus declaré ; mais le Marquis nous
voyant le ſoir eſtre retiré à Carmagnolle ,
eſtima (comme l’apparence eſtoit , & ainſi
que par aucuns de ſes eſpies luy fut rapporté) que nous voulions repaſſer le Pau
en ça , & luy abandonner le coſté delà : par
quoy changeant ſon deſſein , il partit une
heure devant le jour , pour nous rataindre
avant qu’euſſions paſſé la riviere , & marcha
à noſtre queuë tout le chemin que le jour de
Paſques nous avions fait. Le Seigneur d’An-

(a) On varie ſur la date préciſe de cette bataille.
Pluſieurs de nos Hiſtoriens ont ſuivi à cet égard du
Bellay ; d’autres l’ont placée au 14 Avril, d’après une
lettre écrite de Carmagnole, qui contient les détails
de cette journée. Cette lettre ſe trouve dans le Tome II
du Recueil des Pièces pour ſervir à l’Hiſtoire de France,
par M. le Marquis d’Aubais. Notre Obſervation, n.º 14,
renferme l’extrait de la lettre en queſtion.

guien ayant marché un mille hors de Carmagnolle, fut adverty par les avant-coureurs
(mefme par un Albanois, nommé Paul Bou-
bonque (a) comme ils avoient veu l'armée
du Marquis marcher droit à nous, & qu'elle
avoit desja gaigné le haut que nous avions
deliberé le foir de devant prendre pour noftre advantage : ayant eu fur ce l'advis des
Capitaines, il fut conclu de les aller combattre, encore qu'ils fuffent dix mille hommes de pied plus que nous ; car de nous retirer dedans noftre fort, lequel nous avions
ja eflogné d'un mille, c'euft efté figne de fuitte, ce qui euft ofté le cueur aux noftres, &
augmenté celuy des ennemis : parquoy, après
avoir eu rapport de la forme que marchoit
l'ennemy, fçavoir eft, de trois gros bataill-
lons de gens de pied, ayant chacun leur aifle
de cavalerie, & marchoient lefdits trois bataillons auffi avant l'un que l'autre, nous
fifmes le femblable ; car le pays eftoit large.
A la main droite marcha le bataillon des
vieilles bandes Françoifes, qui pouvoyent
eftre trois mille hommes en bataille, fans
l'arcquebuferie, lefquels eftoient conduicts
par le Seigneur de Tais, leur General ; &

(a) L'édition de du Bellay de 1569 l'appelle *Bon-*
bouque.

à la main droite des François marchoient les chevaux legers, dont avoit la conduitte le Seigneur de Termes ; à la gauche le Seigneur de Boutieres, avecques environ quatre-vingts hommes d'armes ; puis à la gauche dudit Seigneur de Boutieres, le bataillon des Suiffes, qui pouvoit eftre de pareil nombre de trois mille hommes, & à la gauche defdits Suiffes eftoit le Seigneur d'Anguien avecques ceux que j'ay dit cy devant ; à la gauche dudit Seigneur d'Anguien marchoient les Italiens & Gruiens, qui pouvoient eftre quatre mille hommes ; à la gauche defdits Gruiens, le Sieur de Dampierre avecques tous les guidons & archers de la gendarmerie. Ayant mis ceft ordre, on tira des Compagnies de gens de pied, tant Françoifes qu'Italiennes jufques au nombre de fept ou huiĉt cens Arcquebufiers, lefquels fe jetterent devant les batailles pour enfans perdus, dont fut donnée la charge au Capitaine Montluc, ayant avecques luy le Capitaine Hevart, le Capitaine Guafquet, & autres gens difpos & de bon entendement. Puis marcha devant la bataille des Suiffes le Seigneur de Caillac avecques huiĉt pieces d'artillerie de campagne, & devant le bataillon des Gruiens, le frere du Sieur de Mailly de Picardie, avecques pareil nombre d'artillerie. Au furplus, fut donnée la charge au Capitaine Martin du Bellay, Sieur de Langey, Gouverneur de Turin, d'aller de la bataille à l'avant-garde & l'arriere-garde, afin que, felon que l'ennemy fe gouverneroit, il fift marcher les noftres.

L'ordre qu'avoit mis le Marquis eftoit qu'il faifoit marcher fur noftre main droite le Prince de Salerne avecques dix mille Italiens : au milieu marchoit Alifprand de Madruce, frere du Cardinal de Trente, avecques plufieurs autres Colonnels & Capitaines Allemands, & y avoit en leur bataillon dix mille Lanfquenets, dont il n'y avoit un feul qui ne fut armé ; car le Marquis avoit pris toutes les armes qu'il avoit trouvées dedans Milan. Au droit de nos Gruiens & à l'autre cofté de leurs Lanfquenets, & à noftre main gauche marchoit Dom Raimond de Cardone avecques un bataillon de fix mille hommes, moitié vieils foldats Efpagnols, moitié vieils foldats Allemands, tous nourris enfemble à la guerre depuis le voyage de Tunis & d'Alger. Au cofté du Prince de Salerne & de fon bataillon marchoient environ fept à huict cens chevaux envoyez par le Duc de Florence au fecours des Imperiaux, conduit par Rodolphe Baglion ; au milieu d'entre les Lanfquenets

& Espagnols marchoit le Marquis du Guast avec pareil nombre de cavalerie, & à l'autre costé des Espagnols marchoit le Prince de Salmone, fils du feu Vice-Roy de Naples, Dom Charles de Launoy, Capitaine general de toute la cavalerie, avecques pareil nombre de cavalerie que les autres. Estoient lesdites troupes Imperiales rangées sur le haut, dont nous estions partis le soir precedent, auquel nous avions deliberé de retourner, pour gaigner l'avantage ; mais le Marquis l'avoit le premier occupé, & avoit mis au droit de deux cassines, dont l'une estoit du costé des Allemands, l'autre au costé des Espagnols, dix pieces d'artillerie d'une part, & dix de l'autre, lesquelles estoient en lieu si avantageux, que nos gens ne pouvoient marcher à eux que lesdites pieces ne donnassent dedans nos batailles de haut en bas. Ce fait, le Marquis avecques cinq ou six chevaux se retira sur un petit haut, duquel il voyoit & pouvoit commander à toute son armée, tant à droite qu'à gauche & au milieu ; puis manda au Prince de Salerne qu'il n'eust à marcher plus avant que le lieu où il estoit sans son commandement : mais le Marquis estonné de son gros host d'Allemands renversé (comme tantost je diray) n'eut, à mon advis, loisir, ou ne luy fouvint de mander au Prince de Salerne ce qu'il avoit à faire ; parquoy il ne bougea de fon lieu, ce qui nous feit grand plaifir ; car s'il euft marché au cofté des Allemands, il euft bien empefché le bataillon de nos François, pendant qu'ils eftoient embefongnez contre lefdits Allemands.

M. d'Anguien, arrivé qu'il fut à la portée d'une coulevrine près du haut, auquel les Imperiaux s'eftoient arreftez, regarda d'accommoder fes batailles en lieu qu'elles ne peuffent eftre offenfées de l'artillerie Imperiale. Il eftoit environ foleil levé quand les deux armées fe planterent l'une devant l'autre : foudain l'efcarmouche fe dreffa entre les deux batailles de noftre arcquebuzerie & de la leur, laquelle dura jufques fur les onze heures du matin, parce que les Efpagnols & Italiens tafchoient de venir gaigner le flanc de nos batailles, comme ils avoient fait à la bataille de Pavie, l'an mil cinq cens vingt-cinq. Auffi tafchoient les noftres de faire le femblable : chacun renforçoit de fa part, fi qu'il y euft l'efpace de quatre ou cinq heures environ de quatre à cinq mille arcquebuziers, tant d'un cofté que d'autre entre les deux armées. *Je vous affeure qu'il y euft eu beaucoup de plaifir à veoir les ruzes & ftratagemes de*

guerre, qui se faisoient tant d'une part que d'autre, à l'homme qui eust esté en lieu de seureté, & qui n'eust eu autre chose à faire.
Enfin entre onze & douze heures, les ennemis se voyans plus forts d'hommes d'un tiers, delibererent de nous venir assaillir. Le Sieur de Tais qui estoit sur nostre main droitte, tourna la teste pour aller combattre le Prince de Salerne, & pour cest effect s'esloigna environ de demy quart de mille du bataillon des Suisses : mais Langey qui avoit la charge de recognoistre la contenance de l'ennemy, & d'advertir nos gens de ce qu'ils devoient faire, (aussi avoit le Sieur de Monneins (a)) voyant marcher le bataillon de Lansquenets Imperiaux, qui estoit de dix mille hommes, pour venir attaquer nos Suisses, qui n'estoient que quatre mille, veit le jeu mal party : voyant aussi que le Prince de Salerne ne faisoit semblant de vouloir marcher, & qu'il estoit encore loing, il manda par le Sieur de Grisse, au Sieur de Tais, qu'il eut à retourner la teste, & se venir joindre près des Suisses, autrement qu'il voyoit la bataille en hazard, parce que nos Suisses n'estoient pour

____

(a) C'est-à-dire, que le sieur de Monneins faisoit ce jour-là avec du Bellay les fonctions de Major-Général.

foustenir ce faix : auſſi luy avoient dit qu'on leur avoit promis de longtemps que venans au combat, les François feroient près d'eux, & qu'ils n'eſtoient pour eux feuls fouſtenir ce gros bataillon de Lanſquenets. Outre plus, il fut remonſtré audit Sieur de Langey par le Capitaine Flory (a), Suiſſe, qui pour ce jour leur commandoit, comme Colonel, (encore que Sainct - Julien en priſt, & euſt par le paſſé pris & l'honneur & le proffit, ſi eſt-ce que pour ce jour il en laiſſa la charge audit Flory,) lequel dit à Langey, luy perſuadant de marcher, que ſi ſon bataillon marchoit, l'artillerie de l'ennemy luy donneroit droit dedans, & que le naturel de ſa nation n'eſ- toit d'endurer la batterie de l'artillerie, ains d'aller droit pour la gaigner, & que par ce moyen s'il ſe mettoit au deſcouvert, ſes gens ſe mettroient en deſordre pour y courir : qui

(b) L'édition de 1569 le nomme *Fourly.* Son vrai nom étoit Guillaume *Frulich*, ou *Forlich*, né à Soleure, & Sénateur de cette Ville ; il ſervit la France pendant quarante ans. Nous le verrons reparoître en 1562 dans nos guerres de religion. Il mourut cette même année à Paris, & fut enterré dans l'Egliſe des Cordeliers, où les Officiers de ſa nation lui élevèrent un tombeau avec cette épitaphe : *Guillielmo Frolich, nobili ac ſtrenuo Equiti, prudenti Solodorenſis Senatori R. Helv. Trib.*

feroit caufe que l'ennemy luy donneroit par le flanc ; mais eftans nos ennemis marchez plus avant, eux - mefmes couvriroient leur artillerie, & alors il meneroit fes hommes au combat fans confufion.

Le Sieur de Tais ayant eu ceft advertiffe-ment, incontinent changea d'entreprife, & tournant la tefte de fon bataillon, fe vint rendre près des Suiffes, laiffant feulement entre les deux bataillons place en laquelle fe vint mettre M. de Boutieres, avecques les quatre-vingts hommes d'armes qu'il avoit en fa compagnie. Les Allemands Imperiaux voyans les François avoir changé leur def-fein, changerent pareillement le leur, & de leur gros bataillon en feirent deux, l'un pour combattre les Suiffes, & l'autre les François, fi proches l'un de l'autre, que le derriere ne monftroit apparence que d'un bataillon. Pen-dant ces chofes, le Seigneur d'Anguien, qui devoit eftre joignant les Suiffes, fut contraint de demourer avecques les Gruiens; car ils eftoient eftonnez; de forte que fans ce qu'il demoura près d'eux, & les remonftrances que leur feirent les Capitaines, ils s'en fuffent fuis fans coup ferir, à raifon de l'effroy qui s'eftoit efpandu parmy eux. Le Sieur de Ter-mes avecques la cavalerie legere, eftant à la

main

main droite des bandes Françoises, voyant la cavalerie du Duc de Florence, laquelle marchoit pour, à l'heure que les batailles se viendroient à joindre, donner par les flancs au bataillon des François, ne voulut attendre cest inconvenient, mais les chargea de telle furie qu'il les rompit, & les renversa sur le bataillon du Prince de Salerne; tellement que ledit Sieur de Termes, pensant estre suivy, donna jusques au milieu dudit bataillon, où son cheval fut tué, & luy prins. Ladite charge servit beaucoup, car il est apparant que sans icelle, le Prince de Salerne eust marché sur les flancs de nostre bataillon de François; mais il fut couvert de la cavalerie de Florence, laquelle tomba sur ses bras; & cependant nos François & Suisses feirent leur faction sans empeschement que de celuy qu'ils avoient en teste.

Pendant cette charge, les batailles des Lansquenets Imperiaux, & celles des Suisses & François, s'aborderent. Or avoient les François mis entre le premier rang & le second, un rang d'arcquebuziers, & les Allemands un rang de pistoliers, lesquels tiroient par entre ceux du premier rang. Estans lesdites batailles à la portée d'une moyenne(a),

(a) Petite pièce d'artillerie.

Tome XXI.   I

l'une de l'autre, le Capitaine Ville-Franche, lequel avoit la charge de la corne droite du bataillon des François, confiderant que le bataillon d'Allemands qui le venoit aborder, eſtoit plus large que le ſien, & par ce moyen à l'aborder ſerreroit les François par ce coſté, ſoudain feit tirer du derriere de ſon bataillon les armez des deux derniers rangs, dont il eſlargit ſa teſte, & feit à l'ennemy ce que ledit ennemy avoit intention de luy faire. Ce fait, ils marcherent l'un vers l'autre de pareille fuiie, & combattirent tant d'une part que d'autre fort furieuſement ; ſi eſt-ce qu'à l'aide des armes que fiſt la gendarmerie Fran-çoiſe, conduite par le Sieur de Boutieres, tous les Allemans Imperiaux furent rompus. On peut bien dire que jamais ſi petit nombre de gendarmerie & de gens de pied ne ſouſtint ſi grand faix ny ſi furieux. Le Marquis du Guaſt voyant la ruine tournée ſur ſes Allemands, auſquels eſtoit ſon eſperance, ſe meit à la guarite (a) ſans coup ferir.

Au meſme inſtant le Sieur de Dampierre, avecques les guidons, chargea les gens de

(a) Ce mot vient de l'Eſpagnol *Guarida*, qui ſignifie *aſyle*, *refuge* : cela veut dire que le Marquis du Guaſt ſe mit hors de tout danger. (Liſez le Gloſſaire de du Cange, au mot *Guarina*, Tome III, p. 980.)

cheval Imperiaux, conduits par le Prince de Salmone (a), lefquels faifoient efpaule aux Efpagnols, & les rompit. Semblablement le bataillon des Efpagnols & des vieils Allemands vindrent combattre nos Gruiens & Italiens, defquels ils eurent bon marché; car horfmis les Capitaines qui eftoient au premier rang, tous fe mirent en fuitte, & ne s'en fuft fauvé un fans M. d'Anguien, lequel accompagné de ceux qui eftoient ordonnez en fa troupe, chargea lefdits Efpagnols & Allemands, en prenant l'un des coings de leur bataillon, & traverfant à l'autre, de forte qu'il rompit tout ce travers, dont ne demoura une feule Enfeigne debout dudit bataillon. Mais cefte charge fut fanglante, car il y demoura le Seigneur d'Affier, le Baron d'Oyn, Lieutenant du Comte de Montravel, Monfallais (b), Enfeigne du Baron de Curfol, le Seigneur de Glaive, Gouverneur de Cahors, le Seigneur de Courville, & les deux Efcuyers de Monfeigneur d'Anguien : le Seigneur de Laffigny eut fon cheval tué, mais il fe fauva à pied; le Seigneur de S. Amand, nommé de Rochechouart, & le Seigneur de

(a) Il y a Sulmonne dans l'édition de 1569.

(b) L'édition de du Bellay de 1569, après ces mots : *Monfallais, Enfeigne du Baron de Curfol*, porte ceuxcy : *Nommé Glaive de Bourbonnois.*

Fervaques, y furent bleſſez, de ſorte qu'ils furent trouvez parmy les morts ; mais ils furent ſi bien penſez, qu'ils guerirent : & pluſieurs autres y furent tuez ou bleſſez, & juſques à quatorze ou quinze, tant Capitaines que gens de nom.

. Le Seigneur d'Anguien ayant fait ladite charge, & penſant que les Gruiens euſſent fait leur devoir, eſtimoit avoir gaigné la bataille de ce coſté, mais il trouva le contraire ; car ayant tourné viſage pour recharger, au lieu de trouver les Gruiens & Italiens victorieux, il les trouva à vau de routte (horſmis le premier rang, comme dit eſt) ſans donner un coup de picque, à cauſe dequoy la teſte des Eſpagnols n'ayans plus de gens de pied à combattre, tourna ſur M. d'Anguien ; de ſorte qu'à ladite charge il perdit plus qu'à la premiere, parce qu'il n'avoit plus de gens de pied pour le ſouſtenir. Or n'avoit-il nouvelles de ce qu'eſtoient devenus nos François & Suiſſes, ce qui luy faiſoit preſumer qu'ils eſtoient deffaits ; car entre le lieu où combattirent nos Suiſſes & François, & le lieu où combattit M. d'Anguien, il y avoit une petite colline, de ſorte qu'on ne pouvoit avoir cognoiſſance l'un de l'autre : ſi eſt-ce qu'il reſolut, & ceux d'avecques luy, de tous mourir avant de se retirer. Parquoy par plusieurs fois rechargea, mais il trouva tousjours un nombre d'arcquebuziers ennemis pesle-mesle de luy, & le bataillon des picquiers les suivoient tousjours sans rompre leur ordre, & si n'avoit pas enfin plus de cent chevaux en sa compagnie, qui estoit peu pour combattre quatre mille hommes, mais c'estoit à la desesperade. Pendant que M. d'Anguien s'estoit retiré sur la main droitte pour avoir moyen de recharger sans estre empesché de l'arcquebuzerie ennemie, qui l'empeschoit de ce faire, estant tousjours pesle-mesle de luy, les Espagnols eurent nouvelles de la deffaite du reste de leurs gens, parquoy ils perdirent le cueur, & au lieu de nous attendre, ils commencerent leur retraitte, laquelle ne leur fut permise d'achever; car le Seigneur d'Anguien ordonna le Seigneur d'Aussun, avecques environ cinquante chevaux, pour les charger par les flancs, & luy avecques le reste, qui s'estoit rassemblé près de luy, leur donna sur la queuë; mais estans chargez ils ne tindrent point; car chacun tascha à se sauver ou dedans les bosques (a), ou dedans les cassi-

_____

(a) Dans les bois : on dit en Wallon *Bos*, en Italien

nes (a) ; toutesfois peu ou point se sauverent que tout ne fut prins ou tué.

Pour monstrer que jeunesse fait faire beaucoup de choses hazardeuses : le Sieur d'Anguien sur ceste derniere charge, voyant le Sieur de Sainct-André s'estre mis devant la troupe pour recharger le premier, baissa la veuë (b) pour faire le semblable, n'ayant que six chevaux avecques luy ; mais il fut arresté par un Capitaine experimenté, luy remonstrant l'inconvenient advenu au Duc de Nemours à Ravenne, pour pareille entreprinse, lequel ne luy feit autre response (c), sinon *qu'on fist donc retirer le Sieur de Sainct-André; ce qui fut fait.*

Le Prince de Salerne voyant la deffaite des Allemans & de la cavalerie, se retira ;

Bosco. (Gloss. de du Cange , au mot *Boscus* , Tome I, p. 1247.)

(a) En Italien *Cassina* signifie métairie , maison de Campagne (Gloss. *ibid.*, au mot *Cassina*, Tome II, p. 387.)

(b) C'est-à-dire, baissa la visière de son casque, comme cela se pratiquoit, lorsqu'on vouloit charger l'ennemi.

(c) Si l'on en croit le Rédacteur des Mémoires du Maréchal de Vieilleville, ce fut ce Maréchal lui-même qui retint le Comte d'Anguien. On verra dans ces Mémoires & dans ceux de Montluc quelques différences sur le récit de cette bataille. Nous les discuterons ailleurs.

parquoy il ne perdit beaucoup de gens ; car les François & les Suiſſes qui pourſuivirent leur victoire un grand mille, mettoient au fil de l'eſpée tout ce qu'ils trouvoient devant eux, ſpecialement les Suiſſes, leſquels eſtoient irritez pour la mauvaiſe guerre que les Imperiaux leur avoient faite au Mont-Devis, ainſi que j'ay dit precedemment, en ſouvenance de laquelle ils crioient *Mont-Devis*, & ne prenoient aucun des ennemis à mercy, mais les tuoient entre les mains de ceux qui leur vouloient ſauver la vie.

Vous pouvez entendre que ſans l'advis que print M. d'Angüien de s'arreſter près de nos Gruiens, aſſeurement la bataille eſtoit perdue pour nous ; car eſtans leſdits Gruiens & Italiens deffaits ſans coup ferir, le bataillon Imperial de quatre mille vieils ſoldats euſt tourné la teſte vers les François & Suiſſes qui pourſuivoient leur victoire, & les trouvant en deſordre, il eſt apparent qu'il les euſt ruinez ; mais ils ne l'oſerent entreprendre, craignans que ledit Seigneur d'Anguien les chargeaſt ſur la queuë. Auſſi pouvez-vous eſtimer, que ſi les Gruiens euſſent fait leur devoir, ou que ſeulement ils euſſent fait teſte, le bataillon des Eſpagnols, dès la premiere charge que leur feit M. d'Anguien,

eſtoit deffait : parquoy nos François & Suiſſes , & meſme noſtre cavalerie , leſquels
pourſuivoient leur victoire , ſemblablement
ledit Seigneur d'Anguien & ceux qui eſtoient
demourez avecques luy pour combattre les
Eſpagnols , euſſent paſſé plus outre : par ce
moyen le Prince de Salerne ne ſe fuſt retiré
avecques ſi peu de perte qu'il feit , ny pareillement le reſte de leur cavalerie. Nous
euſſions pourſuivy juſques à Aſt, auquel lieu
euſſions trouvé le Marquis du Guaſt ſe ſau-
vant à la fuitte , auquel y eſtant arrivé , les
portes furent refuſées , parce qu'au partir
pour nous venir combattre, il avoit dit que
s'il ne retournoit victorieux, on les luy fer-
maſt ; mais nos gens furent contraints pour
venir ſecourir M. d'Anguien (13) , d'interrompre & abandonner l'execution de leur
victoire.

Eſtant la bataille du tout gaignée , & ne
reſtant plus d'ennemis en campagne, ſinon
les morts , les priſonniers & bleſſez, furent
ordonnez gens pour recognoiſtre le nombre
d'hommes qu'ils avoient perdus : auſſi à ladite defaicte ſe feit un grand butin ; car le
Marquis du Guaſt avoit amené avecques luy
les principaux du Duché de Milan, en ſorte
qu'il ſe trouva bien pour trois cens mille

francs, tant en argent monnoyé, qu'en vaiſ-
ſelle d'argent & autres richeſſes : y fut gaigné quatorze ou quinze pieces d'artillerie,
avecques tous les ponts qu'ils avoient amenez pour paſſer le Pau, & auſſi pluſieurs
munitions, tant de farines qu'autres choſes
qu'ils avoient amenées pour envitailler Carignan. Pareillement y furent trouvez par
compte fait, environ de ſept à huiĉt milïe
corſelets, tellement qu'un harnois, qui couſ-
toit à Milan douze eſcus (14), ne ſe ven-
doit que dix & vingt ſols les plus beaux.
Puis après avoir mis l'ordre tel que les affaires requeroient, fut laiſſé à Seriſolles le
Chevalier Aſſal, Maiſtre de camp des Italiens, avecques cinq Enſeignes de gens de
pied Italiens, nouvellement arrivez de la
garde du pont des Sablons, leſquels eſtoient
des plus aguerris de noſtre armée : de ſorte
que s'ils euſſent eſté au bataillon des autres
Italiens & Gruiens, on peut eſtimer qu'il
n'euſt eſté ainſi renverſé qu'il fut. Je ne ſçay
ſi ledit Aſſal, auquel le jour precedent fut
fait commandement de les mander, l'oublia,
ou ſi ſon meſſager fiſt mal ſon devoir ; mais
ils n'arriverent que la bataille ne fuſt gaignée,
ce qui nous fut grande desfaveur. Ce fait,
M. d'Anguien retourna victorieux loger à

Carmagnole, pour rafraifchir fes hommes qui avoient efté trois jours & trois nuicts en continuel travail, fçavoir, le Samedy, Dimanche & Lundy : auquel lieu arrivé qu'il fut, ordonna de fçavoir le nombre des ennemis prifonniers, lefquels, après qu'ils furent retirez en deux ou trois Eglifes, fe trouverent deux mille cinq cens vingt Allemands, entre autres le Seigneur Alifprand de Madruce, frere du Cardinal de Trente, qui fut trouvé parmy les morts, bleffé en plufieurs endroits de fon corps; toutesfois il fut porté à Turin, où il fut guary. Des Efpagnols fe trouverent fix cens trente prifonniers, entr'autres Dom Raimond de Cardone & Mendoffe, d'Italiens de la cavalerie, Dom Charles de Gonzague, & jufques à fept ou huict Capitaines Efpagnols. Auffi fut rapporté qu'il s'eftoit trouvé de morts, en moins de demy mille de pays, de douze à quinze mille hommes de toutes nations. Il fe trouva des noftres environ deux cens (15) hommes morts, dont (de gens de nom) moururent (comme j'ay desjà dit) le Seigneur d'Affier (a), qui ne mourut ce jour,

(a) Le jeune d'Acier, fils de Galiot de Genouillac, partit avec beaucoup de Nobleffe Françoife pour fe trouver à la bataille qu'on fçavoit devoir fe livrer en Piémont. Son père ne pouvant le retenir, & ayant un pref-

mais fix jours après, le Baron d'Oyn, Monfallais, Enfeigne de M. de Curfol, l'Enfeigne
de M. d'Auffun, & fon nepveu Charles de
Dros, Gouverneur de Mont-Devis, le Seigneur de Glayve, Gouverneur de Cahors,
le Seigneur Defcro, du Comté de Nice,
Colonel de fix Enfeignes Italiennes, & le
Colonel des Gruiens, en l'abfence du Comte
de Gruiere, qui eftoit du Dauphiné. Du
premier rang des François moururent le Seigneur de la Molle, Provençal, le Capitaine
Paffin de Dauphiné, le Capitaine Barberan,
& le Capitaine Moncault, tous deux Gaf-
cons : le Capitaine la Mote-Daute demoura
parmy les morts, mais il eut la vie fauve ;
toutesfois il demeura aveugle, & le Capitaine Sainde-Genevieve, & encore quelques
autres Capitaines dudit premier rang y furent
ou morts ou bleffez. Des Suiffes n'y eut
homme de nom bleffé, que le Baron de
Saxe, lequel eut un coup de picque à la
gorge.

Après avoir remercié Dieu de cefte victo-
rieufe deffaicte, fut, pour deliberer du fur-

fentiment de ce qui arriveroit, lui fit ainfi fes adieux :
Va donc chercher en pofte la mort, qui t'attend de pied ferme...
Le Vieillard n'avoit que ce fils, âgé de 28 ans, & don-
nant les plus grandes efpérances.

plus des affaires, assemblé le Conseil, auquel il fut conclud d'advertir nos Ambassadeurs de Rome, de Venise, & de la Mirandole, de la victoire que nous avions obtenuë. Pour ce faire fut ordonné le Seigneur Hercules Visconte, parce qu'il avoit meilleur moyen de passer que nul autre : puis fut depesché le S^r d'Escars, pour semblablement en advertir le Roy & aussi pour luy faire entendre que si son plaisir estoit d'envoyer le payement d'un mois de nostre armée, avecques quelque argent pour la conduite de l'artillerie, & faire descendre six mille Grisons, lesquels estoient desjà levez, droit à Milan, avecques l'armée, laquelle les Seigneurs d'Italie, comme le Comte de Petillane, le Comte de la Mirandole, le Seigneur Pierre Stroffe, & plusieurs autres, dressoient pour se venir joindre audit lieu de Milan, avecques Mgr. d'Anguïen, ledit Seigneur d'Anguïen accompagné de gendarmerie, & des François & Suisses, marcheroit droit à Ast, laissant devant Carignan sept ou huict mille hommes, tant Gruiens, Italiens, que François, pour empescher par boulleverts & trenchées les saillies de ceux de dedans. Qu'il sembloit aux Capitaines estans avecques ledit Seigneur, que le Duché de Milan, estant estonné & depour-

veu d'hommes après une bataille perduë, il
eſtoit apparent de le lever des mains de l'Empereur, horſmis le chaſteau de Cremone, &
celuy de Milan. Veritablement le Marquis du
Guaſt, fiſt ſonner le tabourin vingt jours avant
qu'il y euſt homme qui ſe vouluſt mettre en
campagne, tant le pays eſtoit effrayé. De
prime-face le Roy le trouva bon, mais depuis
il en fut diverty, parce que de jour en jour
il avoit advertiſſement que l'Empereur aſſembloit ſon armée ſur le Rhin, la plus groſſe
qu'il avoit jamais euë, parquoy il ne ſe vouloit deſſaiſir de ſes forces, mais pluſtoſt en
tirer d'Italie, pour venir ſecourir ſon pays.
A ceſte cauſe il manda audit Seigneur d'Anguien, qu'il euſt ſeulement à affamer Carignan, à ce que plus aiſément il ſe put ayder des forces qu'il avoit au Piémont, pour
la conſervation de ſon Royaume. Qui fut (ce
me ſemble) choſe aſſez mal digerée ; car ſi
l'Empereur euſt ſenty le Duché de Milan
esbranlé, & en danger de perdition, veu
meſme les grandes partialitez, leſquelles
eſtoient au Royaume de Naples, il euſt eſté
contraint d'y convertir ſes forces, pour pluſtoſt garder ce dont il eſtoit en poſſeſſion,
que d'eſſayer à conquerir celui d'autruy,
en hazard de ne rien gaigner.

Mgr d'Anguien ayant eu ceſte reſponſe de la volonté du Roy, adviſa de chercher le moyen de faire vivre ſon armée, laquelle n'avoit aucun payement; car ce peu d'argent qu'il avoit receu devant la bataille, il le bailla aux Suiſſes pour les arreſter : ſi eſt ce que leur baillant tout ce qu'il avoit, il leur demoura encore redevable de deux mois, ſans le mois (a) de la bataille. Parquoy il ordonna le Seigneur de Tais, avecques les bandes Françoiſes, & environ deux cens hommes d'armes de toutes compagnies, pour aller vivre ſur le pays de l'ennemy, luy baillant ſix canons, avecques quelques autres pieces, pour ſe faire ouverture. Et luy avecques le reſte repaſſa le Pau, & alla camper devant Carignan, ſur le chemin tendant de Vimeu, audit lieu de Carignan, & fiſt faire tout au tour d'icelle ville, depuis l'un des coſtez du Pau juſques à l'autre, des forts en divers lieux, pour empeſcher les ſaillies des aſſiegez. Le Seigneur de Tais, partant de Ville-déſtelon, où nous eſtions campez, s'en alla à Sainct-Damian, place de Montferrat, laquelle n'avoit encore obey ny aux François, ny aux Eſ-

(a) Lorſqu'il y avoit eu bataille, il étoit d'uſage de donner aux Suiſſes un mois de ſolde à titre de gratifi-cation.

pagnols, toutesfois se voyant sans esperance de secours, elle se rendit à condition qu'elle demoureroit en ses anciennes franchises, & n'auroit garnison que de François, & point d'Italiens : suivant laquelle transaction, il y laissa deux Enseignes de gens de pied François. Puis passant outre, il print Montcallier par composition, qui est une place forte au milieu de Montferrat ; pareillement il print Vigon, Pont-d'Esture, Sainct Salvadour, Fresenet de Pau, qui est à deux milles au dessouz de Cazal : bref tout le Montferrat se rendit à luy pour l'effroy de la bataille que les Imperiaux avoient perduë, horsmis Cazal, Trin, & Albe.

Pendant ce temps on avoit ordinairement du passetemps en escarmouches, lesquelles depuis le dixhuictiesme jour d'Avril, jusques au vingtiesme de Juin ensuivant, se dresserent depuis Soleil levé jusques à dix heures de matin, & depuis deux heures après midy, jusques à Soleil couché, entre la ville de Carignan, & nos trenchées. Si est-il que la famine (a) contraignit si extrememement les

_____

(a) « Toutes choses (raconte Paradin, p. 468) leur
» faillirent jusques à l'herbe; & tenans conseil tous en-
» semble, déliberoient de faire un grand feu au milieu
» de la Ville, & jetter tous leurs biens, joyaux, habits,

affiegez , que de jour en autre , aucuns
d'eux fe jettoient par deffus le rempart pour
chercher du pain , fi que finablement il leur
fut neceffaire de demander grace, pour laquelle impetrer (a), ils envoyerent leurs deputez devers Mgr d'Anguien : fçavoir eft, le
Comte Felix Chef des Allemans , & Sainct-
Nicquel Maiftre de Camp des Efpagnols, auf-
quels ledit Seigneur d'Anguien voyant qu'ils
avoient fait leur devoir , comme gens de
guerre, leur fift telle gratieufeté qu'il les laiffa
aller avecques leurs armes, toutesfois fans
Enfeignes ni tabourin, leur faifant faire ferment, tant aux Capitaines que foldats, de ne
porter armes contre le Roy , ni fes alliez de
fix moys, & qu'ils pafferoient delà la riviere
d'Adde , fans repaffer en çà durant lefdits
fix moys ; & que le Seigneur Pierre Colonne,

» or & meubles quelconques dedans , jufques à ce que
» le tout fût confumé & rédigé en cendres, puis met-
» tre le feu aux quatre cantons de la Ville à l'heure
» la plus obfcure de la nuit ; & ce fait, faire une faillie
» fur les François, & qui pourroit fe fauver fe fauve-
» roit : & eftoit ce confeil propofé par le Comte *Felix*
» *d'Arco, Chef des Allemands* ... ». Heureufement Saint-
Julien, Chef des Suiffes François l'en diffuada, en par-
lementant avec lui.

(a) Obtenir.

dedans

dedans huict jours après qu'il auroit fait un voyage à Milan, viendroit en France, se mettre entre les mains du Roy, pour y demourer un an entier, si le Roy ne luy faisoit grace, ce que fist ledit Colonne. Tout ce qui leur fut promis leur fut tenu, & furent ordonnez le Seigneur de Langey, & le Seigneur d'Aussun, pour entrer dedans la ville, pour faire description de ce qu'ils y trouveroient : car ils ne devoient emporter artillerie, ni munitions. Quant aux vivres, ils n'eurent pas grande peine, parce qu'ils ne trouverent que deux pains de son, & n'y avoit un seul grain de bled, ny pois, ny febves, ny autre grain quelconque, point de vin, de sel, de vinaigre, ny d'huille. On pourroit trouver estrange parquoy Mgr. d'Anguien, ne les envoya en pourpoinct ; je responds qu'il estoit deu à nos Suisses trois mois, sans celuy de la bataille ; mesme nos François n'avoient qu'un pain par jour pour tout payement, de sorte que les Espagnols, quand ils estoient à l'escarmouche, les appelloient soldats de la *Panoche*. Lesdits Suisses voyans que par composition nous pouvions estre dès l'heure Seigneurs de la ville, vindrent devers Mgr. d'Anguien, luy faire entendre que s'il n'accordoit ceste composition, le lendemain ils

eſtoient deliberez de retourner en leurs pays,
au cas qu'il ne leur fiſt payement de ce qui
leur eſtoit deu, parquoy quelque remonſ-
trance qu'il s'efforçat à leur faire, il fut contraint de leur accorder ladite capitulation,
afin de les arreſter. Par ce moyen les aſſiegez
ſortirent en armes de Carignan, en bon ordre & bon viſage; mais n'avoient encore
acheminé plus d'un mille, que meſme (le
Soleil les ayant eſchauffez) ils demourerent
ſi mattez, pour la pauvreté qu'ils avoient en-
durée, qu'on fut contraint de leurs bailler
charroy, non ſeulement pour porter leurs armes, mais auſſi la pluſpart des hommes.

Pour retourner à Hercules Viſconte, lequel avoit eſté depeſché par M. d'Anguien,
pour advertir les ſerviteurs du Roy à Rome,
& à Veniſe, de l'iſſuë de la bataille, incontinent après ledit advertiſſement, le Comte de
Petillane, le Sᵗ Pierre de Stroſſy qui eſtoient
venuz de France pour cet effet en habit diſſi-
mulé, le Comte George de Martinengue, le
Duc de Somme (a), le Sieur Robert (b) Ma-
leteſte, & autres partiaux (c) pour la part

(a) Jean de San-Severino, Duc de Somma, iſſu
d'une grande Maiſon de Naples.
(b) Robert Malateſta.
(c) Et autres partiſans de la France.

Françoise, se mirent aux champs faisans sonner le tabourin dedans Rome, & autres lieux circonvoisins, & se donnerent assignation de se trouver ensemble à la Mirandole, pour marcher droit à Milan, & se joindre avecques M. d'Anguien ; car ils esperoient que le Roy ne feroit difficulté d'accorder audit Sieur d'Anguien, le secours qu'il avoit demandé, ainsi que par ledit Hercules Visconte ils avoient entendu. Quand ils furent tous ensemble, ils se trouverent dix mille hommes de pied, mais peu ou point de cavalerie : ce nonobstant, ils marcherent droit au Plaisantin, auquel ils furent bien recueillis par tout, leur faisant fournir vivres : delà ils marcherent au Cremonois, auquel lieu tous les Guelphes, & bon nombre d'autres du Duché de Milan, prenoient les croix (a) blanches : davantage les Milanois estoient tellement estonnez, que si l'armée qui estoit au Montferrat, eust marché droit à Milan dès le commencement, & se fust joinct avecques l'armée du Sieur Pierre Strossy, avant que le secours du Duc de Florence y fust arrivé, il y a apparence qu'on luy eust ouvert les portes. Mais estans advertis ledit Strossy, & autres

(a) La Croix blanche étoit portée par la faction des François, & la Croix rouge par celle de l'Empereur.

que l'entreprise du Sieur d'Anguien, de venir à Milan, estoit rompue, & se voyans depourveus de cavalerie, ils resolurent de passer outre, pour se venir joindre avecques ledit Sieur d'Anguien, là où il seroit : & parce que le Marquis du Guast faisoit faire assemblée par le Prince de Salerne, & par le Prince de Salmone, pour les attendre à quelque passage, ils manderent au Sieur de Tais, qui estoit à Montferrat, qu'il leur envoyast à jour nommé de la cavalerie à S. Raval, au passage de la riviere, ce que ledit Sieur de Tais leur promist, & je le sçay, car j'en vis les lettres : mais il n'en fist rien, je ne sçay pourquoy ; car estans arrivez ledit Sieur Strossy, & les autres Capitaines, & voyans delà l'eau une trouppe de gens de pied & de cheval, ils envoyerent leurs coureurs, lesquels les recogneurent pour ennemis : toutesfois considerant qu'ils ne se pouvoient retirer sans honte, se delibererent d'aller combattre les gens de pied qui estoient loing de la cavalerie, lesquels ils mirent en roupte. Mais s'estans esloignez du pays fort qui leur estoit avantageux, ayans rompu leur ordre, & s'estans jettez en campagne, en esperance d'avoir obtenu la victoire, ils furent chargez par les flancs de la cavalerie Imperiale, conduite par

le Prince de Salmone, & furent rompus, dont
il y eut plufieurs gens de qualité prifonniers,
& peu de tuez ; & n'y mourut homme de nom
que le Sgr Valere Urfin : ceux qui fe fauverent
fe retirerent vers Quieras, & delà à Carignan.
Cela advint environ la my Juin, douze jours
devant la reddition de Carignan, entre nos
mains. Il eft apparant que fi M. de Tais, leur
euft envoyé la cavalerie, pour les fouftenir,
comme il avoit promis, les Imperiaux euffent efté deffaits, puifque leurs gens de pied
eftans rompus, cent hommes d'armes euffent
parachevé la victoire.

Après avoir reduit la ville de Carignan en
l'obeiffance du Roy, M. d'Anguien, depefcha
vers le Roy, tant pour l'advertir d'icelle reddition, que pour entendre fa volonté. Le
Roy fift refponfe audit Sieur d'Anguien, que
pour fe fortifier à l'encontre de l'Empereur,
& du Roy d'Angleterre, lefquels desjà eftoient en campagne, & faifoient diligence
d'affaillir fes pays, il luy envoyaft de Piémont
fix mille foldats François des vieilles bandes,
& fix mille Italiens, pour refifter à l'Empereur, lequel par la haine inveterée qu'il avoit
d'entrer & ruiner ce Royaume, avoit oublié,
ou bien diffimulé (a), les injures que le Roy

______

(a) Il eft bon d'obferver, remarque M. Hume dans

d'Angleterre luy avoit faites, & s'eſtoit ligué avecques luy, combien qu'il euſt aſſeuré le Pape que jamais il ne traitteroit alliance avecques ledit Roy d'Angleterre, ains luy feroit capital ennemy, juſques à ce qu'il euſt reparé l'offence faite à Sa Sainéteté, d'autant qu'il s'eſtoit intitulé Chef immediat après Dieu, de l'Egliſe Anglicane, & faiſoit mourir ceux qui ſouſtenoient l'authorité du Pape & de l'Egliſe Romaine : à cauſe, comme vous avez entendu cy-devant, que ledit Pape, à l'inſtigation de l'Empereur, l'avoit, pour la repudiation qu'il fiſt de la tante dudit Empereur, fulminé comme heretique, & declaré ſon Royaume en proye à qui le voudroit entreprendre. Pour l'execution de laquelle ligue ledit Empereur devoit entrer par la Champagne, avecques l'armée qu'il preparoit en Allemagne, la plus grande qu'il avoit encore euë, dont la pluſpart eſtoit payé aux deſpens des Eſtats, tant Catholiques (16), que Proteſtans, leſquels il avoit induits, principalement iceux Proteſtans, ſoubs couleur qu'il

ſon Hiſtoire de la Maiſon de Tudor, « que les partiſans
» de la France reprochèrent à Charles-Quint ſon al-
» llance avec l'hérétique Roi d'Angleterre, comme
» auſſi odieuſe, pour le moins, que celle de Fran-
» çois I avec Soliman ».

diſoit s'eſtre mis à plus que devoir envers le Roy de France, pour aſſembler un Concile, remettre l'Egliſe en union, & reformer le Pape (17), & les Miniſtres de l'Egliſe ; mais que le Roy luy ſeul empeſchoit ledit Concile, de ſorte que pour concluſion il les avoit ſi bien endormis de ſes menſonges accouſtumez, que les Proteſtans qui jamais ne luy avoient adheré, tant Princes, que villes Imperiales, s'eſtoient bandez avecques luy, à leurs propres couſts & deſpens.

Quant au Roy d'Angleterre il devoit deſcendre à Calais (ainſi qu'il fiſt) avecques toutes ſes forces, & ſe devoit venir joindre à luy le Comte de Bures, accompagné de dix mille Lanſquenets, & de trois ou quatre mille chevaux Allemands, & pareillement le Comte de Reux avecques l'armée des Pays-Bas de l'Empereur, & eſtoit leur intention de laiſſer les villes fortes derriere eux, & marcher droit à Paris, puis eſtans les forces de l'Empereur & les leurs miſes enſemble (qui pouvoient eſtre tant d'une part que d'autre, ſoixante & dix ou quatre-vingts mille hommes de pied, & dix-huiſt ou vingt-mille chevaux, & un nombre infiny d'artillerie, poudres, & autres munitions) ils contraindroient le Roy de les combattre à ſon deſavantage, ſinon

qu'il leur permiſt de gaſter (a) ſon Royaume
à ſa veuë.

Le Roy d'Angleterre eſtant deſcendu à
Calais, trouva la Picardie fort depourveuë
d'hommes, parce que le Roy avoit tiré ſes
forces vers la Champagne, d'autant que
l'Empereur y devoit prendre ſon chemin, &
avoit laiſſé le Duc de Vendoſme en Picardie
mal accompagné. Et ores qu'il euſt cinq villes à pourveoir, ſçavoir, Ardre, Boulongne,
Teroüenne, Montreul & Hedin, deſquelles
le Roy d'Angleterre pouvoit aſſaillir celle
qu'il luy plairoit, & auſſi toſt l'une que l'autre, ſi n'avoit-il armée qui ſuffit pour les pourveoir, & moins pour faire teſte à l'ennemy
où il ſeroit beſoin. Cela fut cauſe que le
Roy d'Angleterre changea le deſſein qu'il
avoit de paſſer droit à Paris ſans s'attaquer
aux villes ; ains il envoya le Duc de North-
folck, & avecques luy le Comte de Bures &
le Comte de Reux, aſſieger Montreul, & luy,
huit ou dix jours après, vint aſſieger Boulongne, dont le Mareſchal du Biez eſtoit
Gouverneur ; meſme il eſtoit en Picardie
Lieutenant du Roy en l'abſence de M. de
Vendoſme, & avoit charge du Roy de pourveoir leſdites cinq places. Lequel voyant

(a) De dévaſter.

l'ennemy paffer outre pour aller affieger Montreul, abandonna Boulongne, & fe meit dedans Montreul, & avecques luy la compagnie de cent hommes d'armes de M. le Conneftable, conduitte par fon Lieutenant, le Seigneur de la Guiche, homme bien experimenté, le Seigneur de Genly, avecques quatre Enfeignes de gens de pied François, le Comte Berenger, Napolitain, avecques mille hommes de pied Italiens, le Capitaine Francifque de Chiaramont, auffi Napolitain, avecques pareille charge : laiffant dedans Boulongne, contre l'oppinion d'un chacun, pour Chef le Seigneur de Vervein, fon gendre, homme peu experimenté, & le Seigneur de Lignon, jeune homme, avecques cinq cens hommes de pied, le Seigneur d'Aix, furnommé de Renty, auffi jeune, & tous deux peu experimentez, le Capitaine Philippe Corfe, homme de grande experience, & le Seigneur de Sainct Blimont, Port-enfeigne d'iceluy Marefchal du Biez, avecques la moitié de fa compagnie de cent hommes d'armes. Dedans Ardre fut envoyé le Seigneur de la Rochepot, Lieutenant du Roy, avecques fa compagnie de gens d'armes, lequel trouva ladite ville mal pourveuë;

mais il y remedia fi bien, qu'il n'en vint inconvenient.

Durant ce temps l'Empereur eſtoit à Spire avecques ſon armée, qui eſtant adverty que le Seigneur d'Anguien, après ſa victoire, s'eſtoit arreſté en Piemont, & avoit laiſſé l'entrepriſe de Milan (laquelle ledit Empereur craignoit ; de ſorte, à ce qui s'en eſt cogneu depuis, que ſi ledit Seigneur d'Anguien l'euſt pourſuivie, il euſt eſté contraint de convertir ſes forces vers l'Italie, & de laiſſer la France en repos) envoya le Comte Guillaume de Fuſtemberg, avecques une armée devant Luxembourg, laquelle ayant enduré le ſiege ſi longtemps que vivres y eſtoient faillis, le Vicomte d'Eſtauges, Chef d'icelle ville, fut contraint de capituler, à condition que luy & les ſoldats revindrent leurs bagues ſauves. De-là marcha ladite armée droit à Commercy, qui eſt un chaſteau ſur la Meuze, ſix lieuës par de-là Ligny, & trois lieuës de Vaucouleurs, où après avoir tiré quelques coups de canon, & fait breche au droit de la groſſe tour, dedans laquelle eſtoient les munitions, les Capitaines qui en avoient la charge cognoiſſans la place n'eſtre tenable, la rendirent à l'Empereur, & s'en allerent leurs bagues fauves où bon leur fembla. Partant de Commercy, l'Empereur vint affieger Ligny en Barrois , où s'eftoit mis le Comte de Brienne, Comte dudit lieu, & le Comte de Rouffy, fon frere, le Seigneur d'Echenais (a), Capitaine de cinquante hommes d'armes, lequel y eftoit envoyé par le Roy, Chef dedans ladite place, le Seigneur de Gouzolles, Efcuyer d'efcuyerie du Roy, & plufieurs autres Capitaines, jufques à quinze cens hommes de pied, & environ cent hommes d'armes.

Pendant ce temps, le Roy faifoit diligence (pour refifter à fon ennemy) de faire marcher dix mille Suiffes, fix mille Grifons, & fix mille Lanfquenets, dont eftoit Capitaine

(a) Si ce Seigneur d'Echenais eft Guillaume Dinteville, que nous avons vu compris dans la difgrace de fes frères, à caufe de la mort de Dauphin François, il falloit qu'il eût obtenu fon pardon. Son frère, le Seigneur de Vanlay , à la fuite de cette difgrace qui avoit contraint les trois frères de s'expatrier , éprouva en 1539 une mortification bien cruelle. Il fut fommé de comparoître à Paris pour fe battre en duel contre Jean Du Pleffis, furnommé *Savoniere* , ou *la Perrine* : n'ayant pas ofé s'y rendre, François I ordonna que fes armes feroient traînées dans les rues de Paris par le Bourreau, puis après rompues & brifées. (Le détail de cet événement fe trouve dans Ribier, Tome I, p. 300, &c.)

General le Duc de Nevers, & les douze mille
François & Italiens qu'il avoit tiré de Piémont, & gros nombre tant de legionnaires
que d'autres foldats : tellement que l'armée
qu'il affembloit, eftoit de quarante mille
hommes de pied de diverfes nations, & environ deux mille hommes d'armes, & deux
mille chevaux-legers, de laquelle il donna
la charge à M. le Dauphin, ayant avecques
luy le Duc d'Orleans, fon frere, & à M. l'Admiral d'Annebault la principalle conduite,
pour l'adminiftration du confeil defdits Princes. En attendant que fes forces fuffent affemblées pour faire tefte & arrefter l'ennemy,
il envoya le Comte de Sanxerre, pour eftre
fon Lieutenant-General dedans Sainct-Difier,
place qui eftoit mal flanquée & mal rempa-
rée, & indigne d'attendre un camp Imperial; toutesfois il entreprint d'y faire le devoir qu'il y feit, avecques la compagnie de
M. d'Orleans de cent hommes d'armes, dont
ledit Comte de Sanxerre (a) eftoit Lieutenant
& autres, le Capitaine la Lande, & le Vicomte de la Riviere, ayans chacun mille
hommes de pied.

Pendant ce temps l'Empereur faifoit diligence d'approcher le Chafteau de Ligny pour

______
(a) Louis de Beuil, Comte de Sancerre.

y faire breche ; mais parce que les aſſiegez ne ſe pouvoient tenir à leurs deffenſes , d'autant que ledit chaſteau eſt commandé de deux ou trois montagnes, la breche faite, les aſſiegez furent conſeillez de parlementer ; & durant leur parlement les ennemis entrerent dedans par la porte *du ſecours*, & prindrent par derriere ceux qui eſtoient ſur la breche pour attendre l'aſſaut, & les firent priſonniers ſans faire grand meurdre. Je ne ſçay qui en fut le moyen, ſinon que Bretheville , Lieutenant du Comte de Brienne, ſortit le premier pour parlementer. Les Chefs s'en deſchargerent l'un ſur l'autre ; mais la pluſpart ne s'en ſçauroit bien laver : vray eſt que la place n'eſtoit pour endurer l'effort d'un Empereur eſtant en perſonne : auſſi n'eſtoient-ils menez à telle extremité, qu'elle ne meritaſt une honneſte compoſition : des principaux de la compagnie avoient aſſeuré le Roy qu'elle eſtoit gardable, & luy avoient promis de la garder ; *mais, à vray dire, je penſe que ces prometteurs ſe perſuadoient que l'Empereur prendroit autre chemin, & vouloient avoir l'honneur de l'avoir entrepris : pluſieurs en ſont ainſi deceus, ſe fians à leurs advertiſſemens qui ne ſont certains ; j'en ay veu pluſieurs experienres.* Le Roy ayant entendu la prinſe dudit

Ligny ſi ſoudaine, envoya incontinent dedans
Challons - en - Champagne M. de Nevers,
avecques quatre cens hommes d'armes, &
cinq ou ſix mille hommes de pied. Puis ayant
entendu que l'Empereur s'eſtoit attaqué à
S. Diſier, manda à Mgr le Dauphin de s'en
aller camper ſur la riviere de Marne, en tel
lieu qu'il put empeſcher l'ennemy de marcher plus avant dans le pays : ſuivant lequel
mandement Mgr le Dauphin envoya viſiter
les lieux plus commodes, & fut conclu par
l'advis des Capitaines de ſe loger à Jallon,
qui eſt environ my-chemin d'Eſpernay & de
Challons, deçà l'eau, auquel lieu le vindrent trouver les bandes venans de Piemont,
tant Françoiſes qu'Italiennes bien armées, &
en bon équippage, & bien deliberées de
combattre, leſquelles M. d'Anguien avoit
envoyées, ſuivant le mandement du Roy.

N'agueres je vous ay dit comme le Seigneur Pierre Stroſſe fut deffait : ſi eſt-ce que
ſa perſonne s'eſtant ſauvée, il retourna à la
Mirandole, auquel lieu luy & le Duc de
Somme qui avoit eſté priſonnier en icelle
defaite, mais avoit eſté relaſché par le Prince
de Salerne, ſon parent, qui craignoit que
s'il tomboit entre les mains de l'Empereur,
il fut mal traité, firent nouvel amas de ſix

mille hommes de pied, & delibererent de
paſſer par le Duché de Milan, en deſpit des
Imperiaux, pour ſe venir joindre à M. d'Anguien, lequel eſtoit deſpourveu de force; car
outre les douze mille hommes tant François
qu'Italiens, leſquels on luy avoit levez, tous
les Suiſſes, horſmis deux mille, avoient eſté
licentiez, ayans obligation d'eſtre payez en
leurs pays. Le Marquis du Guaſt eſtant adverty
de ceſte nouvelle aſſemblée, amaſſa le plus
d'hommes qu'il luy fuſt poſſible, tant de cheval que de pied, pour empeſcher ledit paſſage; de ſorte que le Seigneur Pierre fut
contraint, parce qu'il n'avoit aucune cavalerie, d'abandonner la plaine, & de venir
du Parmezan paſſer par les montagnes des
Genevois (a), où il endura beaucoup de
peines & de travaux : mais ayant nouvelles
que le Marquis l'attendoit à la deſcente des
montagnes, il envoya par eſpions advertir
M. d'Anguien de ſon paſſage, & du chemin
qu'il entreprenoit de faire, leſquels le trouverent à Turin, où il s'eſtoit retiré, parce
qu'il n'avoit gens que pour la garde de ſes
places. Au meſme inſtant le Seigneur d'Anguien eut pareillement advis par le Seigneur
de Cental, Gouverneur de Quieras, comme

(a) Par les montagnes de Génes.

le Marquis pour eſtre plus fort à combattre ledit Seigneur Pierre, avoit tiré des garniſons de toutes ſes places, y laiſſant ſeulement gens pour la garde de la porte, meſme qu'il n'eſtoit demeuré dedans Albe que le Seigneur Chiapin, Mantuan, Gouverneur du lieu, avecques environ cent ou ſix-vingts hommes.

Ayant eu ces nouvelles M. d'Anguien, encore qu'il fut foible d'hommes, & qu'il n'euſt un eſcu, meſme qu'il fuſt deu aux Suiſſes qui luy reſtoient, leur payement de quatre mois, ſe prepara toutesfois à deux entrepriſes tout enſemble, c'eſt à ſçavoir de ſurprendre Albe, & de ſecourir le Seigneur Pierre Stroſſé. Il depeſcha le Seigneur de Montaſié (a) pour aller à un petit chaſteau nommé le Chaſtelet, lequel il tenoit au-delà d'Albe, tirant le chemin de Savonne & du pays de Langues, & trouver moyen d'avertir ledit Seigneur Pierre qu'il eut à prendre le chemin dudit Chaſtelet, & puis de-là à Albe, qui eſtoit chemin que l'ennemy n'eſtimeroit jamais qu'il deut prendre, & qu'au-

(a) L'Abbé Lambert l'appelle le *Baron de Montaſié* : nous préſumons que ce Montaſié étoit un Officier Italien, nommé *il Cap. Averardo di Monteſalco*, dans les Mémoires hiſtoriques & critiques de la République de Sienne, imprimés à Sienne en 1760.

dit lieu

dit lieu d'Albe il trouveroit le Seigneur d'Anguien avecques toutes les forces, tant de cheval que de pied, qu'il pourroit mener pour le recueillir. Ce fait, il alla au giſte à Carmagnole, pour faire marcher les Suiſſes qui y eſtoient ; ce qu'ils refuſerent par faute de payement, remonſtrans qu'*il n'y avoit moyen de mener les compagnons ſans argent, veu le long temps qu'il y avoit qu'ils eſtoient abuſez*. Mais enfin leur fut promis de leur donner vivres ſans payement, juſques à ce qu'ils fuſſent de retour à Carmagnole, qui eſtoit tout ce que mondit Seigneur d'Anguien pouvoit offrir, pour n'avoir un ſeul eſcu en tout ſon camp, joinct les perſuaſions qu'il leur feit, de l'accroiſſement de l'honneur qu'ils auroient de faire teſte, avecques la petite trouppe qu'ils eſtoient, à un Lieutenant d'Empereur, après meſme avoir vaincu en bataille les Lanſquenets, qui eſtoient deux contre un, les aſſeurant pareillement que la cavalerie Françoiſe mourroit pluſtoſt que de les abandonner. Les Suiſſes fléchis par les remonſtrances de M. d'Anguien, accorderent de marcher ; nous allaſmes coucher à Sommerive, le lendemain à Quieras, auquel lieu les Suiſſes firent difficulté de marcher outre, s'il ne leur eſtoit preſté cinq cens eſcus

pour enseigne, ce qui leur fut accordé ; pour
les trouver, le Seigneur de Cental emprunta
quinze cens escus sur les bagues de sa sœur ,
femme du Seigneur de Montasié : le Capitaine
Fausperg , de Suisse, en presta mille , & outre
bailla cinq cens escus à sa bande, aussi le
Capitaine Fourly feit pour la sienne, somme
ne restoit que pour l'enseigne de Sainct-Julian qui estoit Colonel. Parquoy fut conclu
de partir avant le jour pour marcher à Albe ;
mais à minuict Sainct-Julian vint à mon logis ,
pour que j'advertisse M. d'Anguien que les
compagnons estoient mutinez , & qu'ils n'estoient deliberez de marcher. Mais après que
je me fus bien enquis, je trouvay que luy-
mesme les avoit mutinez , & n'y eut ordre
si soudain d'y pourveoir : parquoy M. d'Anguien ayant nouvelles que le Sgr Pierre (a)
seroit à midy à Albe, craignant que le re-
tardement n'amenast secours à ceux d'Albe ,
s'estant mis en chemin , les Suisses eurent
vergongne de demourer , parquoy en despit
de leur Colonel ils marcherent après nous ,
& arriverent devant la ville, environ jour
couché, que nous commencions à faire ap-
proche.

En nostre armée il y avoit la compagnie

(a) Pierre Strozzy.

de cinquante hommes d'armes de M. d'Anguien, les chevaux-legers du Seigneur d'Auſſun, ceux de Franciſque Bernardin, & environ cent chevaux du Seigneur Maure de Novare, & n'y avoit que quatre canons mal équippez, dont le Seigneur de Beyne en avoit preſté deux, car nous n'avions moyen d'en amener de plus loing : ſemblablement nous n'avions un ſeul pionnier par faute d'argent, & ſi ledit Sieur de Beyne n'eut fait conduire à ſes deſpens leſdits canons, nous n'euſſions eu moyen de les mener, tant nous eſtions deſnuez d'argent, & moy - meſme avoy jà emprunté trente mille eſcus à Turin, leſquels avoient eſté employez pour arreſter nos Suiſſes durant le ſiege de Carignan. Dès le ſoir meſme nous achevaſmes nos approches de ſi peu d'artillerie que nous avions, de ſorte qu'à ſoleil levé ſe commença la batterie du coſté de la porte, qui eſt devers la montagne de delà l'eau, où fut fait un trou par-aventure de dix pieds de long. Mais le Seigneur Chiapin voyant de tous coſtez de la ville les gens du Seigneur Pierre & du Duc de Somme faire mine de vouloir donner eſcalade, & les autres ſe preparer pour donner l'aſſaut à la petite breche, laquelle ne ſe pouvoit faire guères plus grande, à cauſe que deux de nos canons eſtoient demourez, s'eſtonna; de ſorte qu'il rendit la place, s'en allant ſeulement luy & les ſoldats ſans rien emporter où bon leur ſembleroit. Il faut entendre qué les ſoldats du Seigneur Pierre n'avoient ſouliers en pied (a), pour les avoir uſez parmy les montagnes.

Le Marquis du Guaſt ayant eſté adverty de noſtre arrivée à Albe, eſtoit venu avecques ſon armée en toute diligence pour ſecourir la ville, de ſorte que les coureurs Imperiaux, à l'heure que ceux qui eſtoient ordonnez pour prendre poſſeſſion de la ville entroient dedans, donnerent ſur noſtre guet de cheval; mais ayans eu cognoiſſance de la perte de la ville, ils s'en retournerent plus legerement qu'ils n'eſtoient venus, horſmis quelques-uns, qui furent prins par le Seigneur d'Auſſun : cela fut cauſe que le Marquis ne marcha plus avant, eſtant fruſtré de ſon eſperance. Parquoy le Seigneur d'Anguien demoura poſſeſſeur de la ville, dedans laquelle il meit pour Chef le Seigneur Cornelle Bentivolle, avecques deux mille Italiens; puis il ſe retira à Carmagnole, après avoir mis en ſon obeïſſance la plus grande

(a) Aux pieds.

partie des chasteaux du pays des Langues (a).
Quelque peu de temps après le Marquis du
Guast feit praticquer par le Gouverneur
d'Alexandrie une suspension d'armes, jusques
à ce qu'ils eussent envoyé devers le Roy &
l'Empereur, pour sçavoir si Leurs Majestez
auroient agreable de conclure une trefve;
ce qu'ils accorderent, après avoir eu le
consentement des deux Majestez pour trois
mois.

Revenons en Champagne. L'Empereur
ayant entre ses mains le chasteau de Ligny,
y laissa garnison, d'autant que c'estoit le
chemin des vivres qui luy venoient de Metz
& de Lorraine, pour tirer à Sainct-Disier,
où il tendoit aller; & ayant mis ordre à la
seureté de la conduite d'iceux vivres, il
dressa son chemin audit Sainct-Disier, cinq
lieuës au-deçà de Ligny, sur la riviere de
Marne, & y arriva environ le huictiesme jour
de Juillet 1544. Le Comte de Sanxerre le
sentant approcher, envoya au-dessus de la

(a) Ce district est en partie dans le Piémont propre,
& en partie dans le Montferrat Savoyard, entre les ri-
vières de Sture & de Tenaro d'un côté, & de Belbo de
l'autre. On le distingue en *hautes Langues*, dont Albe
est la Capitale, & en *basses Langues*, qui sont vers le
Nord entre Albe & Ast.

L 3

ville, tirant aux forefts, rompre quelques eftangs qui empefcherent que de ce cofté, pour quelque temps, l'Empereur ne put approcher; ce qui fut caufe qu'il tourna fon fiege ailleurs pour faire fa batterie. Auffi le Comte de Sanxerre jetta dehors le Seigneur de Teligny, guidon de fa compagnie, avecques vingt-cinq chevaux pour entendre des nouvelles, lefquels ramenerent dix ou douze prifonniers, qui luy donnerent advertiffement de l'ennemy, lequel incontinent qu'il fut arrivé devant Sainct-Difier, feit diligenter en toute extremité les approches du cofté d'entre les moulins & la porte qui fouloit (a) tirer droit à Parthe & à Vitry. Cependant Mgr le Dauphin depefcha le Seigneur de Briffac, General de la Cavalerie legere, & environ deux mille hommes de pied, tant François qu'Italiens, pour fe loger à Vitry en Partois (b), cinq lieuës près de Sainct-Difier, my-chemin dudit lieu & de Challons, afin de tousjours donner empefchement à l'Empereur & à fes vivres, & auffi pour le tenir en crainte de donner affaut. Or eft ledit lieu de Vitry une petite Ville mal fermée, & un petit Chaftelet, qui eft fur une pointe de monta-

(a) Qui conduifoit.
(b) Vitry en Perthois.

gne ; & paſſe par le milleu d'icelle ville une riviere venant de Ligny à Bar-le-Duc, puis ſe decharge au deſſous de Vitry en la riviere de Marne.

L'Empereur voyant ordinairement ſon camp fort travaillé de noſtre Cavalerie legere à Vitry, laquelle de jour en autre deſtrouſſoit ſes fourageurs, dont advenoit grande neceſſité de vivres en ſon camp , delibera de les en deſloger ; & pour cet effect depeſcha Dom Franciſque d'Eſt, frere du Duc de Ferrare, General de ſa Cavalerie legere avecques toute ſa troupe, & le Duc Maurice de Saxe avecques douze cens chevaux Allemands, & le Comte Guillaume de Fuſtemberg avecques huict ou dix mille Lanſquenets , & de l'artillerie pour ſuivre ladite Cavalerie. Et eſtoit leur entrepriſe , que la Cavalerie paſſeroit la riviere de Vitry à un village nommé Changy à une lieuë Françoiſe au deſſous dudit Vitry pour ſe trouver ſur le chemin de Challons, à ce que , ſi les François ſe vouloient retirer vers Challons, ils les peuſſent rencontrer en teſte ; & s'ils ſe retiroient audit lieu de Vitry, le Comte Guillaume venoit avecques l'artillerie pour les forcer. Mais le jour les ſurprint avant qu'ils fuſſent à Changy , où ils trouverent

vingt chevaux du guet de la Compagnie du
Seigneur de Langey , laquelle estoit conduitte par le Seigneur de Marville-Cathelin-
Raillart , son Lieutenant , à cause que ledit
Seigneur de Langey estoit en Piemont. Marville ayant decouvert les coureurs des ennemys , qui vouloient reconnoistre le passage ,
se ferma (a) au bout du pont ; aussi firent
les ennemys attendans leur grosse trouppe :
cependant Marville advertit la Motte-Gon-
drin , Capitaine des chevaux-legers , lequel
estant arrivé passa l'eau pour combattre les
coureurs des ennemys ; mais il fut chargé
de telle furie qu'il fut renversé, & luy fort
blessé & repoussé jusques où estoit la Compagnie du Seigneur de Langey , laquelle
voyant sur ses bras cinq ou six Cornettes
de chevaux - legers , commença , tousjours
en combattant , à faire sa retraitte vers Vitry , non sans qu'il en demourast dix ou
douze prisonniers & plusieurs blessez ; les
Albanois, qui estoient logez près ladite Compagnie , oyans l'alarme , se retirerent vers
Challons tous esbandez (b). Estans lesdits
chevaux-legers rassemblez près de Vitry , ils
trouverent la bande du sieur de la Hunaudaye conduitte par Michel-Ange , son Lieu-

(a) Se posta.　　　　(b) En désordre.

tenant, qui leur feit efpaule, & fe retirerent
enfemble tousjours combattans jufques à Vitry, auquel lieu eftans arrivez, ils trouverent le Seigneur de Briffac avecques quelques Arcquebuziers de la bande de Saint-
Petre-Corfe (a) dedans des vignes, lefquels
fouftindrent à coups d'arcquebuze l'ennemy ;
ce qui leur vint bien à propos, autrement ils
euffent efté defaits. Briffac voyant la force
n'eftre fienne, delibera fa retraitte, & print
le chemin de la riviere de Marne pour fe
retirer à Challons ou à mi-chemin. M. de
Nevers avoit envoyé trois ou quatre cens
hommes d'armes, qu'il avoit jetté hors de la
ville pour foutenir nos gens ; mais ils ne les
rencontrerent, d'autant qu'ils avoient prins
le chemin de la Chauffée : parquoy le Seigneur de Briffac ayant paffé la riviere avecques fi peu de chevaux-legers qui luy eftoient
reftez, meit la moitié de ce qu'il avoit fur la
main dextre, & luy fur la gauche, & envoya
quelque nombre de Piquiers & d'Arcquebuziers au paffage de la riviere pour fouftenir.
Mais foudain l'ennemy esbanda fept ou huiɛt
cens Piftoliers & autant de Chevaux-legers,
& bon nombre d'Acquebuziers à cheval, lefquels contraignirent Sanfac, qui eftoit de-

(a) San-Pietro.

mouré sur la queuë, de donner dedans le
village, où estoit le passage ; ce qui porta
grand ennuy à nos gens de pied, car l'ennemy les trouva en desordre, rompus par
nos gens mesmes, & les tailla en pieces, hors
une partie, qui se retirerent en une Eglise,
lesquels ne se voulans rendre, arrivé que fut
le Comte Guillaume, après leur avoir
présenté le canon & fait battre l'Eglise,
y feit mettre le feu, & furent tous bruslez
là dedans. Cependant le Seigneur de Brissac faisoit sa retraitte, toujours tournant
sur son ennemy quand l'occasion se presentoit, de sorte qu'il fut deux fois prins
& deux fois recoux (a), si que sa vertu &
conduitte vainquit la force ; car en combattant obstinement il se retira près de Challons. Les Imperiaux se logerent la nuict à
Vitry ; puis laissans le Comte Guillaume, tant
dedans la Ville qu'au Chasteau, pour favoriser leurs fourrageurs, ils se retirerent en
leur camp devant Saint-Disier, auquel lieu
l'Empereur continuoit son siege, & cherchoit tous les moyens possibles pour endommager les assiegez.

Le Comte de Sanxerre, lequel estoit de-

(a) Qu'il fut pris deux fois, & deux fois repris par
ses gens.

dans, advifoit diligemment à fe conferver, & departit les quartiers, afin que chacun fceuft où il devoit combattre. Au Vicomte de la Riviere, il bailla la garde du boulle-vert *de la Victoire*, qui eft à la porte qui tire à Parthe, avecques l'une de fes Enfei-gnes : & à fon autre Enfeigne la garde depuis ledit boullevert jufques à la plateforme, qui tire vers S. Menehoult ; & depuis ladite pla-teforme jufques au chafteau, il ordonna un autre Enfeigne; & dedans ledit chafteau le Capitaine Neufvillette, nommé André d'Au-bourg, l'un des Lieutenans du Capitaine la Lande, de l'une de fes Enfeignes : auffi depuis ledit chafteau jufques au boullevert, où eftoit le Vicomte de la Riviere, furent ordonnez deux cens hommes de pied eftans foubs la charge du Seigneur de Dourriers, lequel avoit efté prins dans Ligny. En cha-cun defdits quartiers fut ordonné dix hom-mes d'armes, & puis pour la garde de la place, & fecourir où il feroit befoin, vingt hommes d'armes, & cinq cens hommes du Capitaine Ricarville, defquels il avoit la charge foubs le Capitaine la Lande. L'Em-pereur, eftant logé près de la Juftice, fift approcher fes Efpagnols, entre la ville & la riviere en un fonds, auquel ils ne pou-

voient estre offensez de l'artillerie de dedans:
lesquels après avoir fait leurs tranchées droit
à la pointe du boullevert *de la Victoire*, mirent deux bandes d'artillerie en batterie,
l'une qui battoit depuis ledit boullevert jusques à la porte qui descend aux moulins, &
l'autre du costé de Parthe, laquelle battoit
en flanc : mais le Comte de Sanxerre, voyant
la diligence qu'ils faisoient, feit venir les
vingt hommes d'armes, & l'Enseigne de Ricarville, qui estoient à la place, pour remparer au lieu de la batterie que les ennemis
faisoient.

Pareillement voyant l'Empereur que nos
gens faisoient ordinairement des saillies par
devers le chasteau, il envoya le Prince d'Aurenge, avecques dix huict Enseignes d'Allemans, & six grandes coulevrines, pour de
costé, battre dedans la ville, & empescher
lesdites saillies, lequel se logea à la Forge vis
à vis du chasteau près du pont, qui est sur la
riviere de Marne. Estant arrivé à ladite Forge,
il trouva moyen de divertir les eaux hors
du fossé de la ville, dont il meit les assiegez
en necessité d'eau ; car ils n'avoient plus que
trois puits, qui mal-aisément pouvoient fournir aux gens de guerre. L'Empereur faisoit
continuer sa batterie : mais estant le Capitaine

la Lande travaillé d'avoir remparé tout le jour, & s'estant retiré dedans son logis pour se rafreschir, un coup de canon passant par la breche & tout à travers la ville, luy emporta la teste, ce qui fut grand dommage, car il estoit vaillant homme, & beaucoup experimenté, dequoy le Comte de Sanxerre adverty, fist ce jour celer sa mort, craignant estonner ses soldats. Ce jour mesme le Prince d'Aurenge, estant party de la Forge où il estoit campé, & estant ès tranchées pour aller visiter l'Empereur, un coup de coulevrine, venant de la ville, donna sur le haut d'icelles tranchées, où il y avoit force pierres, dont les esclats frapperent ledit Prince d'Aurenge (18), de sorte qu'il en mourut, au grand regret de l'Empereur & des Imperiaux.

Deux jours après, l'Empereur voyant que la breche estoit raisonnable, delibera de faire donner l'assaut, & pour cest effect, sur les neuf heures du matin, fist preparer son armée. Les Espagnols craignans que les Allemans voulussent avoir l'honneur d'assaillir les premiers, soudain sans autre commandement, dix huict Enseignes des leurs, donnerent droit à la breche, auquel lieu ils combattirent main à main contre les assiegez une grande heure. L'Empereur sçachant les Es-

pagnols eftre à l'affault, fift hafter de marcher neuf ou dix mille Allemans pour les
fouftenir; toutesfois nos gens à force de bien
combattre, repousserent les Efpagnols du
haut de la breche en bas : puis après l'Empereur envoya fept ou huict cens hommes tous
ayans cafaques de velous, & la bourgui-
gnote (a) en tefte, lefquels furent fouftenus
comme les premiers, & renverfez dedans
les foffez. Derechef il fift renouveller l'affault
de huict Enfeignes d'Allemans, avecques
force petits barils de poudre, lances, & autre artifice de feu, lefquels firent fi bien leur
proffit, qu'ils laifferent dedans le foffé tous
lefdits artifices, avecques fept ou huict cens
hommes de morts, qu'ils perdirent aux trois
affauts. L'Empereur confiderant la vertu des
affiegez, mefme qu'il avoit perdu grand nombre d'hommes & des plus experimentez, fift
retirer chacun en fon lieu. Telle fut la fin
dudit affaut, lequel avoit duré depuis les
neuf heures du matin, jufques à quatre heures après midy. Le Comte de Sanxerre, y eut
fon efpée qu'il tenoit au poing emportée d'un

(a) Efpèce de cafque, ainfi nommé, parce que les
Bourguignons s'en font probablement fervis les premiers. (Dictionn. Etymolog. de la Langue Françoife,
nouvelle édition.)

coup de canon , fans luy faire autre mal finon quelque bleſſure au viſage de quelques
petits eſclats ; mais il perdit à la breche trente
ou quarante , tant hommes d'armes qu'archers , & deux cens hommes de pied. Peu de
jours après ceſt aſſaut , l'Empereur envoya un
Trompette , pour ſonder la volonté des aſſiegez , eſtimant qu'eux après avoir fait leur
devoir ſe contenteroient d'une compoſition
honorable : mais les aſſiegez ne voulurent jamais eſcouter ledit Trompette , à ce qu'il ne
peuſt donner eſtonnement aux ſoldats , &
leur faire changer la bonne opinion en laquelle ils eſtoient de faire leur devoir.

Le Comte de Sanxerre , après avoir aſſis
ſon guet , aſſembla tous les Capitaines , ſpecialement Hieronyme Marin , Boulonois , fortificateur , pour deliberer ce qu'ils avoient
à faire. Finablemement il fut conclu que la
nuiĉt ledit Hieronyme , & le Capitaine Ricarville , accompagnés de vingt de ſes ſoldats ,
deſcendroient dedans le foſſé , pour eſcarper
la breche : ce qu'ils firent , & rapporterent
quant & eux grand nombre de poudres que
les Allemands y avoient laiſſées , qui ſervi-
rent bien à nos arcquebuziers ; car ils commençoient d'en avoir faute : pareillement fut
faite telle diligence de remparer la breche ,

qu'elle eftoit au matin plus forte que devant.
Quoy voyant l'Empereur, fift ceffer la batterie, pour tenter la fappe, & fift en diligence
commencer des trenchées pour aller droit au
boullevert *de la Victoire*, & auffi du cofté
de la breche commença une plate-forme de
dix huict gabions de front, fur lefquels quand
ils eftoient emplis, on en dreffoit d'autres jufques à tant que la hauteur fuft convenable.
Ceux qui befognoient pour venir fapper le
boullevert, eftans leurs tranchées desja près
dudit boullevert, trouverent une groffe fource
de fontaine qui les empefchoit de paffer outre:
mais les affiegez voyans jetter l'eau hors de
ladite tranchée, foupçonnerent que les ennemis vouloient miner ou fapper, & pour
en fçavoir la verité, ils mirent la nuict dehors un Gentil-homme, nommé le Capitaine
Linieres, Normand, avecques quelques hommes, lequel fift fi bien fon devoir, qu'il fift
abandonner aux Efpagnols la garde defdites
tranchées, & les vifita de bout en bout, &
ramena quelques pionniers dedans la ville
pour dire des nouvelles: le refte fut taillé en
pieces.

D'autant que le fiege eftoit devant Sainct-
Difier, M. d'Aumalle, fils aifné du Duc de
Guyfe, eftoit dedans Stenay, avecques cent
cinquante

quante hommes d'armes, & quelque nombre
de gens de pied, lequel, outre ce qu'il avoit
deliberé de la garder ſi l'Empereur la venoit aſ-
faillir, portoit grand dommage au camp Imperial ; car ordinairement il eſtoit à cheval, &
rompoit les vivres à l'ennemy, principalement
ceux qui luy venoient de Bar-le-Duc, de ſorte
que ſes detrouſſes veritablement apportoient
grande faſcherie à l'Empereur.

Environ dix-huict jours après ledit aſſaut,
un tabourin François eſtant allé au camp Imperial pour quelques priſonniers, apporta
au Comte de Sanxerre des lettres en chiffre,
leſquelles luy avoient eſté baillées en ſecret
par un homme interpoſé, & à luy incogneu,
qui diſoit avoir charge de M. de Guyſe, de
les faire tenir ſecrettement audit Comte :
lequel les ayant receuës & fait dechiffrer,
feit aſſembler les Capitaines, pour en oüir la
ſubſtance : C'eſtoit que M. de Guiſe eſcrivoit
que le Roy ſçachant l'extremité des vivres & de
poudres en laquelle ils entroient, leur mandoit de trouver moyen de faire compoſition
ſi honnorable, que les hommes fuſſent ſau-
vez, parce qu'il n'y avoit ordre de les pouvoir ſecourir. Or avoit le Seigneur de Granvelle, feit ſurprendre un pacquet (a), dedans

____

(a) Si l'on s'en rapporte à Beaucaire, la Ducheſſe

lequel fut trouvé l'alphabet du chiffre que le Sgr de Guyſe employoit avecques le Comte de Sanxerre, ſur lequel il avoit contrefait ladite lettre au nom dudit Seigneur de Guyſe. Le Comte, & les autres Capitaines n'ayans cognoiſſance de ceſte falſité (a), furent en diverſes opinions ; mais enfin ayans reſpect au grand travail que les ſoldats avoient porté, pour avoir eſté aſſiegez l'eſpace de ſix ſepmaines, & que les vivres & munitions leur commençoient à deffaillir, de ſorte que malaiſément euſſent ils eu poudres pour ſouſtenir encore un aſſaut, conclurent de tenter la volonté de l'Empereur ; ils envoyerent un Trompette au camp Imperial, afin d'obtenir ſaufconduit pour envoyer un Gentil-homme devers l'Empereur, ce qui leur fut accordé. Puis après par l'advis des Capitaines, fut ordonné pour y aller, Jacques de la Chaſteigneray, Seigneur de la Chenuaire, Lieutenant dudit Comte de Sanxerre ; Chenuaire, cognoiſſant les capitulations que l'Empereur vouloit faire, trop rigoureuſes, ſe retira ſans rien conclure : mais enfin après avoir eſté par trois fois aſſemblez pour ladite capitulation,

d'Etampes envoya le chiffre du Seigneur de Guiſe à l'Empereur ; & ce fut par le Comte de Longueval qu'elle le lui fit remettre.   (a) De cette ruſe.

fut accordé douze jours de trefve, & qu'il leur feroit baillé faufconduit pour envoyer devers le Roy, fçavoir fi dedans ledit temps il les envoiroit fecourir, ou fi la capitulation luy feroit agreable; & au cas que non, ils demoureroient en leur entier : auffi où il l'auroit agreable, & que dedans le temps ils ne fuffent fecourus, lefdits affiegez rendroient la ville entre les mains de l'Empereur, & s'en iroient, à fçavoir la cavalerie avecques leurs armes & chevaux, enfeignes defployées & armet en tefte : les gens de pied avecque leurs armes, marchans en bataille, enfeignes defployées, & tabourin fonnant, & qu'ils ameneroient leurs bagues, & quatre pieces d'artillerie, au choix des affiegez avecques leur equippage.

L'occafion de cefte capitulation veritablement tant avantageufe & honorable pour les affiegez (lefquels avoient arrefté l'un des plus grands Empereurs qui ait efté depuis Charlemagne, avecques toutes les forces de l'Empire Occidental, devant une place non fortifiée, laquelle n'avoit jamais eu reputation que d'une ville champeftre) provenoit de ce que l'Empereur vouloit ofter au Roy d'Angleterre, les moyens de fe plaindre, à caufe qu'il eftoit campé devant Boulongne & Montreul, s'excufant de ce qu'il ne paffoit outre, fur ce qu'il eftoit dit par leur traitté, que l'Empereur & luy marcheroient fans s'arrefter ailleurs, pour affembler leurs forces près de Paris, & contraindre le Roy de les combattre à fon defavantage, finon (a) qu'il permift ruiner fes pays & fubjects, à fa veue; car l'Empereur cognoiffoit bien la neceffité defdits affiegez, & le peu d'apparence de leur fecours, & mefme que dedans quinze jours au plus tard, il les auroit par famine : mais auffi confideroit il combien luy eftoit mal-aifé luy feul, & ores qu'il euft efté accompagné de l'Anglois, felon leur deffeing, de deftruire ce Royaume, non comprins qu'il avoit en barbe l'armée gaillarde, difpoft, & bien deliberée de Mgr le Dauphin, lequel après luy avoir laiffé confommer la fienne, le tiendroit la corde au col, dont luy adviendroit plus de perte & de honte plus reprochable, que celle tant infigne qu'il avoit receuë en Provence. Parquoy voulant l'Empereur faire cognoiftre qu'il ne tiendroit à luy, que le traitté qu'il avoit avecques le Roy d'Angleterre ne fut accomply, accepta cefte capitulation (b), efperant attirer le Roy d'An-

(a) Sinon qu'il laiffât.

(b) Charles-Quint confidérant que la faifon s'avan-

gleterre, & se renforcer de son armée, pour ensemblement tenter l'execution de leur entreprise. Or par incident je vous diray, qu'au commencement de ceste entreprise, le plus grand nombre du Conseil du Roy d'Angleterre, estoit d'advis qu'il devoit faire sa descente en Normandie (comme avoient fait ses predecesseurs) & qu'estant son armée de trente mille hommes, faisant sa descente en trois divers lieux, & en chacun lieu dix mille hommes, & ayant deliberé, & trouvant le pays despourveu de gens de guerre, pendant que le Roy & toutes ses forces seroit amusé contre une si grande armée qu'estoit celle de l'Empereur, & contre l'armée que conduisoit M. de Reux, & le Comte de Bures, pour faire descente en Picardie, il se pourroit investir du Duché de Normandie, l'estimant l'ancien heritage d'Angleterre. Mais Dieu qui a tousjours voulu conserver ce Royaume, le fist

çoit, & que son projet d'envahir la France s'exécuteroit difficilement, chercha un prétexte pour se séparer de son allié le Roi d'Angleterre. Il le fit sommer de le joindre devant Paris avec son armée. Henry répondit qu'il n'abandonneroit point le siège de Boulogne, & qu'il suivroit à cet égard l'exemple que l'Empereur lui avoit donné en s'acharnant à la prise de plusieurs Villes. (Hist. de la Maison de Tudor, par Hume.)

M 3

changer d'opinion, il entreprint de conquerir Boulongne, & Montreul, ce qui a esté la ruine par après du Royaume d'Angleterre, ainsi que l'on pourra cognoistre par ceux qui escriront des choses advenues du regne du Roy Henry à present regnant.

Le Roy ayant entendu le traitté des assiegez, lequel estoit mis sur sa discretion, le tint pour agreable : tellemeut qu'ils mirent ès mains de l'Empereur ladite ville de S. Disier, & en sortirent en l'ordre & selon qu'ils avoient capitulé. Parce qu'il prevoioit que ledit Empereur prendroit son chemin le long de la riviere de Marne, il manda à Mgr. le Dauphin, de renforcer M. de Nevers, qui estoit dedans Challons, tant d'hommes, que de vivres & autres munitions, parce qu'elle estoit peu fortifiée, & qu'il estoit besoing de la garder par force & vertu des hommes; au reste qu'il se fortifiast le long de ladite riviere, & donnast telle provision à ses affaires, que si l'ennemy entreprenoit de la passer il peust le combattre à son avantage à demy passé, luy deffendant de hazarder autrement la bataille, pour l'importance que c'estoit, s'il l'eust perdeuë au milieu de son Royaume, ayant à son dos un tel ennemy que le Roy d'Angleterre. La chose fut diligemment obfervée par Mgr. le Dauphin : vray eft qu'il euft bien defiré avoir en fa compagnie le Conneftable de Montmorency, qui eftoit retiré en fa maifon, pour ufer de fon Confeil ; à ceft effect il envoya devers le Roy, lequel trouva fort mauvaife la requefte de fon fils, pour la hayne qu'il portoit au Conneftable ; il en voulut grand mal aux Capitaines qui eftoient près de fon fils. Pendant que le Roy d'Angleterre, tenoit le fiege devant Boulogne & Montreul, ordinairement fe firent de belles entreprifes, & entre autres Mgr. le Duc de Vendofme, adverty que de Sainct-Omer & Aire devoit partir un avitaillement pour amener audit fiege de devant Montreul, il delibera de le deftrouffer, paffant par le Boulenois. Eftant party pour ceft effect, il eut advertiffement par les chemins, que l'ennemy avoit à la conduitte dudit avitaillement huict cens chevaux, & douze cens Lanfquenets, lefquels menoient quant & eux quatre coulevrines moyennes pour fe fortifier, fi par les chemins ils eftoient affaillis. Le Seigneur de Vendofme, après avoir efté trois grandes lieuës au trot, ayant l'homme d'armes l'armet en tefte, & la lance fur la cuiffe, envoya le Sieur de Villebon avecques

M 4

sa compagnie, le Sieur d'Estrée & d'Esguilly, pour attaquer les ennemis & les amuser pendant qu'il arriveroit : il mena avecques luy sa compagnie de cent hommes d'armes, le Sieur de la Chastegneray, avecques cinquante de M. le Dauphin, & le Sieur de Senerpont avecques pareille charge. Lesquels arrivans près des ennemis les chargerent, de sorte qu'ils furent rompus & mis à vau de routte, & sans les morts, furent menez dedans Teroüenne huict cens prisonniers, & deux coulevrines moyennes. Les autres deux demourerent, à cause du roüage qui estoit rompu, & y furent gaignez quatre Enseignes de gens de pied Allemans. Ledit Sieur avoit laissé sur sa queuë la compagnie de M. de Crequi, & celle de M. de Heilly de cent hommes d'armes pour le soustenir, mais il n'en eut besoing. L'Empereur voulant suivre son entreprise, partit de Sainct-Disier, y laissant bonne garnison, & vint loger le lendemain à Vitry en Parthois, auquel lieu il eut nouvelle que le Roy d'Angleterre, quelque promesse qui fust entr'eux, n'estoit deliberé de passer outre, qu'il n'eust mis en son obeïssance Boulongne & Montreul. Cela diligemment consideré par l'Empereur, & que si luy seul marchoit plus

avant en pays (eſtans desjà ſes ſoldats dehallez (a) pour le travail & faute de vivres qu'ils
avoient ſouffert devant S. Diſier, & que pareillement ils ſouffroient) la faim ſuffiroit pour
le combattre, ſans les forces du Roy, leſquelles il voioit gaillardes & ſur le point de
proſperer, pour le contraindre ainſi qu'ainſi
de faire honteuſement ſa retraitte, il commença à gouſter quelques pourparlez qui eſtoient mis en avant, durant le ſiege de S.
Diſier, d'une paix entre le Roy & luy, par
le moyen de ſon confeſſeur, & du Seigneur
de Granvelle, avecques quelques ſerviteurs
du Roy. Choſe où ledit Empereur eſtima pouvoir honneſtement entendre ſans communiquer
au Roy d'Angleterre, attendu que desja il avoit
failly de promeſſe, & qu'il doutoit (outre ce
qu'il cognoiſſoit bien que ſi ledit Roy d'Angleterre prenoit Boulongne & Montreul, la
conqueſte ne ſeroit que pour luy) que par
après ſe ſentant fort deçà la mer, il luy fuſt
plus difficile quand ils auroient à traitter enſemble : ſi eſt-ce qu'auparavant paſſer outre,
il envoya ſommer ledit Roy d'Angleterre de
ſe venir joindre, ſuivant leurs traittez au lieu

(a) *Dehallez* ſignifie ici *épuiſés*. Le ſens de ce mot,
dans la Langue de ce tems-là, étoit *maigre-défait*. (Voyez
le Dictionn. de Niçot.)

qu'ils avoient conclu. Mais veritablement l'Empereur ayant confideré l'arduité de fon entreprife dès fon arrivée en France, avoit en paffant & fans fe declarer introduit iceux propos, mais depuis les avoit cachez : les refervant pour s'en fervir alors que la neceffité en laquelle il eftoit reduit le contraindroit. Après avoir penfé à la proximité de fa ruine, il fift pourfuivre chaudement ce qu'il avoit premedité touchant la paix, de forte qu'il fut prins jour d'affembler les deputez, tant de la part de l'Empereur que du Roy, au lieu de la Chauffée, mi-chemin de Challons & de Vitry. De la part du Roy, furent deputez pour ceft effect Claude d'Annebault Admiral de France, & le Seigneur de Chemans (a), garde des feaux de France : & de la part de l'Empereur le Sieur Dom Ferrand de Gonzague, & le Sieur de Granvelle. Et pour aller devers le Roy d'Angleterre, de la part du Roy, fut deputé le Cardinal du Bellay, & avecques luy le Prefident Remond, premier Prefident de Roüen, & le Seigneur de l'Aubefpine (b), Confeiller du Roy

(a) François Errault, Seigneur de Chemans, remplaça François de Montholon, mort en 1543.

(b) Claude de l'Aubefpine, Seigneur de Hauterive & Baron de Chafteauneuf-*fur-Cher*, étoit fils de Claude

& Secretaire d'Eſtat & des Finances. L'Admiral d'Annebault & les deputez de l'Empereur, ayans quelques jours communiqué enſemble, entrerent en quelques articles de traitté : mais ils ne firent aucune concluſion ; s'en retourna ledit Admiral au camp, & fiſt entendre au Roy l'eſtat de ſa negociation, pour ſur iceluy ſçavoir ſa volonté.

Cependant l'Empereur vint loger à Thin-l'Eveſque, deux lieuës près de Challons : puis paſſant entre Challons & Noſtre-Dame de l'Eſpine, il vint camper près la riviere de Marne, une lieuë au deſſoubs de Challons, & deux lieuës près de noſtre camp ; & eſtoit ladite riviere entre deux. Paſſant l'armée Imperiale par devant Challons, ceux de la ville cognoiſſans que l'Empereur paſſoit outre ſans les vouloir attaquer, la jeuneſſe de

---

de l'Aubeſpine Sieur de la Corbilliere, Bailly de Saint Euverte, & Conſeiller d'Orléans. Ses talens le firent connoître de M. Bochelet, Secrétaire des Finances, qui lui donna ſa fille en mariage. Il mérita l'eſtime de François I : ſous les ſucceſſeurs de ce Prince, il ſe maintint dans ſa place de Secrétaire des Finances, & obtint la qualité de Secrétaire d'Etat, qui depuis a toujours été accordée à ceux qui ont occupé cette place. (Hiſt. des Secrétaires d'Etat, par Fauvelet du Toc, in-4°, 1668, p. 78 & 79.)

Mgr de Nevers fortit à l'efcarmouche, pour recognoiftre l'ennemy, & rompre leurs lances *pour l'amour de leurs Dames*, & avecques eux les chevaux legers, de forte que l'efcarmouche fe dreffa forte & roide, & fe firent de belles charges, prinfes & recouffes tant d'un cofté que d'autre : mais enfin arrivant la force du camp de l'ennemy, nos gens furent contraints de tenir bride. Il y mourut de gens de bien, d'une part & d'autre, & entre autres des noftres le Seigneur des Bordes (a) & le jeune Genly (b), tous deux de la maifon de Mgr le Duc d'Orleans ; ils furent tuez de coups de piftoles (c), qui font petites arcquebufes qui n'ont qu'environ un pied de canon, & les tire t'on avecques une main, donnant le feu avecques le roüet.

(a) Le Seigneur des Bordes étoit de la Maifon de la Platiere en Nivernois. Son frère, connu fous le nom de Maréchal de Bourdillon, fe diftingua dans les règnes fuivans. Des Bordes laiffa un fils unique, que nous verrons périr à la bataille de Dreux.

(b) Le jeune Genlis, de la Maifon de Hangeft.

(c) On croit, remarque Daniel dans fon Hiftoire de la Milice Françoife, que ces armes furent appellées *piftoles*, ou *piftolets*, parce que les premiers fe fabriquèrent à Piftoye en Tofcane. Les Allemands s'en fervirent en France avant les François ; & les Reiftres, qui les portoient du tems d'Henry II, étoient nommés *Piftoliers.*

Eſtant l'Empereur campé au lieu que je viens de dire, le Comte Guillaune de Fuſtemberg (qui eſtoit l'un des principaux qui avoient perſuadé à l'Empereur de prendre ce chemin, parce qu'il le cognoiſſoit pour avoir eſté ſept ou huict ans au ſervice du Roy, & venant d'Allemagne pour ledit ſervice, prenoit tousjours ſon chemin le long d'icelle riviere de Marne) partit environ minuict du camp Imperial, ſeulement accompagné d'un guide, pour aller recognoiſtre un gué de ladite riviere, où autresfois il avoit paſſé, eſperant par là faire paſſer l'Empereur & ſon armée. Arrivé audit gué il laiſſa ſon guide ſur le bord de l'eau, pour luy-meſme ſonder le gué, lequel il trouva fort aiſé, & le paſſa : mais quelques Gentils-hommes de la maiſon du Roy, & une partie de la compagnie de M. l'Admiral, auſquels il touchoit ceſte nuict de faire la garde, eſtans leurs ſentinelles prochaines de là (car elles eſtoient le long de l'eau) deſcouvrirent ledit Comte Guillaume, & ſans faire alarme ſe jetterent entre la riviere & luy, tellement que ſe cuidant retirer au paſſage, il fut prins ſans reſiſtance : puis eſtant amené au camp, il fut recognu & envoyé à la Baſtille de Paris, & depuis paya trente mille eſcus pour ſa rançon.

L'Empereur voyant son armée se ruiner par famine, à cause que de toutes parts les vivres luy estoient coupez, tant devant, derriere, que par les costez, delibera faire sa retraitte par Soissons. Mais secrettement par un Moyne Espagnol (19), de la maison de Gousments, lequel avoit esté l'instrument du confesseur de l'Empereur, pour mettre les traittez en avant, il fist haster de remettre sus les propos de la paix, feignant toutesfois qu'elle ne venoit de luy. Cependant pour trouver moyen de vivre, il suyvit tousjours la riviere, estant en hazard d'une grande ruine, sans qu'il fut adverty (20) que Mgr le Dauphin avoit envoyé à Spernay un Capitaine de gens de pied, pour faire retirer les vivres qui estoient audit lieu, & rompre le pont qui estoit sur la riviere, & ce qui ne se pourroit sauver, tant de bleds, vins, qu'autres vivres, le jetter en la riviere aval l'eau, & le gaster. Mais il y feit mal son devoir, de sorte qu'il fut surpris de l'Empereur, lequel trouva le pont qui n'estoit rompu, & grande abondance de vivres, d'autant que c'estoit l'une des estappes de nostre camp : chose qui luy donna occasion de passer outre jusques à Chasteau-Thierry, où pareillement il surprint les vivres en si grande abondance, que son

armée qui estoit affamée, se remit en vigueur.
Audit lieu de Chasteau-Thierry, fut grand
mutinement entre les Espagnols & les Lansquenets de l'Empereur, de sorte qu'à peine
peurent ils estre empeschez de ne se donner
la bataille les uns aux autres, à cause que
lesdits Lansquenets trouvoient mauvais que
les vivres leurs fussent departis par les
Espagnols.

Mgr. le Dauphin adverty de la faute ad-
venuë à Espernay, laquelle pourroit estre
cause de faire marcher l'Empereur jusques
près de Paris, depescha le Sieur de Lorges
avecques sept ou huit mille hommes de pied,
& quatre cens hommes d'armes, pour entrer
dans Paris, y advenant le besoin, lequel
s'arresta à Lagny sur Marne, pour plus à propos executer ce dont il avoit charge ; car
ledit lieu est à cinq lieuës de Paris. Puis
suivant la riviere en toute diligence, il gaigna
le devant, & vint camper à la Ferté sous
Joüarre, à quatre lieuës au-dessous du chasteau-Thierry sur la mesme riviere, & il envoya à Meaux bon nombre d'hommes pour
empescher le passage audit Empereur : puis
avecques son armée il s'approcha de Paris, craignant que le Roy d'Angleterre marchast de ce costé. L'Empereur cognoissant

la diligence que Mgr. le Dauphin avoit faite, de venir gaigner le paſſage de la Ferté, & ayant crainte de tomber en extremité de famine, tourna ſon chemin vers Villers-Coſterez à travers le pays de Vallois, pour arriver à Soiſſons.

Cependant le Roy eſtoit à Paris importuné ſous main de faire paix avecques l'Empereur, laquelle il conſentit, neantmoins qu'il luy couſtaſt de ſes nouvelles conqueſtes, cognoiſſant (ores qu'audit Empereur il donnaſt la bataille) qu'elle ne ſe pouvoit paſſer ſans grande perte d'hommes, ſoit, ou qu'il la gaignaſt, ou perdiſt, & que le Roy d'Angleterre & le Comte de Bures, leſquels avoient auſſi puiſſante armée que la ſienne, luy pourroient encore donner une bataille : perdant l'une ou l'autre, ou toutes deux, ſon Royaume ſeroit en hazard, & les gaignant ſi ne pourroit-il beaucoup profiter, meſme ſur le Royaume d'Angleterre, qui eſt inſulaire. Joinct qu'il eſtoit tous les jours ſollicité par le Mareſchal du Biez, de luy envoyer ſecours de vivres dedans Montreul, autrement il ſeroit contraint par famine la remettre entre les mains de l'ennemy. Pareillement il n'eſtoit trop aſſeuré de la ſuffiſance du Seigneur de Vervin, qui eſtoit Chef dans Boulongue : il conſideroit confideroit que , s'il perdoit lefdites villes, l'ennemy auroit entrée pour empieter fon Royaume; & que difficilement elles pouvoient eftre fecouruës s'il n'appointoit avecques ledit Empereur. Parquoy il depefcha l'Admiral d'Annebault, lequel fut trouver l'Empereur en l'Abbaye de S. Jean des Vignes, aux fauxbourgs de Soiffons, auquel lieu eftant arrivé, le Roy l'advertit, comme il avoit eu nouvelles que le Seigneur de Vervein avoit rendu Boulongne, & qu'il procedaft diligemment à la conclufion du traité : car fi l'Empereur euft efté certain de cefte reddition (combien que la paix luy fuft neceffaire) il euft efté plus haut dans fes demandes.

Il eft fait mention aux precedents livres, comme tous les differends, ou la plus grande part, d'entre le Roy & l'Empereur eftoient meuz pour le Duché de Milan; & que du vivant de feu Mgr. le Dauphin François, premier fils du Roy, iceluy Seigneur avoit propofé audit Empereur, que dudit Duché (comme propre héritage de la Maifon d'Orleans) il inveftit Mgr. Henry Duc d'Orleans, qui depuis fut Mgr. le Dauphin, & puis Roy, chofe à quoy ledit Empereur n'avoit voulu entendre : mais bien il avoit fait offre de faire le mariage de Mgr. Charles, Duc d'Angoulefme, troifieme fils du Roy, qui depuis a efté Duc d'Orleans, avecques fa fille ou niepce, & que par le moyen dudit mariage, il l'inveftiroit du Duché de Milan. Laquelle offre le Roy n'avoit admife, pour eviter de mettre en divifion Mgr. d'Orleans & Mgr. d'Angoulefme de preferer le puifné à l'aifné. Mais quand l'occafion s'offrit de traitter la paix avecques l'Empereur, pour l'effet de laquelle l'Admiral d'Annebault, par le commandement du Roy fut trouver ledit Empereur en l'Abbaye de Sainct-Jean des Vignes, près Soiffons, ce party fut mis en avant pour ledit Charles, fils puifné du Roy, alors Duc d'Orleans. Enfin fut conclu que le Duc d'Orleans devoit dedans deux ans efpoufer la fille de l'Empereur, ou fa niepce, fille du Roy des Romains, moyennant lequel mariage, & à la confommation d'iceluy, l'Empereur inveftiroit iceluy Duc d'Orleans du Duché de Milan, ou bien du Comté de Flandres & Pays-Bas, à l'option de l'Empereur. Auffi le Roy, en ce faifant, remettoit à l'Empereur le droit par luy pretendu audit Duché, & au Royaume de Naples, au cas qu'il baillaft les Pays-Bas audit Seigneur d'Orleans : & pareillement devoit le Duc de Savoye eftre remis en poffeffion de fes pays, lors que le Duc d'Orleans seroit jouïssant du Duché de Milan ou du Comté de Flandres. Et attendant ledit terme de deux ans, se devoit rendre tant d'une part que d'autre, ce qui avoit esté respectivement usurpé tant deçà que delà les monts, depuis la trefve faite à Nice : & seroient toutes choses (21) remises en l'estat qu'elles estoient lors d'icelle trefve. Quant à l'Empereur, il rendit au Roy du costé de deçà les monts, Sainct-Disier, Ligny, & Commercy : de la part du Roy fut rendu à l'Empereur, Yvoy, Montmedy, & Landrecy, & fut la ville de Stenay (les fortifications d'icelle rasées) remise entre les mains du Duc de Lorraine. Du costé d'Italie l'Empereur rendit seulement la ville de Mont-devis, & le Roy luy rendit Albe, Quieras, Antignan, Sainct-Damian, Palezol, Cresentin, Verruë, Montcal, Barges, Pont-d'esture, Lans, Vigon, Sainct-Salvadour, Sainct-Germain, & la pluspart du pays des Langues, & du Marquisat de Seve, & aussi la Valpergue.

Les traitez de paix ainsi accordez, l'Empereur manda au Comte de Bures, & au Comte de Reux, qui estoient devant Montreul avecques son armée, en la compagnie du Duc de Northfolk, & d'une partie de l'armée d'An-

gleterre, qu'ils euſſent à ſe retirer (22), &
à licentier ſadite armée. Ce fait, partant de
Soiſſons pour prendre ſon chemin à Valenciennes, il s'en alla à Niſi-le-Chaſteau,
delà à Creſpy en Laonnois, puis à la Fére
ſur Oize, auquel lieu le vint trouver le
Duc d'Orleans, pour l'accompagner juſques hors des limites de ce Royaume, &
avecques luy Monſieur Jean, Cardinal de
Lorraine, le Cardinal de Meudon (a), le
Comte de Laval, le Seigneur de la Hunaudaye, & autres, leſquels l'accompagnerent
juſques à Bruxelles, comme oſtagers, juſques à ce que la reddition des places que
le Roy tenoit delà les monts, fut faite. Puis
l'Empereur & le Roy depeſcherent en Piémont devers le Marquis du Guaſt, & le
Sgr. d'Anguien leurs Lieutenans-Generaux

(a) Antoine Sanguin, ſurnommé le Cardinal de Meudon, étoit de l'ancienne & noble famille des Sanguins,
que quelques Hiſtoriens prétendent être paſſée d'Italie
en France. Il fut promu aux plus hautes dignités de
l'Egliſe par le crédit de la Ducheſſe d'Eſtampes, avec
qui il étoit allié à cauſe de ſa ſœur qui avoit épouſé
Jacques de Piſſeleu, Seigneur de Heilly en Picardie. Il
fut nommé premier Aumônier en 1543, & prit le titre
de Grand-Aumônier. Il mourut diſgracié en 1559.
(Voyez Lettres & Mémoires d'Etat de Ribier, Tome I,
p. 446.)

delà les monts pour faire publier la paix, & pour chacun en son endroit faire restituer les places qu'ils tenoient l'un de l'autre : mais le Marquis n'eut grande peine à rendre, car il ne tenoit de conqueste sur nous depuis la trefve de Nice, que le Mont-devis.

Or revenons au Roy d'Angleterre, devers lequel le Roy (alors que les Deputez de Sa Majesté, & ceux de l'Empereur furent depeschez pour se trouver au lieu de la Chauffée, pour le traité de paix dont est fait mention) avoit depesché le Cardinal du Bellay. Iceluy du Bellay l'eust peu conduire à ceste raison de paix, veu que l'Empereur y vouloit entrer; mais ledit Roi d'Angleterre estant bien adverty de l'estonnement du Sgr de Vervein, Chef dedans Boulongne, usa de dissimulation, remettant les choses en longueur, se tenant certain que de brief il auroit telle issue de son entreprise de Boulongne qu'il desiroit; Cependant il envoya le Cardinal & sa compagnie au chasteau de Hardelot, pour estre logé plus commodement. Le Seigneur de Vervein qui (comme j'ay dit) estoit homme peu experimenté, après avoir enduré grande & furieuse batterie, souftint quelque forme d'assaut, mais (à ce que j'ay entendu par luy-mesme) la vertu du Capitaine Philippe

Corfe fut caufe de le faire fouſtenir ſi longuement : mais enfin ledit Capitaine Philippe eſtant à la breche, fut frappé par la
teſte d'un eſclat d'artillerie venant du camp,
dont il mourut. Le Seigneur de Vervein
l'ayant perdu, & n'ayant plus que toute jeuneſſe auprès de luy, & de ſoy-meſme eſtonné,
commença à parlementer, auquel parlement
ſucceda tel effect qu'iceluy Seigneur de Vervein feit ſortir le Seigneur de Sainct-Blimont,
vieil ſoldat, Porte-enſeigne du Seigneur du
Biez, & le Seigneur de Freumeſelles, Commiſſaire des guerres, pour entendre la volonté du Roy d'Angleterre, laquelle fut que
les gens de guerre & citadins s'en iroient
leurs bagues ſauves, remettans la place entre
ſes mains, avecques toute l'artillerie, munitions & vivres, dont de tout il y avoit
abondance. Les citadins n'y vouloient conſentir, meſme le Maieur (a) feit offre audit
Seigneur de Vervein, que s'il vouloit s'en
aller, luy avecques les citadins, & les gens
de bonne volonté garderoit la ville, mais

_____

(a) Le nom de ce Mayeur, ou Maire, mérite de
paſſer à la poſtérité. Il s'appelloit *Eurvin*. Il avoit communiqué ſon activité & ſon courage aux habitants ; &
ſi on l'eût laiſſé faire, plutôt que de ſe rendre, il ſe ſeroit enſeveli ſous les débris des remparts.

jamais ne fut ouy. Le lendemain que la compo-
fition fut accordée & devant qu'oftages fuffent
baillez, furvint fi extreme tourmente, tant
de vent & de pluye, que dedans le camp
de l'ennemy ne demoura une feule tente debout, & pour les terres qui font graffes,
nul ne pouvoit marcher ny avant, ny arriere.
Toutesfois jamais l'opinion du Seigneur de
Vervein ne changea, & il ne put eftre
perfuadé qu'il ne remift la place entre les
mains du Roy d'Angleterre, difant qu'il ne
luy vouloit faillir de fa parole; mais il faillit
bien de fa foy à fon naturel & fouverain
Prince, dont depuis il eut la tefte tranchée
à Paris. Il eft certain que s'il euft tenu deux
jours, la ville eftoit fauvée; car (comme j'ay
dit) pour la pluye il n'y avoit ordre de
marcher à l'affaut, & cependant Mgr. le
Dauphin qui marchoit en diligence pour le
fecourir, fe fut approché, qui euft fait changer le deffein du Roy d'Angleterre.

Durant le fiege, le Seigneur de Sainct-
André, jeune homme de grande volonté,
des plus proches de la perfonne de Mgr. le
Dauphin, entreprint d'entrer dedans Boulon-
longne, ayant choify des gens de bien &
d'experience, pour mener quant & luy, efperant faire grand fervice à fon Prince, & luy

ſauver ſa ville , que l'on cognoiſſoit en
hazard de perdition. Parce que par terre il
n'y avoit moyen d'y entrer, pour les tranchées qu'y avoient faites les Anglois, & forte
garde d'icelles , il delibera d'y entrer par
mer ; mais le vent & la tourmente luy furent
ſi contraires, que deux ou trois fois ayant
donné à l'embouchement du havre, autant
de fois il fut rejetté en la mer : parquoy
après avoir tenté toutes fortunes il fut contraint de retourner d'où il eſtoit party.

Le Roy ayant fait la paix avecques l'Empereur, feit promptement marcher ſon armée
pour ſurprendre le camp des Anglois qui eſtoit
devant Montreul, & trouver le Roy d'Angleterre devant Boulongne, abandonné de l'armée Impériale , & luy donner la bataille,
finon , qu'il levaſt ſon camp, & ſe retiraſt :
puis trouvant Boulogne fort ruinée (comme
on diſoit) avant que les Anglois euſſent loiſir
de la remparer , il y auroit moyen de la
prendre ; mais le Duc de Northfolk, qui
eſtoit devant Montreul, ayant entendu que
noſtre armée approchoit de Hedin , craignant
qu'elle ne ſe jettaſt entre Boulongne & luy ,
pour empeſcher ſa retraitte , leva ſon camp,
& pria le Comte de Bures de l'accompagner
juſques en lieu de ſeureté , ce qu'il feit,

Le Roy d'Angleterre (eſtant le Duc de North-folk joint avecques luy) cognoiſſant que ſes forces ſeparées d'avecques celles de l'Empereur, n'eſtoient ſuffiſantes pour ſouſtenir (a) l'armée du Roy, ſe retira à Calais, faiſant embarquer à Boulongne une partie de ſa groſſe artillerie, pour mener en Angleterre. Il laiſſa pour garde de ſa conqueſte le Duc de Sombreſſet, nommé Milord Semer (b), frere de la feuë derniere Reyne ſon eſpouſe, dont eſtoit ſorty Edouard, qui depuis fut Roy.

Mgr. le Dauphin adverty que le ſiege de devant Montreul eſtoit levé, & que le Roy d'Angleterre s'eſtoit retiré à Calais, mais pour la haſte qu'il avoit de deſloger, avoit laiſſé la pluſpart de ſon artillerie, vivres & autres munitions dedans la baſſe-Boulongne, partit d'Auchy-le-Chaſteau, & print le chemin par le haut pays du Boulenois, paſſant à un village nommé Eſcueulles, laiſſant la Foſſe Boulenoiſe à gauche pour venir à Marquiſe,

(a) Pour réſiſter.

(b) Edouard Seymour, Duc de Sommerſet, qui aprés la mort de Henry VIII fut protecteur du Royaume d'Angleterre ſous le règne d'Edouard VI. Il eut la tête tranchée en 1552. Sa ſœur Jeanne Seymour avoit épouſé Henry VIII.

mi-chemin de Boulongne & de Calais. Duquel lieu de Marquise, après y avoir rafreschy
son armée deux ou trois heures, il partit
pour arriver à la basse Boulongne devant le
jour (ainsi qu'il feit) afin de surprendre ladite artillerie, vivres, & munitions qui y
estoyent, (or n'estoit ladite basse Boulongne
fermée que de quelques petites tranchées.)
Estant près furent ordonnées deux trouppes,
dont la premiere estoit conduite par le Seigneur de Fouquessolles, pour faire l'execution : & avecques l'autre & plus grosse
trouppe, devoit marcher le Seigneur de Tais
pour soustenir ledit de Fouquessolles, puis
devoient marcher six mille Grisons pour se
jetter en un vallon, & secourir où besoin
feroit. Mais il me semble qu'ils devoient jetter
une teste de dix ou douze Enseignes entre
la basse Boulongne & la haute, pour empescher les saillies de ceux de la haute Boulongne : je ne sçay s'il fut ordonné ; toutesfois il ne fut pas executé. Aussi estoit-il raisonnable qu'il demourast quatre ou cinq
Enseignes en bataille sur la place de la basse
Boulongne, pendant que se feroit l'execution, où chacun se pourroit recueillir. Le
Sgr. de Fouquessolles suyvant ce qui luy
estoit ordonné, donna dedans la place, &

le fuivit le Seigneur de Tais : tout ce qui fe trouva d'ennemis, fut mis au fil de l'efpée ; l'artillerie du Roy d'Angleterre & les munitions gaignées ; de forte que noz gens penfoient avoir la victoire : mais autrement en advint, car cinq ou fix Enfeignes fortans de la haute Boulongne, trouverent nos foldats en defordre, comme gens qui s'amufent au butin, & les mirent à vau de roupte. Le Seigneur de Fouqueffolles cuidant fe retirer à la place pour faire tefte, y fut tué : le Sgr. de Tais fe retirant eut quelque coup de flefche (a), & n'y eut jamais ordre de raffembler les foldats ; quelques remontrances que leur peuffent faire les Capitaines, ils ne voulurent tourner vifage au peu de nombre qui eftoit forty : mefme nos Italiens s'en allerent en confufion jufques au lieu où eftoient les fix mille Grifons pour les fouftenir : & fi je penfe qu'il y avoit autant de bons foldats qu'il en fut pour l'heure en Europe, ce qui me fait

(a) Il eft étonnant que du Bellay ne nomme point ici Montluc parmi ceux qui fe diftinguèrent dans cette camifade. Ses Mémoires en contiennent une rélation bien détaillée ; & il courut rifque d'y périr. Comme Montluc étoit fous les ordres de M. de Taix, peut-être eft-ce là le motif du filence qu'a gardé du Bellay fur ce qui eft perfonnel à Montluc.

croire que fur toutes chofes on doit , en faifant quelque entreprife, preveoir les inconveniens qui peuvent advenir , & y pourveoir
en tems & lieu : d'autant qu'il eft tard, & quelquesfois impoffible d'y remedier après que le
defordre y eft advenu. Mgr le Dauphin à
toutes forces vouloit marcher luy-mefme ,
& hazarder fa perfonne pour y donner ordre ; mais il ne fut confeillé de ce faire, attendu que le jour eftoit venu , & que la ville
à coups de canon qui battoient de pointe en
flanc , de haut en bas, empefchoit qu'on ne
fe put rallier enfemble : auffi la pluye eftoit fi
extreme, que la plufpart de nos Arcquebuziers
eftoient fans feu , & le refte pour indifpofi-
tion du temps n'avoient moyen de s'ayder de
leurs armes. Cependant quelque cavalerie
des noftres avoit donné entre Boulongne & la
Tour d'Ordre ; mais elle fut contrainte de fe
retirer , fe voyant abandonnée des gens de
pied.

Ce defaftre advenu , Mgr le Dauphin voyant
les pluyes fi continuelles , & la faute de vivres qui eftoit en fon camp (parce qu'il
eftoit venu en telle diligence , que mefme à
caufe des mauvais chemins les vivres ne l'a-
voient pu fuivre , tellement que la plufpart
de fon armée fut trois jours fans manger pain ,

& à qui en avoit, le soldat donnoit son harnois pour un pain, & ne pouvoit t'on avoir vivres de plus près qu'Abbeville, d'aūtant que tout le Boulenois jusques à Montreul, estoit ruiné & bruslé, & semblablement depuis Montreul jusques à Abbeville, qui sont dix sept lieuës d'intervalle, & ne se trouvoient herbes ny autre fourage pour les chevaux) se retira par l'advis des Capitaines vers Montreul : auquel lieu après avoir eu nouvelles du Roy son pere, il licentia les Suisses & Grisons, laissant à Montreul, pour faire teste à ceux de Boulongne, le Mareschal du Biez, avecques les bandes tant Françoises qu'Italiennes venuës de Piémont, & puis se retira devers le Roy, qu'il trouva à S. Germain en Laye. Aussi M. d'Anguien, après avoir ordonné le Seigneur de Termes, poursuivant le traitté de paix, pour restituer les places par luy conquises sur l'Empereur, se retira devers le Roy qu'il vint trouver à Mante, peu de jours avant que M. le Dauphin y arrivast.

Durant cest hyver ne se feit de grandes entreprises, sinon que le Mareschal du Biez, ayant mis ensemble toutes les forces qui estoient demourées en Picardie, alla camper au Portet (qui est un petit port, où seulement se retirent les pescheurs) un quart de lieuë deça Boulongne, eſtant la riviere du Pont-de-brique entre la ville & luy, eſperant au deſſus dudit lieu tirant vers Boulongne, & le long de la coſte de la mer faire un fort, pour tenir en ſubjection le havre de Boulongne. Mais le Milord (a) Sorel fils du Duc de Northfolk, pour rompre ladite entrepriſe, aſſembla les forces que le Roy d'Angleterre avoit par deça la mer, & vint ſurprendre le Mareſchal devant qu'il euſt eu moyen de ſe fortifier, de ſorte qu'il fut contraint de ſe retirer vers Montreul : & ſans l'ordre qui fut mis par le Capitaine Ville-franche, maiſtre de camp des vielles bandes Françoiſes, lequel demoura ſur la queuë, il y avoit grande apparence qu'il y fut advenu une roupte (b). Si eſt-ce qu'il y mourut de gens de bien, tant d'une part que d'autre, & pour le mauvais chemin qui eſtoit à cauſe des pluyes continuelles, ſur la retraitte demourerent deux

(a) Milord Surrey, fils du Duc de Nortfolck, ſe diſtingua par ſa bravoure & par ſes talents littéraires. Il fut une de ces victimes que Henry VIII immola. Il ſuffiſoit d'avoir du mérite, pour déplaire à ce Roi, ou plutôt à ce Deſpote ſanguinaire. Surrey, pour prix de ſes ſervices, mourut ſur l'échaffaud en 1547. (Voyez l'Hiſt. d'Angleterre, par Hume, Tome III, p. 368.)

(b) Une déroute.

pieces d'artillerie de campagne ; le reste fut retiré, & se campa ledit Mareschal une lieuë par delà Montreul, tirant vers Boulongne, pour avoir la commodité des vivres qui luy venoient dudit lieu de Montreul.

En ce temps (23) mourut le Roy Jacques d'Escosse, à cause dequoy le Royaume demoura fort despourveu : pour y remedier, le Roy depescha avecques nombre de gens de guerre & d'argent, le Comte de Lenox (24) de la maison de Stuart, neveu du feu Mareschal d'Aubigny, qui estoit Capitaine de cent hommes d'armes Escossois des ordonnances du Roy, pour aller donner secours à la Reyne d'Escosse, veufve dudit deffunct Roy, & fille du Duc de Guise, lequel Roy ne laissa de luy & de ladite Reyne, qu'une fille seule heritiere dudit Royaume. Le Comte de Lenox arrivé en Escosse, comme jeune & mal conseillé, depensa les deniers du Roy fort mal à propos, & sçachant le malcontentement que l'on avoit de luy, pratiqua de se retirer au service du Roy d'Angleterre, qui le recueillit, esperant en tirer du service, & luy donna en mariage une sienne niepce fille de sa sœur, mere du feu Roy d'Escosse, laquelle après la mort du Roy Jacques IV, pere d'iceluy feu Roy, avoit espousé un Gen-

til-homme d'Angleterre, dont estoit issuë ladite fille. Le Roy adverty de ladite revolte,
en toute diligence depescha le Seigneur de la
Brosse, Gentil - homme de Bourbonnois,
homme sage & bien advisé, pour consoler &
conseiller la Reyne d'Escosse. Puis peu de
temps après il depescha le Seigneur de Lorges, Chevalier de son ordre, avecques une
armée, pour donner ayde & secours au pays
d'Escosse.

Le Roy après avoir depesché pour le secours d'Escosse, se retira à Remorentin,
auquel lieu il feit sejour jusques environ le
commencement du mois de May, mil cinq
cens quarante-cinq; pendant ce temps ayant
consideré que laissant longuement les Anglois
dedans Boulongne, ils pourroient de jour en
autre se renforcer, & prendre pied en son
Royaume, ce qui seroit une mauvaise se-
mence; à ceste occasion il delibera pour y
remedier, de chercher tous moyens de les
en desloger. Parquoy il ordonna de dresser une grosse armée (a) par mer, dont

(a) François I put aisément rassembler une armée
navale de l'espèce de celle que l'on désignoit sous ce
nom à l'époque dont il s'agit. L'activité du Monarque
s'étoit communiquée à toutes les têtes. Il y avoit peu
de Villes maritimes où des associations n'eussent lieu

auroit

auroit la conduitte l'Admiral d'Annebault, &
de la faire ſi gaillarde, qu'elle fut pour combattre l'armée d'Angleterre, s'il la trouvoit ſur la
mer, & où l'occaſion ſe preſenteroit, prendre pied en Angleterre. Pour ceſt effect il
manda en Provence le Capitaine Paulin, depuis Baron de la Garde, pour amener vingt-
cinq galleres de la mer de Levant en la mer
de Ponant, paſſant le deſtroit (a) de Gibel-
tar, choſe que l'on n'avoit encore veuë, ſinon l'an mil cinq cens & douze, que le Capitaine (b) Pregent en paſſa quatre. Auſſi il
ordonna de vaiſſeaux ronds, huict ou dix car-
raques Genoiſes pour renforcer ſon armée,
leſquelles vindrent ſi tard qu'elles ne ſervi-
rent de rien; meſme entrans dedans la bou-

pour faire le commerce. Ces Compagnies libres poſ-
ſédoient plus ou moins de vaiſſeaux. Elles les louoient
au Roi en tems de guerre : on rempliſſoit ces navires de
Soldats ; & voilà ce qu'on appelloit alors des vaiſſeaux
de guerre. Une eſcadre de ce genre, armée par des Bre-
tons, avoit enlevé déjà les premiers tréſors du Pérou
qu'on apportoit à Charles-Quint; & des Navigateurs
Normands ayant découvert le Canada, en avoient pris
poſſeſſion au nom de la France.

(a) Le Détroit de Gibraltar.

(b) Voyez l'Obſervation, n° 9, ſur le premier Livre des Mémoires de du Bellay.

che (a) de Sene, par faute de bons pilots
s'en perdit la plus grande part. Pareillement
il ordonna de dreſſer une groſſe & puiſſante
armée par terre, pour, pendant que ſon armée de mer feroit ſon execution, ſe venir
camper devant Boulongne, la riviere entre
deux, & là faire un fort, auquel il put laiſſer quatre ou cinq mille hommes en ſeureté,
& tenir ceux de Boulongne en telle ſubjection, qu'ils n'euſſent moyen de paſſer deçà
l'eau en ſes pays, & ſemblablement le faiſant ſur la pointe vis-à-vis de la tour d'Ordre, empeſcher à coups de canon que navires ne peuſſent entrer dedans le havre,
pour ſecourir ceux de la ville, eſperant que
dedans la mi-Aouſt que ſon armée de mer ſeroit de retour, ledit fort ſeroit en deffence,
ainſi que l'on luy promettoit. Ce faiſant, il
eſtoit deliberé, ayant reuny tous ſes gens de
guerre, tant de terre que de mer, de marcher luy-meſme en perſonne, laiſſant dans ledit fort trois ou quatre mille hommes, &
d'aller aſſieger Guines, qu'il eſperoit forcer,
& là ſe fortifier pour tenir Çalais & la terre
d'Oye en ſubjection, & par ce moyen affamer Boulongne: mais autrement en advint,
ainſi que vous orrez cy-après. Pour renforcer ſon armée de mer & de terre, il envoya

(a) Dans l'embouchure de la Seine.

en Allemagne le Comte Rin-Grave, le Colonnel Recroc & le Colonnel Ludovic, qui desjà avoient chacun 2000 Lansquenets à son service, pour faire nouvelle levée, & remplir leurs regimens jusques au nombre de quatre ou cinq mille chacun; en Gascogne & Languedoc, il envoya faire un autre nouvel amas jusques au nombre de dix mille hommes, pour remplir ses bandes Françoises, & pour la terre il ordonna Chef de l'armée le Mareschal du Biez.

Ayant fait de telles ordonnances, le Roy partit de Romorentin, pour prendre son chemin en Normandie, parce qu'il vouloit faire l'embarquement de son armée, en la ville Françoise du Havre de Grace, qui est à l'embouchement de la riviere de Sene; prenant le chemin par Argentan environ la S. Jean, il se trouva à Toucques: estant audit lieu se descouvrit son armée du Levant; dequoy n'estant adverty, il estima que c'estoit celle d'Angleterre qui vouloit faire descente en la basse Normandie, pour divertir son entreprise: mais soudain vint un brigantin qui l'asseura que c'estoit son armée du Levant. Aussi peu de jours après se presenta devant le Chef (a) de Caux trente cinq navires An-

(a) *Chef* ici signifie *Promontoire* : ce mot vient du mot Latin *Caput.*

glefches, qui tirerent à coup perdu en terre : mais ayans cognoiffance de nos galleres qui approchoient, feirent leur retraitte à Portemuth (a).

. Audit lieu de Toucques, Langey vint trouver le Roy, qui l'avoit depefché aux frontieres de Champagne pour recueillir les Lanfquenets, lequel luy apporta nouvelles de leur defcente à Mezieres, & qu'il les avoit acheminez par eftappes, fuivant fon commandement, le chemin droit à Montreul. Ayant le Roy ceft advertiffement de la venuë des Lanfquenets, qui eftoit la principalle force qu'il attendoit, il manda au Marefchal du Biez, qu'incontinent qu'ils feroient arrivez à Montreul, il eut à marcher à Boulongne, & à commencer le fort dont j'ay parlé cy-deffus, & qu'il eut à luy faire entendre le temps que ledit fort pourroit eftre en deffence : il luy feit envoyer fix ou fept mille pionniers, & bon nombre de charroy pour conduire fafcines, gazons, & autres chofes neceffaires pour ceft effect. Le Marefchal du Biez, par le Gentil-homme qui alla devers luy, manda au Roy que dedans la mi-Aouft le fort feroit en deffence, ce qui n'advint toutesfois, comme cy-après je vous reciteray. Sur l'affeurance d'iceluy Marefchal, le Roy

(a) A Porfmouth.

dreſſa ſon eſtat & meit ſon but ſur icelle, &
le ſixieſme jour de Juillet, il feit faire voille
à ſon armée de mer, laquelle eſtoit aſſemblée au Havre de Grace, & luy pour la veoir
partir, eſtoit ſur le chef de Caux, dont il
pouvoit tout deſcouvrir. Mais tirant les an-
cres du carraquon, qui eſtoit le plus beau
navire de la mer de Ponant, & le meilleur
à la voille, portant huict cens tonneaux de
charge, dedans lequel devoit eſtre la perſonne de l'Admiral pour le combat; le feu ſe
meit (26) au fougon (a), tellement qu'on ne
le ſceut jamais ſauver, qu'il ne fut conſommé
en cendres : il y avoit cent groſſes pieces d'artillerie de bronze ; meſme y eſtoit l'argent
du Roy lequel fut ſauvé. Pluſieurs voulans
eviter la furie du feu, ſe precipiterent en la
mer, les galleres en ſauverent beaucoup :
mais depuis que le feu vint au bas dudit navire, elles furent contraints de prendre le
large, car le feu ſe donna en l'artillerie, de
ſorte que la batterie qui ſe faiſoit de ſi grand
nombre de pieces, mettoit à fonds tout ce
qui ſe trouvoit devant, derriere & aux coſtez. Le nombre des navires ordonnez pour
l'armée, montoit à cent cinquante gros vaiſ-

(a) A la cuiſine.

feaux ronds, fans compter foixante Flovins (a), & vingt-cinq galleres, lefquels tous enfemble fe leverent (b) ledit fixiefme jour de Juillet, tant du Havre de Grace, que de la Foffe d'Eüre, Honfleur, Harfleur & Dieppe, & prindrent la volte pour tirer vers l'ifle d'Huicht (c), & le Havre de Portemuth en Angleterre (d), auquel lieu de Portemuth eftoient les forces de mer dudit Roy d'Angleterre, lefquelles noftre armée cherchoit à combattre.

Le dixhuictiefme jour dudit mois de Juillet mil cinq cens quarante cinq, eftant arrivé M. l'Admiral près l'ifle d'Huicht, il manda le Baron de la (26) Garde avecques quatre galleres, tant pour recognoiftre l'ifle jufques à la

(a) Efpèce de petits vaiffeaux reffemblants à ce que nous appellons flûtes.

(b) Mirent à la voile.

(c) Vers l'ifle de Wight.

(d) L'Abbé Lambert dans fon édition a fait différens retranchements à la rélation de du Bellay. Ces retranchements nous femblent d'autant plus déplacés, que la rélation de cette campagne de mer eft la première dont il foit queftion dans l'Hiftoire de la Marine Françoife ; quoique cette Marine fût dans fon enfance, les efforts qu'elle tenta contre l'Angleterre méritent l'attention du Lecteur.

pointe de Saincte-Heleine , que pour confiderer la contenance des ennemis. Ceste
pointe eft par où l'on entre dedans le canal
qui fait la feparation de l'ifle d'Huicht &
d'Angleterre, regardant vis à vis de Portemuth. L'armée des ennemis eftoit de foixante
navires efleuz & très-bien ordonnez en la
guerre , quatorze defquels à la faveur du vent
de terre fortirent de Portemuth d'une grande
promptitude , & en fi bel ordre, que l'on
euft dit qu'ils attendoient de pied coy noftre
armée pour la combattre. Mais M. l'Admiral
allant contr'eux avecques le refte des galleres,
fortit auffi le refte de leur armée hors du Havre au devant de luy : où après avoir long-
temps combattu à coups de canon, les ennemis commencerent à fe couler à main feneftre au couvert de la terre, en lieu où ils
eftoient deffendus par quelques fortereffes
qui eftoient fur la falaize, & de l'autre cofté
de bans & de rochers couverts d'eau, lefquels
font affis au travers du chemin, laiffans feulement une entrée eftroitte & oblique, pour
paffer peu de navires de front. Ceste retraitte,
& la nuiét qui approchoit, mirent fin au combat
de ce jour, fans qu'en tant de coups de canon
& d'autre artillerie qui furent tirez , euffions
receu perte notable. Quand les galleres fu-

rent de retour près de la pointe Saincte-Heleine, vindrent nouvelles à M. l'Admiral que la *Maiſtreſſe* (qui eſtoit le meilleur & principal navire de noſtre armée, & ſur lequel il avoit deliberé de combattre) couloit à fonds, & qu'il n'y avoit autre eſperance, que de ſauver les hommes & l'argent du Roy, lequel eſtoit dedans pour le payement de l'armée. La cauſe de ce dommage fut (à ce que l'on preſumoit) que ſortant du Havre de Honfleur pour ſe jetter à la rade, ledit navire toucha en terre, & de ce heurt la quille & gaborts (a) s'eſtonnerent, de ſorte que les joints des planches s'ouvrirent tant, que des eſtouppes qui eſtoient mal preſſées dedans leſdits joints, vindrent à s'abreuver tellement que le jour d'après, ce navire eſtant agité d'un vent frais, fiſt tant d'eau, que l'on ne pouvoit plus fournir à l'evacation (b).

Eſtant M. l'Admiral venu pour donner remede, tant aux hommes qu'audit navire, il trouva que le Seigneur de la Mileraye, Vice-Amiral de France, l'avoit jà fait deſcharger, & renvoyé au havre pour le radoubler (c). Ce fait, l'Admiral ayant deputé un autre navire pour luy, diſpoſa de l'ordre des

(a) Liſez *Sabords*.　　(b) A le vuider d'eau.

(c) Pour le radoubler.

batailles pour le lendemain. L'ordre fut, que le navire qu'il avoit effeu pour repréfenter celuy qu'on avoit renvoyé au Havre, dedans lequel devoit eftre fa perfonne, feroit au front acccompagné de trente navires qu'il avoit effeuz : le Sgr de Boutieres coftoyant ce bataillon fur la corne droite, accompagné d'autres trente-fix navires : le Baron de Curton (a) feroit la corne feneftre (b), armé de pareil nombre de navires : confideré l'avantage du lieu où fe tenoient les ennemis, il fut ordonné que dès le matin les galleres les yroient trouver à l'ancre, pour les efcarmoucher à coups de canon le plus furieufement qu'ils pourroient, & en combattant fe retireroient vers nos batailles, pour y attirer (s'il eftoit poffible) nos ennemis pour les avoir au large au combat, & les tirer hors du deftroit. Cefte ordonnance fut trèshardiment executée ; mais le temps fift par fon changement telle commutation de danger, qu'on n'euft fceu juger en fi peu d'efpace de temps, auquel fortune fe monftroit plus favorable à eux ou à nous : car au matin à la faveur de la mer qui eftoit calme fans vent ni fureur de courante, nos galleres

(a) Joachim de Chabannes, Baron de Curton.
(b) A la gauche.

ſe pouvoient regir & manier à leur plaiſir & au dommage des ennemis, leſquels n'ayans pouvoir de ſe mouvoir par faute de vent, demouroient appertement expoſez à l'injure de noſtre artillerie, qui avoit plus grande prinſe ſur leurs navires, que les navires ſur elles, d'autant qu'ils ſont plus éminens & plus corporus, & que par l'uſage des rames nos galleres pouvoient fuir, décliner le danger, & gaigner l'avantage.

Fortune entretint noſtre armée en ceſte ſorte plus d'une heure : durant lequel temps, entre autres dommages qu'en receurent les ennemis, la *Marirofe*, l'un de leurs principaux navires, à coups de canon fut mis au fonds, & de cinq ou ſix cens hommes qui eſtoient dedans, il ne s'en ſauva que trente-cinq. Le *Grand-Henry* qui portoit leur Admiral, fut tellement affligé, que s'il n'euſt eſté ſouſtenu & ſecouru des prochaines navires, il faiſoit une meſme fin : autres plus memorables pertes euſſent-ils fait, ſi le temps ne ſe fuſt tourné en leur faveur, qui non-ſeulement les exempta de ce péril, mais fut propice à nous courir ſus, en ſe levant ſeulement un vent de terre, lequel avecques la courante (a) les apportoit à plaine voille

(a) Avec le courant.

ſur nos galleres. Fut ceſte mutation ſi ſoudaine, que nos gens à peine eurent loiſir ni
la commodité de girer (a) les prouës : car au
temps de la bonaſſe que vous avez ouy, &
à la chaleur du combat, les galleres eſtoient
ſi fort approchées, venans ſi ſoudain les navires ſur elles de telle impetuoſité, que ſans
aucun remede leur paſſoient par deſſus le
corps, & les mettoient en fonds, ſi par une
grande aſſeurance des chefs, adreſſe & experience des mariniers & de la chiorme, on
n'euſt donné force & celerité extreme à
tourner les galleres : par ces moyens, ayans
nos gens giré les prouës, avecques l'agilité
des rames & faveur des voilles, ils s'eſloi-
gnerent en peu d'heures à la portée du canon,
& commencerent à eſlargir la vogue, & ra-
lentir leurs cours, pour attirer les ennemis,
ainſi que leur eſtoit ordonné, hors des bans
& difficultez des lieux cy-deſſus expoſez.

Il y a une eſpece de navires particulieres,
dont uſoient nos ennemis, en forme plus
longue que ronde, & plus eſtroitte beaucoup que les galleres, pour mieux ſe regir
& commander aux courantes qui ſont ordinaires en ceſte mer : à quoy les hommes ſont
ſi duits (b), qu'avecques ces vaiſſeaux, ils

(a) De tourner.　　(b) Si expérimentés

contendent (a) de viteffe avecques les galleres, & les nomment *Ramberges.* Il s'en
trouva quelques-unes à cefte retraitte, qui
d'une incroyable velocité fuivoient nos galleres en pouppe, & les moleftoient de leur
artillerie très-inftamment : dequoy elles ne fe
pouvoient deffendre, n'ayans artillerie en
pouppe : parquoy euft fallu qu'elles euffent
retourné fur eux, & ce faifans, fe fuffent
mifes en évidente perdition : car girant pour
les combattre, les ennemis avoient le temps
de les aborder à plaine voille, & par ainfi
les trebufcher. Toutesfois le Prieur de Ca-
pouë, frere du Seigneur Pierre Stroffe (b),
ne pouvant plus comporter cefte indignité,
fe confiant en l'agilité de fa gallere, commença à tourner fur un, lequel ayant devancé
les autres, tenoit prefque une de nos galleres
par la pouppe ; mais ce navire pour eftre
plus court, tourna pluftoft, & redreffa fon
chemin devers fon corps de bataille : &
depuis, ny luy, ny les autres ne fe mirent
à fuivre. Cependant l'Admiral eftoit dedans
fon navire, ayant fait mettre les autres en
armes, felon l'ordonnance cy-deffus expri-
mée, & jà eftoit pour donner le figne de
combat, s'il n'euft veu les ennemis fe retirer

(a) Ils difputent.   (b) Strozzi.

de leur chaffe, & reprendre le chemin de leur fort : à quoy il cogneut feurement qu'ils attendoient qu'à la confiance de nos forces nous vinffions temerairement les trouver à noftre defavantage, & que leur intention eftoit de ne fuivre nos galleres entant qu'ils le pourroient faire fans rien hazarder, efperans nous attirer fur les bans & battures (a). En ce conflict nous fifmes pertes de quelques forçats, & de quelques foldats privez : d'hommes de nom, il ne s'en perdit pas un.

Ayant M. l'Admiral comprins l'intention des ennemis, il refolut de tenter par autres moyens de les attirer : car ayant nouvelles que le Roy d'Angleterre eftoit arrivé à Portemuth, il eut opinion que faifant defcente en terre, gaftant & bruflant fon pays à fa veuë, & prefque entre fes mains tuant fes hommes, que l'indignation qu'il prendroit de telle injure, la compaffion qu'il auroit du fang & mort de fes fubjets, & le degaft & bruflement de fon pays l'efmouveroient tant qu'il feroit partir fes navires pour aller au fecours, principalement n'en eftant efloigné de deux traits de canon : ou s'il n'y vouloit entendre, le defplaifir de fès fubjets fe voyans n'eftre en rien relevez de la prefence du

(a) Il y a *battues* dans l'édition de 1569.

Prince, pourroit engendrer quelque fedition
& mutinement au pays. La defcente fe fift
en trois divers lieux tout en un temps pour
tenir la force des ennemis feparée : en un
cofté fut mandé le Seigneur Pierre Stroffe
pour defcendre au-deffus d'un petit fort, où
les ennemis avoient quelque artillerie, dont
ils battoient nos galleres par le flanc : là dedans s'eftoit retiré un nombre de gens de
pied du pays, lefquels ayans veu la hardieffe
des noftres, abandonnerent le fort, & fe mirent en fuitte dedans un bois taillis vers les
parties mediterranées : nos gens à la pour-
fuitte en tuerent quelques-uns, & bruflerent
les maifons circonvoifines.

Dans un autre endroit defcendit le Seigneur de Tais, General des gens de pied,
& avecques luy le Baron de la Garde, General de nos galleres. N'ayans trouvé refif-
tence à leur defcente, ils tirerent avant pour
recognoiftre & confiderer le pays ; mais ils
n'allerent gueres loing qu'ils ne trouvaffent
aucuns efcadrons (a) de gens de pied, qui,
par voyes fecrettes & couvertes par les bois,
s'eftoient affemblez ès lieux plus opportuns
pour le combat à leur avantage. A la confiance de quoy ils firent tefte à nos gens &

(a) *Efcadrons* fignifie ici *Corps*, *Compagnies*.

en blefferent quelques-uns : entre autres le Seigneur de Moneins y eut la main droite percée d'un coup de flefche; mais le refte de nos gens marchans en bataille leur firent abandonner leur lieu, & fe retirerent à vau de roupte par les mefmes chemins qu'ils eftoient venus, par lefquels on ne les pouvoit fuivre qu'en defordre, & à la file. En un autre endroit defcendirent les Capitaines Marfay & Pierrebon, Capitaines de galleres, lefquels furent bleffez en un combat contre une trouppe d'Anglois qui s'eftoient affemblez. Les autres gens de guerre eftoient cependant ès navires attendans le commandement de M. l'Admiral pour fortir : aucuns defquels voyans le feu de tous coftez par pays, & la lifiere de la mer abandonnée à noftre liberté, defcendirent fecrettement & fans congé en lieu efloigné de leur coronnal (a), pour n'eftre par luy empefchez, lefquels defcendus fans conduite & fans chef pour leur commander, s'efpandirent plus franchement par le pays & fans confideration : ayans, à la veuë des ennemis, gaigné le hault d'une montagne qui traverfe l'ifle de Huicht en largeur, ils furent affaillis par gens

(a) De leur Chef. (Lifez du Cange , Tome II, P. 1091, au mot *Coronellus* , Tome II.

de cheval & de pied ſi vivement, que quelques-uns furent tuez, & autres prins, & le
reſte pourſuivis en deſordre juſques au bas
de la montagne près de la marine, où, à la
faveur de noſtre armée & d'une haye & foſſé
qu'ils trouverent, ils ſe raſſemblerent & firent
teſte à la vuë de leurs compagnons qui eſtoient dedans les navires; dont pluſieurs de
ce eſmeus, monterent en barque à grande
haſte, & allerent à leur ſecours : ce qui leur
donna tel cueur, qu'ils regaignerent la montagne, mettans les ennemis en chaſſe, qui
ſe retirerent loing en terre juſques à un ruiſſeau, qu'ils paſſerent par deſſus un pont,
qu'ils couperent, pour crainte d'eſtre ſuivis
des noſtres; & là ſe tindrent coys attendans
du renfort. Cela venu à la cognoiſſance de
M. l'Admiral, craignant que ſes gens eſtans
ſans chef, vagabonds, ne receuſſent quelque
honte, il commanda au Seigneur de Tais
d'y aller en perſonne pour les faire retirer;
ce qu'il fit.

Le jour ſuivant, l'Admiral ayant veu que
par nul moyen ne ſe pouvoient attirer les
ennemis au combat, delibera les aller aſſaillir
au lieu où ils eſtoient : ſur ceſte deliberation il aſſembla en public tous les pilots,
Capitaines & mariniers, pour mieux entendre
la nature

la nature & qualité du lieu, & le remede
que l'on pourroit prendre contre la difficulté
des bans cy-deſſus mentionnez; leur remonſ-
trant combien nous eſtions ſuperieurs, tant
de nombre de navires, que de valeur d'hommes, & quel proffit porteroit au Roy & au
Royaume une telle victoire, laquelle il tenoit certaine qui pourroit aller juſques à eux.
Les hommes, tant Capitaines que ſoldats ſe
trouverent prompts de vouloir aller au combat; mais l'incommodité du lieu leur apportoit tant de hazards, que les Capitaines de
marine & pilots aſſeuroient n'eſtre poſſible
d'y aller ſans évidente perte. Les raiſons qui
les mouvoient eſtoient telles, qu'il falloit
entrer par un canal, par lequel ne pourroient
arriver que quatre navires de front, ce qu'ai-
ſement les ennemis pouvoient deffendre ,
preſentant pareil nombre de navires en teſte :
avecques ce, on n'y pouvoit aller qu'en faveur de la courante & du vent; & quand les
quatre premiers navires ſeroient empeſchez,
ladite courante porteroit ſur eux les autres
qui les ſuivoient & les fracaſſeroient : &
outre cela, qu'ils avoient à combattre près
de leur terre, de laquelle à coups de canon
ils ſeroient favoriſez à noſtre prejudice : ce
qu'encore n'eſtant receu en conſideration,

il devoit eftre certain que fi les navires s'abor-
doient & accrochoient, la force de la courante les jetteroit en terre les uns fur les
autres. En ceft endroit fut parlé de combattre
à l'ancre ; à quoy refpondirent les pilots,
que les cables fe pourroient couper, & là
où ils ne fe couperoient, que le danger n'en
feroit moindre ; car la courante eft de telle
nature, qu'elle fait tousjours girer la prouë
des navires devers foy, & en ce faifant fe
monftreroit la pouppe de nos navires à nos
ennemis, au lieu de leur prefenter la prouë
ou le cofté. A ces raifons ils en adjoufterent
une autre : qu'ayans jetté l'ancre, les navires
ne s'arrefteroient pas tout court ; car ils vont
de telle force, que les contraignant, ils tres-
bucheroient ou romproient l'ancre ou cable,
& partant il faut filer & couler les cables
peu à-peu, pour, par cefte mefme forte, arrefter les navires : or venans à ce faire, ils
pourroient aller jufques à toucher la terre,
& s'ouvrir & perdre.

Ces raifons fe trouverent fi apparentes,
que l'on n'y pouvoit contredire ; mais l'Admiral & autres Capitaines, craignans que les
pilots (combien qu'ils fuffent tous conformes
à leur dire) ne fiffent par coüardife les chofes
plus difficiles qu'elles n'eftoient, ne fe voulu-

rent satisfaire, qu'ils n'eussent envoyé sonder le fonds du canal, mesme sa largeur, & considerer l'avantage que le dedans du goulphe (a) portoit aux ennemis : pour ce faire il donna commission à trois pilots, accompagnez d'autant de Capitaines, pour la nuict sonder tout à loisir, & vaquer à ceste affaire. Le matin à leur retour ils firent rapport tout conforme à ce que vous avez ouy, & dirent davantage, que l'entrée du canal n'estoit droite, mais sinueuse & tirant vers les ennemis ; de sorte qu'un navire estranger y pourroit à peine entrer sans pilot, y allast - il sans soufpeçon, ni doute du combat. Le rapport fait en la presence des Capitaines, l'on meit en deliberation ce qui seroit plus expedient pour le service du Roy, ou se lever de-là pour prendre chemin vers Picardie, & favoriser nos gens, & empescher le secours des Anglois d'aller à Boulongne, ou d'entendre à la fortification de l'Isle d'Huicht, qui seroit au grand dommage du Royaume d'Angleterre. Entre autres raisons qui induirent aucuns Seigneurs assistans à vouloir fortifier l'Isle, furent celle-cy : que l'ayans en nostre puissance, aisement nous viendrions à estre Seigneurs de Portemuth, qui est un des plus

______
(a) Du Golfe.

beaux ports d'Angleterre, & par ce moyen tiendrions les ennemis en incroyable defpence, ayans à entretenir continuellement armée tant par mer que par terre, pour faire tefte à nos gens : & outre, nous ferions fur le paffage d'Efpagne & Flandres, que nous tiendrions à noftre plaifir, & qu'avecques le temps l'Ifle fe pourroit cultiver, & rapporter vivres pour la nourriture de la garnifon que le Roy y tiendroit.

Ces utilitez femblerent grandes & fortes à confiderer, mais au contraire debattoient autres difficultez non de moindre confideration : la premiere, qu'au lieu trouvé plus commode à fortifier, pour eftre de forme demy circulaire, il faudroit, à l'opinion du Seigneur de Tais, & de Sainct-Remy, & autres à ce cognoiffans, édifier trois fortereffes tout en un temps : deux fur les deux pointes du demy cercle, pour la deffence de la rade, & protection de nos navires, & une autre fur la rotondité pour loger nos gens ; ce qui monteroit à extreme defpence, & ne fe pourroit achever en moins de temps que de trois mois, encore qu'on euft fix mille pionniers ; & que le lieu eftoit tel pour eftre au cueur des ennemis, que l'on n'y pourroit laiffer moins de fix mille foldats, chofe impoſſible pour l'heure, laiſſant les vaiſſeaux armez. Outre plus que l'armée ne ſe pourroit eſloigner, que les forts ne fuſſent en deffence : de demourer il leur eſtoit impoſſible, n'ayans port contre la fureur & tourmente des vents, ny vivres abondamment, & s'approchant l'arriere faiſon qui eſt pluvieuſe & venteuſe, les navires n'y pourroient eſtre ſeurement, ny les ſoldats qui ſeroient laiſſez en terre ne pourroient refiſter à l'injure du temps, n'ayans habitation pour ſe tenir à couvert, ny tentes, ny couvertures. Leſquelles incommoditez deduites, divertirent les autres de leur opinion, & fut conclu à differer (a) ceſte entrepriſe juſqu'à la reſponſe de la volonté du Roy. *Quant à mon opinion, ne deſplaiſe à celle des Seigneurs de Tais & de S. Remy, il me ſemble que veuë l'affection & le moyen qu'avoit le Roy de ſe mettre en repos contre ſon ennemy le Roy d'Angleterre, il ſe preſenta une occaſion pour ce faire, laquelle mal-aiſément de long-*

(a) Il n'étoit pas difficile d'avoir une prompte réponſe du Roi, puiſqu'il étoit ſur les côtes de la Normandie. Cette réponſe, ſuivant les apparences, ne fût pas favorable au projet de fortifier l'Iſle de Wigth, puiſque la choſe n'eut point d'exécution.

*temps s'offrira ; mais Dieu conduit les choses
en la forme qu'il luy plaist.*

Cependant les galleres se rafreschirent
d'eau, pour, le soir survenu, faire voille vers
Douvres, costoyant ladite Isle d'Huicht, pour
de là traverser à Boulongne. L'endroit qui
se trouva plus commode à prendre l'eau,
estoit en un lieu au dessous de la Montagne,
qui fait la lisiere de l'isle à l'encontre du Havre-de-Grace : là où estant venu le Chevalier
d'Aux, Provençal, Capitaine des galleres
faites en Normandie, pour n'estre empesché
en son aiguade, de peur que ses gens en
ceste occupation ne fussent assaillis au despourveu, alla à terre pour asseoir son guet,
ne s'asseurant du tout en son argousin (a),
l'ayant assis en compagnie d'une trouppe de
gens qui l'avoient suivy au sortir de sa gallere, pour mieux encore descouvrir, il
monta au haut de la montagne, où il trouva
une embuscade d'Anglois, qui luy vindrent
courir sus si vivement, que ses gens n'ayant
loisir de se recognoistre se mirent en fuitte,
& l'abandonnerent. En cet instant ledit Chevalier fut frappé d'une flesche au genouil, qui
le fist tresbucher : puis se relevant fut frappé

(a) Sergent de galères. (Dictionnaire Etymol. de
Menage.)

fur la tefte d'un coup de vouge (a), (qui font armes que portent lefdits Anglois) fi rudement qu'on luy fift voler le morion hors de la téfte , & tresbucher une autre fois , & alors un autre coup luy fut redoublé , lequel luy fift tomber la cervelle à terre , qui fut grande perte pour le fervice du Roy , car il eftoit très - vaillant & experimenté gentil-homme.

Pendant que quelques uns des leurs s'amu-ferent à le defarmer , les autres pourfuivirent nos gens , qui ne fe recogneurent ny arrefte-rent jufques à ce qu'ils fuffent arrivez près de la marine. Quoy voyant Monfieur l'Admi-ral, il envoya le Seigneur de Tais pour les rallier , & faire tenir fort en quelques mai-fons prochaines , pour ne mettre en defordre ceux qui eftoient à prendre l'eau. A fon arrivée un nombre de bons & affeurez foldats qu'il avoit menez quant & luy, & autres qui faifoient efcorte aux aquerots (b) , mis en efquadron , marcherent droit aux ennemis,

(a) Vouge, efpèce d'arme ufitée parmi les Veneurs, & dont le fer étoit large. (Voyez du Cange au mot *Vang1*, Tome VI, p. 1409 , & le Dictionnaire de Menage au mot *Vouge.*)

(b) *Aquerots* vient d'*Aquarius* , Porteur d'eau (Voyez du Cange, Tome I, p. 615.)

& les repousserent à la montagne, au moyen
dequoy il ne receut autre perte. Le Prieur de
Capoüe fut en autre endroit assailly, mais il
se trouva si bien accompagné, & avoit si
bien pourveu à ses affaires, qu'après en avoir
mis plus de trente au fil de l'espée, il meit
les autres à vau de roupte. Sur le soir l'Admiral se retira, & le lendemain fist partir ses
navires, demourant à l'arriere-garde avecques
les galleres pour soustenir les ennemis, où
ils feroient quelque saillie. Sur le partement
de nos navires le vent fut si à propos, qu'ils
arriverent à Valseau loing d'Huicht quatorze
lieuës, avant que les galleres les peussent
atteindre. Ce lieu pour estre plain & descou-
couvert, sembla si beau à nos gens, qu'il
print volonté à un bon nombre d'y descendre : ce qu'ils feirent en l'absence de leur co-
ronal, sans ordre, ny conduitte : s'estant un
peu essoignez de la marine vers un village
qu'ils veirent escarté, ils y donnerent, pen-
sans faire butin : mais ils y furent attendus
des ennemis auprès d'un ruisseau assez profond, à cause du reflus de la mer, lesquels
voyans partie de nos gens avoir passé par-
dessus quelques planches, sortirent soudaine-
ment d'un petit fort, où ils s'estoient embus-
chez, & après le pont rompu, pour clorre

le paſſage aux autres, ils chargerent ſur ceux qui eſtoient de leur coſté ſi vigoureuſement qu'ils les contraignirent de ſauver leur vie à la fuitte : mais au repaſſer le ruiſſeau, une partie furent emportez de la courante & noyez ; quelques-uns, qui ſceurent nager, forcerent l'impetuoſité de l'eau, & ſe ſauverent à la faveur de leurs compagnons, leſquels eſtans de l'autre coſté de l'eau, les ſouſtindrent à coup d'arcquebuſe.

Sur ces entrefaites, arriva l'Admiral, lequel à coups d'artillerie repouſſa les ennemis, & leur feit quitter le fort, & par ce moyen retira ſes gens. Sur le ſoir il feit voille vers Blanchef : puis coſtoyant la Rie juſques auprès de Douvres, il dreſſa ſon chemin vers Boulongne (a), où il rafreſchit de vivres l'armée de mer, & meit en terre au Portet près Boulongne, pour renforcer noſtre armée de terre quatre mille hommes, & trois mille pionniers, laiſſant ſon armée de mer pourveuë. Par là vous pouvez cognoiſtre qu'il pouvoit laiſſer en l'Iſle d'Huicht leſdits quatre mille hommes, & quatre mille pionniers, qui eſtoit ſuffiſamment pour garder ladite Iſle,

(a) Le Père Daniel s'eſt trompé en diſant que notre flotte ne put approcher de Boulogne, & que le vent la repouſſa ſur les côtes d'Angleterre.

attendant nouveau rafraifchiffement, & leur pouvoit laiffer vivres (à ce que j'entendis des munitionnaires) pour un mois ou cinq fepmaines. Cependant les vents d'aval fe meirent à fouffler partant de devant Boulongne, de forte que noftre armée de mer pour fe mettre en lieu de feureté, fut contrainte de relafcher pour chercher le couvert vers l'Angleterre : où eftans venus en un lieu appellé les Perrais, & là detenus par la force du vent & d'une groffe mer, fembla au Roy d'Angleterre, s'eftre prefenté à luy l'occafion de deffaire noftre armée. Parquoy ne voulant perdre cefte occafion, en toute diligence il feit mettre en mer fon armée, qui montoit à cent bons navires, pour nous venir trouver à la faveur de ce temps, qui les apportoit par la pouppe, & à plaine voile fur nous. Entre autres raifons qui luy donnoient efperance de victoire, eftoit que la violence des vents & la commotion de la mer, nous ofteroient l'ufage & le fervice de nos galleres, & que fon armée fe prefentant devant la noftre, la contraindroit fans combattre ou de donner en terre & fe perdre, ou de paffer le deftroit de Calais, chofe qui ne fe pouvoit faire fans defordre & grand danger.

L'un & l'autre party luy fembloit aifé,

car fi nous attendions à nous lever jufques à ce que les euffions en tefte, & fi alors nous venions à défancrer, la courante & les vents qui les apportoient fur nous , par forcè nous jetteroient en terre : au contraire fi nous attendions , ils nous trouvoient efcartez les uns des autres , & ne nous eftoit poffible pour la crainte du mauvais temps , de nous tenir ferrez : & eux nous abordans en fi grand avantage, nous forceroient & noûs jetteroient à travers. Outre-plus , & fi pour obvier à ces inconveniens , nous voulions prevenir à ladite arrivée, & nous lever de bonne heure, la mer & le vent nous forceroient d'aller en Flandres, où nous aurions à paffer le deftroit, qui nous feroit au retour empefché & deffendu : avec ce, il feroit poffible que le temps contraire nous retiendroit là fi longuement, que nous y pourrions avoir faute de vivres, & cependant les ennemis qui pour nous attendre au paffage viendroient à Boulongne, pourroient deftourner les forts que le Roy avoit deliberé d'y faire. A quoy l'Admiral vouloit par tous les moyens du monde remedier : ces chofes requeroient auffi prompt & foudain remede que les dangers que vous avez ouys, eftoient grands ; car un Flament qui la nuiɗ precedente s'eftoit enfuy d'avec eux , affeu-

roit que le jour mefme, ou le lendemain matin, ils fe pourroient trouver fur noftre
armée.

L'Admiral, ayant toutes ces confiderations,
par l'advis des Capitaines, conclud qu'au
changement du flux, fi auffi le vent venoit à
changer ou calmer, qu'on fe leveroit pour
fe jetter en haute mer, dreffant toujours le
chemin vers l'ennemy, afin de le pouvoir
combattre au large, & gaigner le vent; &
là où le temps le forceroit de demourer, il
ordonna que les galleres iroient foubs une
pointe approchant d'eux qui les couvroit
du vent, & la où ils eftoient fe tiendroient
les vaiffeaux les poupes vers la terre, & les
grands navires fe mettroient en bataille un
peu au deffous tant ferrez que le temps le
permettoit, afin que l'armée des ennemis
venant à executer fon entreprinfe, & voulant aborder nos navires, eut à paffer par devant les galleres qui leur demoureroient par
ce moyen audeffus du vent. Et là où par
crainte de ceft inconvenient les ennemis voudroient arriver de bonne heure pour combattre les galleres, ils ne le pourroient faire
eftans en fi peu d'eau, mefmes que leurs petits navires n'en pourroient approcher fans
toucher en terre : avec ce, pour le peu d'in-

tervalle qui feroit entre les galleres & les navires, il pourroit advenir que non feulement
les ennemis pafferoient outre les galleres ;
mais la courante eftoit telle, qu'elle les pourroit jetter de là nos navires.

La chofe ainfi refoluë, on attendit le changement du flux, à l'ancre, pour veoir ce que
le temps nous apporteroit : mais nous trou-
vafmes que le temps perfevera en fa fureur
tout ce jour, dont fufmes forcez d'attendre
la marée le lendemain, qui nous fut tant
favorable en bonnaffe avecques changement
de vent, que nous penfames partir & dreffer
le chemin là où avions nouvelles de trouver
les ennemis. La bonaffe augmenta tellement
peu à peu, que fur le midy nous ne fouhai-
tions rien plus que de rencontrer ceux qui
bravoient de nous venir trouver. Sur ce point
defcouvrans quelques voilles, foudain nos
galleres feirent diligence de les aller recognoiftre : les ayans approchez, il fe trouva
qu'ils eftoient Flamens, & par eux s'enten-
dit que l'armée de l'ennemy n'eftoit pas loing
de là. L'Admiral l'ayant entendu, alla au
navire rond qu'il avoit choifi pour combattre
l'Admiral d'Angleterre, & manda les galleres
donner plus avant pour en fçavoir plus certaines nouvelles : lefquelles au point du jour vin-

drent à la veuë des ennemis. L'Admiral les suivit avecques l'armée en toute diligence ; mais le temps estoit si calme qu'il ne pouvoit avancer le chemin, qu'autant qu'il estoit porté par les courantes. Les ennemis ayant la veuë de nos galleres, pour ne demourer entre icelles & nostre armée par ce temps calme, faisoient grande diligence de gaigner le dessus du vent : ce que nos galleres à toutes forces vouloient avoir : en quoy les armées voguerent presque tout le jour, costoyant l'un l'autre de si près, qu'aisément l'on pouvoit compter les navires & juger de leur grandeur.

En cette navigation les ennemis portoient toujours les proües devers la mer, faisans contenance de vouloir combattre, sans toutesfois qu'ils perdissent la veuë de leur terre : mais enfin ayans veu nostre armée au dessus du vent, & suivre en bonne ordonnance sans plus dissimuler, ils meirent les voilles, & dresserent leur chemin en pouppe vers l'Isle d'Huicht. Dont s'estant avisé le Baron de la Garde, pour les retarder & donner temps à nostre armée d'approcher, il print opinion de donner en queuë sur quelques navires, qui pour estre pesants, estoient demourez assez loing des autres, & par ce moyen le resle de l'armée ralentiroit sa retraitte : mais sur le champ le vent se rafreschit , sans toutesfois commotion ni tourmente de la mer : cela fut cause qu'ils se retirerent sans desordre : si est-ce qu'on eut loisir d'estre plus de deux heures au combat avec eux , & de si près , qu'à peine pouvoit-on descharger nostre artillerie. Il n'y a faute qu'ils n'espargnoient les nostres ; mais nos galleres pour estre plus basses , estoient moins exposées à la fureur de leur artillerie. L'escarmouche fut bien chaude , car le matin il fut veu en mer plusieurs corps morts , & forces pieces de bois , & ne fut pas (a) tiré moins de trois cens coups d'artillerie tant d'un costé que d'autre. En combattant la courante & le vent portoient les ennemis tout droit vers leur port , & la nuict vint qui meit fin au combat. Le matin quand on les alla recognoistre , on les trouva

(a) Hume , dans son Histoire d'Angleterre, Tome III, p. 357 , in-4°, remarque avec raison qu'il étoit presque impossible alors qu'une flotte remportât quelque avantage important sur une autre, à moins d'en venir à l'abordage. Le canon étoit communément si mal servi, que les deux flottes en deux heures de combat tirèrent , selon du Bellay , trois cens coups de canon. Il n'est pas de notre tems, ajoute l'Historien Anglois, un gros vaisseau qui n'en tire autant à lui seul.

en lieu de feureté : parquoy l'Admiral print son chemin vers le Havre-de-Grace, pour rafrefchir son armée, & defcendre grand nombre de malades, qui eftoient fur noz navires : les gros vaiffeaux vindrent defcendre au Havre-de-Grace. L'Admiral eftant adverty que le Roy eftoit à Arques, alla fur une gallere defcendre à Dieppe, deux lieues près dudit lieu d'Arques, qui fut le lendemain de la mi-Aouft.

Vous avez entendu cy-devant, comme le Marefchal du Biez avoit affeuré le Roy, que son fort commencé devant Boulongne feroit en deffence à la mi-Aouft : parquoy (eftant ce jour venu) le Roy efperant executer l'entreprife de Guines, dont eft parlé cy-deffus, depefcha le Seigneur de Langey fur chevaux de pofte, pour aller en fon camp devant Boulongne, & luy faire rapport de l'état auquel il trouveroit ledit fort. Lequel y eftant arrivé, le trouva auffi peu en deffence que huict jours après qu'il fut commencé : car premierement il n'eftoit affis fur la pointe qui eftoit ordonnée, vis-à-vis de la tour d'Ordre, pour empêcher l'entrée du Havre ; mais il eftoit planté en un lieu appellé *Oultreau*, vis-à-vis de la Baffe-Boulongne, où il n'empefchoit en façon du monde l'entrée

dudit

dudit Havre. Les raifons qu'en donnoit le Marefchal du Biez, pourquoy il n'y avoit efté planté, eftoient qu'on luy avoit fait entendre, qu'il ne s'y trouveroit eau, & que pour les vents, les foldats n'y pourroient faire demeure : auffi le Marefchal du Biez fe confioit en un Italien nommé le Capitaine Antoine Mellon, penfant qu'il fut bon fortificateur, & homme de guerre. Ledit Mellon ne fçachant fes mefures, avoit compofé fon fort de cinq bouleverts en quintangle : & à ce que ledit fort fut pluftoft en deffence, avoit fait les foffez, tant des bouleverts que des courtines, de quarante pieds de large, & de profondeur dix-huict pieds, efperant fur le bord du foffé par dedans y faire feulement un rempart en forme de parapet, pour fe couvrir, d'autant qu'il n'y avoit montagne qui luy commandaft. Mais eftans lefdits foffez parachevez, & les terres jettées dedans, pour fervir à faire ledit parapet, eftimant qu'il ne faudroit plus que les fafcines & gafons, il fe trouva qu'il avoit prins fes mefures fi courtes, eftimant le bas fur le haut, n'ayant egard au taluz qu'il eftoit befoin de luy donner, que les bouleverts fe trouverent fi petits, qu'il n'y avoit lieu où l'on euft fceu loger une piece d'artillerie, mefme le dedans du fort fe trouva fi ferré, qu'il n'y euft eu efpace pour loger cinq ou fix cens hommes. Parquoy il falut remplir lefdits foffez, & parce qu'en les rempliffant de terre remuée, il la falloit lier de fafcines & de gros chefnes debout, de forte que pour ce faire on fut contraint d'y mettre la plufpart de tous les chefnes de la foreft de Hardelot, voifine de lieuë & demie de là, pour les planter debout à fouftenir ledit rempart : tout le charroy, tant de l'artillerie qu'autre, qui avoit accouftumé d'amener les fafcines & gafons, fut employé, & tout ce qu'en fix fepmaines ou deux mois avoit efté fait, demoura inutile : de forte que ce fut autant d'argent & de temps perdu. Langey retournant devers le Roy qu'il trouva à Sererpont, fift ce rapport : mais le lendemain arriva le Seigneur de Sainct-Germain, Guafcon, devers le Roy, envoyé de la part du Marefchal du Biez, lequel affeura le Roy que dedans huict jours le fort feroit en deffence. Le Roy adjouftant foy au dire dudit Seigneur du Biez, qui eftoit fon Lieutenant General & Marefchal de France, efperant que le rapport feroit veritable, s'achemina pour marcher en avant, & s'en aller à Foreft-Montier, Abbaye près de Rüe, duquel lieu il depefcha Langey derechef pour aller audit fort,

& y faire sejour de huiɗ jours, & considerer de jour à autre, combien se hauffoient ses bouleverts & courtines, afin que par ce moyen on peuſt faire jugement dedans quel temps on se pourroit affeurer que le Roy se peuſt ayder de son armée pour luy servir ailleurs, laquelle armée eſtoit de douze mille Lanſquenets, douze mille hommes de pied François, six mille Italiens à pied, & quatre mille Legionnaires, environ mille ou douze cens hommes d'armes, & sept ou huiɗ-cens chevaux legers.

Arrivé ledit Langey au camp, il expoſa au Mareſchal du Biez en la preſence de tous les Capitaines, tels que le Seigneur de la Roche-du-Maine, le Seigneur de la Guiche, le Seigneur d'Eſtrée, le Seigneur de Villebon, le Seigneur de Heilly, le Seigneur de Briſſac, General de la cavalerie legere, le Comte Rein-Grave & pluſieurs autres Capitaines, la charge qu'il avoit du Roy : mais le Mareſchal declara en ladite compagnie, qu'il avoit advertiſſement que l'ennemy s'aſſembloit à Calais, pour venir ſecourir Boulongne par terre, laquelle (à ce qu'il diſoit) il tenoit pour affamée ; & qu'à ceſte occaſion il eſtoit deliberé de paſſer la riviere, & abandonner le fort, laiſſant ſeulement trois ou quatre mille hommes dedans, & aller loger fur le Mont-Lambert, pour eftre en tefte à l'ennemy, & luy donner la bataille s'il venoit fecourir ladite ville. Plufieurs des Capitaines ne trouverent qu'il fuft vray-femblable que l'Anglois vouluft hazarder une bataille par terre, attendu qu'il n'eftoit fi fort que nous pour venir renvitailler fa ville, laquelle tous les jours à noftre veue & fans danger il rafrefchiffoit par mer, & qu'en un navire feul on peut porter plus de vivres qu'en mille chariots. A cefte occafion ils ne pouvoient trouver bon qu'on abandonnaft le fort pour paffer l'eau, attendu mefmement que paffant de là, on retardoit de beaucoup la fortification, ce qui n'eftoit l'intention du Roy; car partant le camp (a), on oftoit la commodité de quatre ou cinq mille foldats tant François, Lanfquenets qu'Italiens, qui tous les jours travailloient au rempart, & de cinq cens pionniers de l'artillerie, qui falloit qui l'accompagnaffent & de cinq cens chevaux de ladite artillerie, lefquels ordinairement amenoient fafcines & gafons. Toutes lefquelles remonftrances n'eurent lieu, car le lendemain matin fans autre refolution, dés le poinct du jour il envoya le Seigneur de Villebon faire ra-

(a) Car en décampant.

biller le paſſage du Pont de brique, pour paſſer
l'artillerie & l'armée, & alla loger au Mont-
Lambert, ainſi qu'il avoit deliberé ſans en rien
faire entendre au Sgr d'Eſtrée, qui eſtoit Mareſchal du camp avecques ledit Villebon, d'autant qu'il ſçavoit que ledit d'Eſtrée n'eſtoit
de ceſte opinion. Pour dire verité, j'eſtime
que du Biez le faiſoit par braverie; & moy
meſme luy remonſtray à part que ce n'eſtoit
l'intention du Roy ; mais je n'y proffitay rien :
& depuis le Roy me dit, *qu'il penſoit que le
Mareſchal n'euſt voulu que Boulongne euſt eſté
repriſe , craignant perdre ſon authorité de
commander aux Princes , & à une ſi groſſe
armée.*

Les nouvelles entenduës à la Cour que le
Mareſchal du Biez alloit donner la bataille,
toute la jeuneſſe qui eſtoit près du Roy, eſperant eſtre à ceſte journée, deſlogea pour
s'y trouver, aucuns ſans congé du Roy,
autres avecques congé. Entre autres partirent M. d'Anguien, M. d'Aumalle, M. le
Duc de Nevers, M. le Comte de Laval, M.
de la Trimoüille & tout le reſte de la jeuneſſe, leſquels vindrent trouver le camp au
Mont-Lambert, & ſe logea M. d'Aumalle à
l'avant-garde, laquelle M. de Briſſac conduiſoit. Ledit lieu de Mont-Lambert eſt ſi près

de Boulongne, que coup à coup noftre artillerie donnoit dedans la ville, & celle de
la ville dedans noftre camp, & tous les jours
fe faifoient de belles efcarmouches, où en
demouroit & des leurs & des noftres.

Cependant le Roy eftoit en ladite abbaye
de Foreft-Montier, qui tire d'Abbeville à
Montreul, à onze lieuës de Boulongne. Auquel lieu de Foreft - Montier, après y avoir
fejourné quelques jours, Mgr d'Orleans fe-
cond fils du Roy, jeune Prince de l'aage de
vingt-trois ans (a), fut faifi d'une fiebvre continue, que les Medecins, eftimoient pefti-
lencielle, à laquelle ils ne fceurent remedier
qu'il ne (28) rendift l'ame à Dieu le huie-
tiefme jour de Septembre mil cinq cens quarante cinq. Qui ne fut (à ce que vous pouvez confiderer) peu d'ennuy au Roy fon pere,
d'avoir perdu deux de fes enfans, fçavoir
l'aifné & le dernier en la fleur de leur aage
adolefcente. *Mais à l'imitation de David, il
print la fortune comme chofe venant de Dieu :* &
pour paffer fa douleur, & auffi qu'on eftimoit
que mondit Sgr d'Orleans eftoit mort de pefte
(ce qui ne fut trouvé veritable ; vray eft
que le pays eftoit fort infecté de mauvais air,

(a) L'âge du Prince & l'année de fa mort font en
blanc dans l'édition de 1569.

pour la neceffité que la guerre & le feu y
avoient apporté) il deflogea promptement
dudit lieu de Foreft-Monftier, & alla coucher en un village nommé l'Hofpital, à l'autre
bout de la foreft de Creffy : où eftant arrivé,
& voyant la diverfité des rapports qu'on luy
faifoit de jour en autre de la fortification de
fon fort, à caufe dequoy il ne pouvoit conclure du moyen qu'il auroit de fe fervir de
fon armée, il depefcha pour mieux s'en refoudre l'Admiral d'Annebault, & en fa compagnie le Prince de Melphe, Marefchal de France, & le Seigneur de Maugeron, Chevalier
de fon ordre & Gouverneur de Dauphiné,
pour aller devant Boulongne, afin de recognoiftre le fort, & luy rapporter au vray en
quel eftat il fe trouveroit, & avecques eux
le Seigneur de Langey, qui par plufieurs fois
y avoit efté pour leur faire entendre fur le
lieu ce qu'il en avoit cogneu.

Peu de jours auparavant, les garnifons
d'Ardres & celles de Calais & de Guines,
eftoient en courfes continuelles les unes contre les autres : & entr'autres s'eftoit fait une
entreprife par le Seigneur de Dampierre,
Lieutenant du Roy dedans Ardres, ayant
appellé du camp pour fon renfort le Seigneur
de Tavannes, Lieutenant de la compagnie

de Mgr d'Orleans, avecques icelle compagnie, en laquelle, après quelque perte des noftres & des ennemis, ledit Dampierre fut tué.

L'Admiral ayant print congé du Roy, pour aller au lieu (a) predit, alla coucher à Montreul, partant dudit lieu & arrivé au Neuf-Chaftel, trois lieuës deçà Boulongne, il tomba malade d'une fievre chaude fi vehemente, qu'il fut contraint de demourer audit Neuf-Chaftel : parquoy le Prince de Melphe, le Seigneur de Maugeron & de Langey, paracheverent le chemin, pour faire rapport au Roy de ce dont ils avoient charge. Le Prince de Melphe arrivé audit lieu, ayant bien vifité le fort, & confideré le temps qu'il eftoit commencé, & le temps qu'il falloit pour l'achever, jugea qu'on feroit bien avant en hyver avant qu'il put eftre en eftat d'eftre deffendu, fans avoir l'efpaule d'une armée. Après toutes ces chofes bien confiderées, il retourna trouver l'Admiral encore malade au chafteau de Courte-ville, trois lieuës par delà Montreul, fur le chemin de Boulongne, d'où ils s'acheminerent pour retourner devers le Roy, luy faire rapport de ce qu'ils avoient trouvé : lequel voyant fon efperance

(a) Pour aller à Boulogne.

perduë, & la faifon trop tardive pour cefte année fe mettre en campagne, fe retira en l'Abbaye de S. Fufcien, deux lieuës au def-fus d'Amiens, à caufe que la pefte eftoit dans la ville.

Pendant que l'Admiral & le Prince de Mel-phe fe retirerent devers le Roy, à raifon de la proximité du Mont-Lambert, où eftoit affis noftre camp, ordinairement s'y faifoient de belles & grandes efcarmouches. Entre autres un jour François de Lorraine, Duc d'Aumalle jeune Prince de grande volonté, fils aifné du Duc de Guyfe, eftoit allé pour veoir l'ef-carmouche ; mais voyant nos gens la fouf-tenir affez lentement, & eftre fur le poinct d'eftre renverfez, pour les remettre debout, voyant une trouppe d'Anglois qui les ve-noient charger par le flanc, & fe penfant affeuré que plufieurs qui eftoient près de fa perfonne ne l'abandonneroient, il chargea lefdits Anglois fi vigoureufement, qu'il les arrefta fur cul : mais n'eftant fuivy comme il efperoit, il receut un coup de lance dedans la veuë, qui luy donna entre le nez & l'œil, & entra dedans la tefte environ demy pied : car il faut entendre que le fer de la lance eftoit à trois quarres, & n'eftoit gros, & avoit environ une paume de long, lequel entra

tout dedans la teſte avecques la ɖoüille, &
bien deux doigts du bois : la lance rompit,
& luy demoura le tronçon dedans la teſte :
toutesfois pour ledit coup il ne perdit ny les
arſons, ny l'entendement, dont bien luy
print : car s'il fuſt tombé, jamais homme ne
l'euſt ſauvé des mains des gens de pied Anglois, qui en prenoient peu à mercy. Eſtant retourné au camp, tous les Chirurgiens
doutoient que la force dont il convenoit uſer
pour retirer ledit tronçon hors de la teſte,
ne miſt ledit Prince en hazard, ne pouvant
ſupporter la ſecouſſe, & par ce moyen qu'il
rendit l'eſprit entre leurs mains : mais il porta
la douleur auſſi patiemment, *que* (a) *qui ne
luy euſt tiré qu'un poil de la teſte* : ce nonobſtant eſtant porté en une littiere juſques
à Piquigny, il fut deux ou trois jours qu'on
ne luy eſperoit vie : à l'occaſion dequoy il
diſpoſa de tous ſes affaires, en pourvoyant
tous ſes ſerviteurs. Quant à moy, je penſe
aſſeurement que Dieu luy ſauva la vie, non
pas les medicaments des hommes, & qu'il

(a) L'Auteur de la vie de Gaſpard de Coligny,
p. 66, attribue cette belle cure à Ambroiſe Paré. Selon
lui, Paré prit les tenailles d'un Maréchal, mit le pied
ſur la tête du Prince Lorrain, & en arracha ſi adroite-
ment le tronçon de lance, qu'il n'endommagea pas l'œil.

le preferva (a), afin que cy-après le Roy en tiraft plus grand fervice.

Il fe fift plufieurs autres faits d'armes, qui feroient mal-aifez à mettre icy par efcrit, & entre autres un auquel François de Touteville, Seigneur de Menainville, frere du Seigneur de Villebon, fut tué à coups de lance & de picque. Autre jour Jean de la Vieuville, Seigneur de Fretoy, jeune homme de Picardie, promettant beaucoup de foy, tomba en pareil danger que ledit de Touteville: & faut entendre que l'avantage eftoit grand pour l'Anglois, d'autant que du cofté où fe dreffoient les efcarmouches (qui eftoit devers le chafteau tirant à la tour d'Ordre, & dudit chafteau devalant à la tour Sainct-François) le Roy d'Angleterre l'année precedente y avoit affis fon camp pour affieger la ville, à caufe dequoy il y avoit de grandes tranchées, & plufieurs foffez où eftoient logez fes Lanfquenets, & nos gens les cuidans fuivre quand ils les avoient repouffez, tomboient dedans lefdites tranchées.

Es mefmes jours, confiderant le Roy qu'à l'occafion de l'hyver qui approchoit, fon en-

(a) Il devint Duc de Guife après la mort de fon père : on le verra jouer un grand rôle dans les Mémoires qui fuivront.

treprife de Guines eftoit faillie , & qu'il eftoit
adverty que l'Anglois avoit envoyé en Allemagne faire levée de dix mille Lanfquenets ,
& de quatre mille chevaux hauts Allemans ,
pour (paffans par le pays de l'Empereur) fe
venir joindre avecques fon armée en la terre
d'Oye , & avecques ce renfort lever le fiege
de devant Boulongne , il delibera de pourveoir audit paffage , à ce que .foubs ombre
d'iceluy ils ne feiffent defcente au pays de
Tierache , & és environs d'Aubenton , Ver-
veins & Guyfe. Afin qu'il put mettre ordre
à toute fa frontiere , & que cependant qu'il
voudroit affaillir autruy on n'entraft en fes
pays , il s'açhemina pour tirer à la Fére-fur-
Oize , duquel lieu il pouvoit ordonner des
affaires felon qu'ils s'offriroient : mais ce ne
fut que premierement il n'euft mandé au
Marefchal du Biez , qu'il euft à affaillir la
terre d'Oye & la ruiner & tout brufler , à
ce que ladite armée que le Roy d'Angleterre
faifoit venir d'Allemagne , ne trouvaft dequoy fe rafrefchir & mefme pour lever (a) à
l'ennemy la commodité d'icelle terre , d'autant que la ville de Calais , celle de Guines
& le Chafteau de Hames , que le Roy d'Angleterre a en terre ferme , n'ont rafrefchif-

(a) Et même pour ôter.

fement que de cedit lieu : s'il fait defcente deçà, il n'a autre endroit où fe puiffe loger fon armée attendant l'un l'autre : car une grande armée de mer ne peut paffer tout en un paffage, & il faut lieu pour rafrefchir ceux qui defcendent les premiers attendans le refte. L'affiette de la terre d'Oye eft marefcageufe, & fertile en herbages, laquelle peut avoir quatre lieuës de long, & trois de large, ayant d'un cofté la mer, & eft à l'un des bouts devers la mer la ville de Calais, & à l'autre bout la ville de Gravelines, qui eft des pays de Flandres. Devers la terre ferme & le long du bord du marais, eft fituée la ville de Guines & le Chafteau de Hames : au bout tirant en Artois, eft la ville d'Ardres qui eft au Roy : & plus avant eftoit le Chafteau de Tournehan, affis au pays de Flandres, plufieurs fois ruiné par noftre armée.

Le Marefchal du Biez, qui eftoit encore campé à Mont - Lambert, ayant receu le commandement du Roy, fe meit en chemin, pour felon le vouloir dudit Seigneur, entrer en la terre d'Oye. Le Seigneur de Briffac avoit la charge de conduire l'avant-garde avecques fa compagnie de gens d'armes & les chevaux legers dont il eftoit General, la compagnie de M. le Conneftable, conduite

par le Seigneur de la Guiche, & cinquante
hommes d'armes sous la charge du Seigneur
de Heilly, la compagnie du Seigneur de Boisy,
celle du Seigneur d'Escars, celle du Seigneur
de la Roche-du-Maine, le Seigneur de Tais,
General des gens de pied François, & grande
jeunesse qui estoit venuë de la Cour en l'esperance de combattre, (comme j'ay dit cy-
devant) entre autres M. François de Bourbon,
Seigneur d'Anguien, le Duc d'Aumalle, le
Duc de Nevers, le Comte de Laval, qui fut
ce voyage blessé à un bras d'une arcquebuzade, & plusieurs autres que je ne nomme-
ray pour eviter prolixité. Or pour la seureté de la terre d'Oye, que j'ay desja dit
estre marescageuse, les Anglois ont fait du
costé de la terre ferme, de grands sossez qui
sont ordinairement pleins d'eau, avecques
remparts : & par intervalles ont fait des bastions qu'ils appellent blocuz ou forts, pour
flancquer lesdits remparts ; dedans lesdits
forts ils ont garnison ordinaire, parquoy estoit mal-aisé d'entrer dedans le païs : car
estant l'alarme ausdits forts, tout le païs
vient en armes à la deffence d'iceux remparts;
& davantage en temps de guerre ils ont autre garnison ordinaire en un gros bourg
nommé Marc, qui est au milieu du païs.

Eſtant party noſtre armée, feit telle diligence que l'avant-garde arriva au principal de leurs forts, lequel fut affailly ſi bruſquement par nos vieilles bandes Françoiſes, qu'en peu de temps il fut forcé, & ce qui ſe trouva dedans mis au fil de l'eſpée. On avoit fait proviſion de ponts pour paſſer l'artillerie & gendarmerie ſur les canaux qui ſont à la terre d'Oye ; toutesfois ils demourerent à Ardres ; je ne ſçay ſi ce fut la faute ou negligence du Chef : mais le frere du Seigneur de Mailly de Picardie, qui avoit la charge de l'artillerie, feit tel devoir, que faiſant abattre le bord du foſſé, il paſſa l'artillerie, choſe qu'on penſoit impoſſible : auſſi la gendarmerie voulant montrer l'affeétion qu'elle avoit de faire ſervice au Roy, paſſa outre : les uns menans leurs chevaux par la bride, ſe mettoient en l'eau juſques à la ceinture avecques leurs harnois : autres paſſerent à cheval, dont quelques uns tomberent dedans, & meirent de l'eau dedans leurs bottes par le colet : bref tout paſſa. Eſtans paſſez, le Seigneur de Briſſac marcha pour tirer le chemin de Marc ; mais n'ayant encore fait demie lieuë, ſes coureurs rencontrerent environ deux mille Anglois, qui venoient au ſecours de ceux du fort que nos gens avoient forcé, (mais n'eſtoient advertis de ce qui leur eſtoit advenu) leſquels furent chargez ſi vivement de la gendarmerie qui eſtoit devant, que leſdits Anglois furent deffaits, & la pluſparts tuez ſur le champ : les autres ſe ſauverent à la faveur des foſſez, où la gendarmerie ne les pouvoit ſuivre. Fut ceſte charge ſi ſanglante, que quatre vingts ou cent chevaux des noſtres y demourerent ou morts ou bleſſez, & pluſieurs hommes d'armes, ſpecialement de la compagnie de M. de Boiſy, conduitte par le Seigneur de Sainct-Sire, ſon Lieutenant.

Nos gens ayans forcé le fort & défait les Anglois qui venoient pour leur empeſcher le paſſage, noſtre camp ſe logea; mais la pluye ſurvint ſi vehemente la nuict, que les foſſez qui ſont à ladite terre d'Oye, pour eſgouter les terres, devindrent groſſes rivieres, de ſorte qu'il euſt fallu autant de ponts comme il y avoit de tranchées : il fut reſolu de ſe retirer, parce que, continuant la pluye, on n'euſt eu le moyen de remener l'artillerie ſans grand hazard : ſi eſt-ce qu'avant de partir on bruſla grande partie des villages juſques auprès de Marc.

Pendant que noſtre armée fut en la terre d'Oye, les ennemis qui eſtoient forts dedans la haute

la haute & baſſe Boulongne, & en la tour
d'Ordre (qui eſt aſſiſe ſur la pointe où la
riviere qui paſſe au Pont - de - brique ſe deſ-
charge en la mer, laquelle tour, Jule-Ceſar
feit edifier quand il paſſa en Angleterre,
pour tenir une lanterne au haut d'icelle, pour
radreſſer ſes navires, ſi de fortune luy advenoit
tourmente comme à ſon premier paſſage : tout
au tour de laquelle les Anglois avoient fait un
fort de terre bien flanqué, tant pour la conſervation de ladite tour, qui eſtoit la ſalvation
des navires qui entroient dedans le canal de
la riviere, que pour tenir plus grand nombre de gens en ſeureté, ſortirent une nuiɛt
avecques toutes les forces deſdits lieux, pour
ſurprendre le fort que nous avions fait deçà
l'eau vis à vis de la baſſe Boulongne. D'autant qu'il y avoit encore la pluſpart de la
fortification où l'on pouvoit monter ſans eſ-
chelle, & pouvoient eſtre ſortis pour ladite
entrepriſe juſques au nombre de ſept ou huiɛt
mille hommes tous bien deliberez de faire
leur devoir. Or n'y avoit-il entre la baſſe
Boulongne & le fort, que la gréve, de ſorte
qu'on tiroit de l'un en l'autre de pointe en
blanc d'une coulevrine, & quand la mer
eſt retirée, on n'y eſt pas en l'eau juſques
au gros de la jambe : ils arriverent environ

Tome XXI.   R

une heure devant le jour : mais Thibault Rou-
hault, Seigneur de Riou, qui eſtoit Lieutenant
du Roy dedans ledit fort, & le Capitaine Ville-
franche, ſon Lieutenant audit fort, ſentans leur
ſecours loing, faiſoient la veille jour & nuict
avecques la pluſpart de leurs ſoldats ; le jour
ils ſe repoſoient, dont bien leur print : car
de premiere arrivée les ennemis donnerent
ſur le haut du rempart : mais ainſi que furieuſement ils aſſaillirent, auſſi avec grande aſſeurance ils furent recueillis (comme par gens
qui eſtoient bien adviſez de ce qu’ils avoient
à faire) & tout ce qui donna ſur le haut, fut
tué, & le reſte renverſé & mis à vau de route,
& oncques puis ils n’oſerent entreprendre de
les vouloir forcer.

Le Roy eſtant adverty que ſon armée eſtoit retirée de la terre d’Oye, manda au Mareſchal du Biez qu’il euſt à ſe camper au Portet, qui eſt à un trait de canon du fort, afin
de tousjours donner eſpaulle à ceux qui faiſoient la fortification d’iceluy fort : puis il print
le chemin de Corbie, Ham & la Fére. Eſ-
tant arrivé à la Fére, adverty que desjà les
Lanſquenets qui venoient pour le ſecours du
Roy d’Angleterre, eſtoient à Fleurines, gros
village au pays de Liege, à dix lieuës de
Meſieres, il depeſcha le Seigneur d’Anguien,
François de Bourbon, pour aller à Guyſe,

avecques trois cens hommes d'armes, &
quelque nombre de gens de pied, afin d'empefcher lefdits Lanfquenets d'entrer par
ceft endroit dedans fes pays. Pareillement le
Roy depefcha le Seigneur de Longueval,
fon Lieutenant en Champagne, pour aller
lever la legion dudit pays, & pourveoir tous
les paffages par où il cognoiftroit que l'ennemy pourroit entrer : dans Mefieres, (qui
eftoit la ville de plus grande importance, fi
l'ennemy l'eut furprife) il envoya le Seigneur
de Langey avecques mille hommes de pied,
& les arrieres-bans de Bourgongne, & une partie de ceux de Champagne. Ce fait, il meit
ordre d'eftre feurement adverty des entreprifes de l'ennemy : car l'Empereur (craignant
que cefte groffe armée d'Allemans tant de
pied que de cheval, entrant en fon pays, &
le trouvant defpourveu de gens de guerre,
n'y feit quelque dommage) leur refufa le
paffage par fes païs. Ce qui faifoit douter au
Roy que fe voyans defefperez de paffer par
amitié par le païs de l'Empereur, ils ne vou-
luffent entreprendre de paffer par fon Royaume. Enfin les Allemans après avoir fejourné
trois fepmaines audit lieu de Fleurines,
fans pouvoir prendre refolution, le jour de
la paye furvint, & n'eftans les deniers

prefts, quelque remonftrance que peuffent
faire les Commiffaires & Treforiers du Roy
d'Angleterre , que de bref (a) l'argent feroit venu , ils n'y voulurent ajoufter foy ,
mais tournerent leurs Enfeignes pour fe retirer en Allemagne , & amenerent quant &
eux lefdits Treforiers & Commiffaires , qui
avoient charge du Roy d'Angleterre , de les
conduire pour la feureté de leur payement.
Par ce moyen ledit Anglois feit une defpenfe exceffive , qui revint en fumée , &
efpuifa bien fes trefors , desja fort entamez.

Environ la fefte de Touffaincts , mil cinq
cens quarante - cinq , après la retraite des
Allemans , le Roy ayant efgard que par le
trefpas de Mgr le Duc d'Orleans , fon fils,
les alliances conclues avecques l'Empereur
eftoient nulles & de nul effect , depefcha
l'Admiral d'Annebault & M. Olivier , Chancelier de France , pour faire nouveaux traitez , & confirmer nouvelles alliances. & ami-
tiez entre luy & l'Empereur. Après avoir
prins congé du Roy , lors eftans à Folambray
près Couffi , le jour de Touffaincts ils prindrent le chemin de Cambray , de Valentiennes & de Courtray , & vindrent trouver
l'Empereur à Bruges , auquel lieu , après

____

(a) Qu'avant peu l'argent viendroit.

avoir plusieurs fois communiqué avecques Sa Majesté, ils furent remis à avoir response à Anvers. L'occasion pour laquelle l'Empereur estoit venu à Bruges, & alloit à Anvers, estoit, qu'il avoit intention de dresser une armée, pour aller en Allemagne subjuguer les Protestans, & autres Princes & communautez d'Allemagne, qui ne luy estoient si obeïssans comme il desiroit : pour dresser cette armée, il luy falloit avoir grandes finances, pour lesquelles recouvrer il alloit audit lieu d'Anvers, afin d'en avoir tant par ottroy que par prest. Aussi ne vouloit-il si promptement faire response aux Ambassadeurs du Roy, que premierement il n'eust entendu la volonté de ceux dudit Anvers, à ce que, selon qu'il feroit ses affaires, il fust ou plus rigoureux en response, ou plus gratieux. L'Admiral & le Chancelier après avoir esté à Anvers environ sept ou huict jours, à la suite de l'Empereur, ayans cognoissance des dissimulations dont il usoit, prindrent congé de luy sans autre resolution, sinon que là où le Roy ne luy commenceroit la guerre, il n'estoit pas deliberé de la luy faire.

Estans les Ambassadeurs de retour, ce qui fut environ la Sainct-André, ils trouverent

le Roy à Villers-Cofterez : lequel ayant ouy
la refponfe de l'Empereur, cogneut bien
qu'il luy eftoit befoin de fe preparer, & qu'il
ne reftoit à l'Empereur que l'occafion de
commencer la guerre à fon avantage. A cefte
caufe (parce qu'il avoit fait M. d'Anguien
Gouverneur de Languedoc) il depefcha le
Prince de Melphe, qui nouvellement avoit
efté fait Marefchal de France, pour aller en
Piémont y eftre fon Gouverneur & Lieutenant-General. Auffi confiderant que l'Empereur (s'il venoit à chef de reduire (a) en
fon obeïffance la Germanie) luy ameneroit
fur les bras toutes les forces, tant des Catholiques que des Proteftans, il depefcha
devers M. de Vendofme, fon Lieutenant-
General en Picardie, Treforier & argent
pour fortifier les places debiles : aux autres
Gouvernemens il feit le femblable, mefme
en Breffe pour fortifier Bourg. Ayant experimenté par la precedente guerre, que la
principale defcente d'Allemagne pour entrer
en ce Royaume, eftoit par la Champagne,
& toutesfois qu'il n'avoit frontiere en fon
Royaume fi mal garnie de places fortes, pour
faire tefte à une groffe armée, il delibera
d'y pourveoir ; à ceft effect il depefcha le

(a) S'il parvenoit à fubjuguer l'Allemagne.

Seigneur de Langey, Martin du Bellay, son Lieutenant audit pays de Champagne, & luy donna charge de visiter la frontiere, depuis Vervein jusques à Coiffy, & de luy faire rapport des lieux plus necessaires à fortifier pour empescher l'entrée de l'ennemy en ses pays. Langey partit cinq ou six jours devant Noël, & avecques luy Hieronyme Marin, Boulonnois, homme bien entendu au fait des fortifications. Après avoir fait ladite visitation, & bien recogneu la frontiere, Langey feit rapport au Roy qu'il estoit besoin de fortifier une place entre la Capelle & Mesieres, d'autant qu'il y a grand pays ouvert, comme de dix-huict lieuës, & qu'il luy sembloit qu'Aubenton estoit bien à propos, faisant une citadelle au haut devers le bois, pour commander à la ville. Mais le Roy, pour quelque occasion à ce le mouvant, ne voulut que la fortification se fist audit lieu, mais ordonna qu'elle se feroit au-dessus d'un village nommé Maubert - Fontaine, à sept lieuës de Vervein & cinq de Mesieres, à la saillie des bois. Puis il ordonna de fortifier Mesieres & Mouson; mais ledit lieu de Mouson se trouva mal-aisé à fortifier, à l'occasion de la montagne de devers Yvoy qui luy commande, & que du costé de deçà

la riviere de Meuze, à l'opposite de ladite
montagne devers France on veoit par deſſus
la ville, le pied & le derriere de ceux qui
viennent à la deffence du rempart. Si eſt-ce
qu'il y fut ordonné ce qu'on veit le plus
neceſſaire, ſçavoir, une traverſe de muraille
de bout en bout de la ville par dedans, pour
couvrir ceux qui feroient à la deffence, &
dehors un grand & profond foſſé. Comme
par la paix qui fut conclue à S. Jean-des-
Vignes, près Soiſſons, la ville de Stenay
avoit eſté renduë au Duc de Lorraine, le
Roy ordonna de faire une place ſur la riviere
de Meuze deçà l'eau dedans ſes pays, laquelle fut édifiée entre ledit Stenay & Dun-
le-Chaſteau, & fut nommée Ville-Franche-
ſur-Meuze, près un village nommé Samorel,
& vis-à-vis d'un autre village de-là l'eau,
nommé Mozas.

Environ le mois de Juin ſubſequent, l'Empereur partant d'Yvoy pour ſon voyage d'Allemagne, voulut reviſiter ſa Duché de Luxembourg, & pour ceſt effect, prenant ſon
chemin par devant Jamets, paſſa par devant
ladite place de Ville - Franche, eſtant la riviere de Meuze entre deux. Auquel lieu
eſtant arrivé, il fit complainte à l'Ambaſſadeur du Roy, lequel eſtoit près d'iceluy

Empereur, que ladite Ville-Franche eſtoit
édifiée ſur le fief de l'Empire; mais par le
Seigneur de Langey luy furent envoyez des
regiſtres de deux cens ans, qui faiſoient ap-
paroir comme de tout temps les habitans
dudit pays avoient eſté ſubjets à la juriſdic-
tion & grenier à ſel de Saincte-Menehoult,
dont il ſe contenta, & partant dudit lieu,
alla à Damvillier, & ordonna réedifier &
fortifier la ville auparavant ruinée par le
Duc d'Orleans, & puis il paſſa outre à Luxembourg pour achever ſon voyage d'Allemagne. Parce que ſon voyage ne touche point
à la matiere que j'ay entrepris d'eſcrire, je
le laiſſe aux ſerviteurs de l'Empereur, leſquels en ont eſcrit bien amplement, & meſme
Dom Louis d'Avila (a).

(a) Louis d'Avila, Gentilhomme Eſpagnol, commandoit, comme on le verra, la Cavalerie de Charles-
Quint au ſiège de Metz. Il a laiſſé des Mémoires hiſtoriques ſur la guerre de Charles-Quint contre les Proteſtants
d'Allemagne : on a reproché à ſon Ouvrage d'avoir la
forme & le ton d'un panégyrique. Il ne faut pas confon-
dre ce Louis d'Avila avec Henrico-Catherino Davila,
Noble de l'Iſle de Chypre, qui fuyant la tyrannie des
Turcs, ſe réfugia en France. Il s'attacha à la Cour
ſous les règnes de Henry III & de Henry IV. S'étant
enſuite retiré à Veniſe, il y compoſa ſon Hiſtoire des
guerres civiles de France en quinze livres. Cet Ouvrage

Auſſi le Roy fit beſongner au chaſteau de Sain᧋e - Menehoult : à S. Diſier il fit faire trois gros bouleverts; à Chaumont-en-Baſſigny pareillement il commença à fortifier; & à Coiſſy il feit commencer une citadelle, lequel lieu de Coiſſy eſt à la portée d'une coulevrine de la Franche-Comté, ſept lieuës plus outre que Chaumont, & à ſix lieuës par de-là Langres : à Ligny il feit commencer un chaſteau ſur le haut de la montagne tirant à Commercy; mais la mort le ſurprint devant d'avoir parachevé leſdites fortifications.

Durant ceſt hyver, la guerre ſe faiſoit ordinairement entre les Anglois & les François qui eſtoient dans le fort d'Outreau, vis-à-vis de la baſſe Boulongne, & il y eut audit fort, à l'occaſion des neiges, pluyes & mauvais temps, telle vehemence de peſte, qu'en une nui᧋ ſeule furent mis en terre plus de ſix vingts ſoldats (choſe que je vey y eſtant allé de par le Roy) & continua de ſorte, qu'enfin on ne leur faiſoit autre ſepulture, ſinon quand tout eſtoit mort en une maiſon, on l'abbatoit ſur eux. Auſſi les maiſons eſ-

ſ'étend depuis 1559 juſqu'à 1598. L'original qui eſt écrit en Italien, a été traduit en François, d'abord par Baudouin, & enſuite par l'Abbé Mallet.

toient des trouz en terre couverts de quelques appentis de paille ou de chaume, qui pouvoient bien eſtre cauſe en partie de ceſte mortalité, veu l'humidité de l'hyver. J'y fus quelquefois logé en la chambre du Capitaine Ville - Franche, laquelle je penſoy la plus ſaine du fort; mais la nuiɕt en la chambre où j'eſtoy couché, mourut ſon frere & deux de ſes fils, leſquels le jour ne monſtroient apparence d'eſtre malades : & dura tellement ladite mortalité, que de vingt Enſeignes, ne demourerent pas plus de huiɕt ou neuf cens hommes; mais nonobſtant jamais les ſoldats ne voulurent abandonner leur garde tant qu'il fût poſſible, & y endurerent beaucoup de maux.

Le Seigneur d'Eſſé & le Seigneur de Riou eſtans un peu rafraiſchis & renforcez d'hommes, & la peſte aucunement appaiſée, ils firent de belles entrepriſes & inſignes deffaites ſur les ennemis; & entr'autres environ le mois d'Avril mil cinq cens quarante-ſix, fut deliberé de faire mettre des vivres dedans ledit fort d'Outreau, où la neceſſité commençoit à les contraindre. Pour faire cette execution, fut ordonné le Seigneur de Senerpont, Lieutenant du Mareſchal du Biez, avecques ſoixante hommes d'armes, lequel partit d'auprès de Montreul le jour de Pafques au foir, & arriva le Lundy matin au fort d'Outreau, avecques les vivres & autres rafraifchiffemens qu'il conduifoit. Mais paffant près du Pont-de-Brique, au-deffous du Mont S. Eftienne, il rencontra trois cens chevaux Anglois venuz pour luy empefcher ledit envitaillement. L'efcarmouche fe dreffa d'un cofté & d'autre, de forte qu'il y eut deux hommes d'armes & trois archers de la compagnie du Seigneur de Senerpont qui furent prins fans y avoir aucun moyen de les recourre (a). L'alarme eftant venuë à Boulongne, les Anglois renforcerent leurs gens jufqu'au nombre de fept cens chevaux, & quatre cens arcquebuziers à pied, lefquels paffans la riviere, fe vindrent embufquer en un village appellé *Danes*, entre Eftappes (b) & ledit fort, pendant que ledit de Senerpont meit les vivres dedans le fort, efperans fur fa retraitte le defaire. Mais arrivant ledit de Senerpont fur les gens de cheval, n'eftans encore joints les arcquebuziers avecques eux, il delibera de tenter la fortune, & de les combattre avant qu'ils fuffent affemblez. Leur cavalerie eftoit en trois trouppes, dont les deux fe joignirent enfemble, & la troifieme

(a) De les reprendre.　　　(b) Eftaples.

se jetta sur les aisles, pour charger nos gens par les flancs : auquel lieu se trouva avecques ledit Seigneur de Senerpont, le Seigneur de Tais, ayant seulement six ou sept Gentils-hommes avecques luy, & le Comte Rein-Grave avecques pareil nombre : le Comte Rein-Grave, dès la premiere charge, fut porté par terre & blessé, & le Mareschal du Biez menoit la bataille avecques le reste de l'armée. Mais arrivans lesdits hommes d'armes à la charge, ils la firent si furieuse, que les Anglois n'eurent moyen de les soustenir ; où furent tuez des leurs & des nostres sur la place environ deux cens chevaux ; le Mareschal de Calais, chef de l'entreprise, y mourut, & pareillement de cent à six vingts Anglois, & fut prins le nombre de soixante & quinze prisonniers, tous ayans la *casaque de veloux pour-filé d'or & d'argent.*

Une autre fois le Mareschal du Biez adverty que les vivres commençoient à diminuer au fort, delibera d'y mener envitaillement. Parquoy partant de son camp au-dessus de Montreul, il print le chemin du Mont S. Estienne, auquel lieu il trouva le Milord Sorel, accompagné de six mille Anglois, pour empescher ledit envitaillement. En la compagnie du Mareschal, il y avoit cinquante hommes d'armes, & le Comté Rein-Grave avecques son regiment de quatre mille Lansquenets, & deux cens arcquebuziers, conduits par le Capitaine Brueil, Breton, & le Capitaine Escarbouillat. Le Mareschal se trouvant en ce hazard, delibera, par l'advis des Capitaines, de passer outre & les combattre, encore qu'il fust moindre de nombre de deux mille hommes : car se retirant il eust perdu son charroy & vivres. Ayant conclu le combat, il marcha droit aux ennemis : le combat fut long & furieux ; mais enfin les Anglois furent renversez, & se retirerent en un petit fort, lequel ils ne sceurent garder. Audit combat moururent de sept à huict cens Anglois. Le Milord Sorel, fils du Duc de Northfolk, leur General, se sauva avecques le reste à la fuite, & demourerent des leurs de sept à huict-vingts prisonniers.

Le Roy d'Angleterre considerant la diminution de ses finances, le grand nombre d'hommes qu'il avoit perdus, & les infinis fraix qu'il auroit encore à supporter, eu esgard à l'obstination en laquelle estoit le Roy pour reconquerir sa ville de Boulongne, & ayant cognoissance que l'Empereur (quelque ligue qu'ils eussent ensemble) ne taschoit (a) qu'à son proffit particulier, delibera

(a) Ne tendoit.

de mettre fin à la guerre, & (29) aux querelles d'entre le Roy & luy : ce qu'il fist entendre au Roy, & que faisant trouver à Ardres ses Deputez à ceste fin, il feroit trouver les siens à Guines. Le Roy, encore qu'il eust desjà bien restraint la ville de Boulongne, consentit toutesfois ceste assemblée, parce qu'il cognoissoit la mauvaise volonté que luy portoit l'Empereur, par le peu d'asseurance de paix qu'avoient rapporté ses Ambassadeurs à leur retour devers ledit Empereur, & qu'il ne vouloit avoir tout à la fois sur ses bras deux tels ennemis que l'Empereur & le Roy d'Angleterre. A ceste occasion il depescha l'Admiral d'Annebault & Raimond, Premier - President de Rouen, pour aller à Ardres : & se trouva à Guines l'Admiral d'Angleterre, nommé Milord Dudelé (a), qui depuis a esté Duc de Nortombelland (b). Lesquels estans assemblez en un lieu ordonné

(a) Dudley, fils de Dudley, Ministre oppresseur qui après la mort de Henry VII fut sacrifié à la haine publique. Le jeune Dudley plut à Henry VIII par ses talens & son audace. Il devint Amiral d'Angleterre ; ensuite il gouverna sous le nom du jeune Edouard. Son ambition le perdit, & il termina sa carrière sur un échaffaud.

(b) Duc de Northumberland.

entre Guines & Ardres, finablement aprés
avoir convenu de plusieurs choses, accorderent une paix avecques telles conditions :
que le Roy dedans huict ans devoit payer
huict cens mille escus au Roy d'Angleterre,
tant pour les arrerages de sa pension, &
pour les fraix de la guerre qui estoit provenuë
à cause du refus de payement d'icelle pension,
que pour plusieurs autres despenses faites par
ledit Roy d'Angleterre, tant aux fortifications
de Boulongne que du Boulonnois. Aussi le
Roy d'Angleterre devoit, moyennant ladite
somme, remettre entre les mains du Roy
Boulongne & tout le Boulonnois, avecques
les places tant anciennes que par luy nouvellement édifiées, comme le Mont-Lambert,
la tour d'Ordre, Ambletueil, Blacquenay,
& autres en leur entier, & toute l'artillerie,
vivres & munitions qui estoient dedans lesdites places. Ces choses estant accordées &
signées respectivement par le Roy & le Roy
d'Angleterre, alla l'Admiral d'Annebault
devers iceluy Roy d'Angleterre, pour luy
veoir jurer ladite paix : & le Milord Dudelé
de la part du Roy d'Angleterre, vint devers
le Roy luy voir faire le semblable : ce qui
fut fait tant d'une part que d'autre par lesdites Majestez.

Au mois

Au mois de Fevrier mil cinq cens quarante six, eſtant le Roy à la Roche - Guion, les neiges eſtoient fort grandes, il ſe dreſſa une partie entre les jeunes gens, eſtans près la perſonne de Mgr. le Dauphin : les uns gardoient une maiſon, & les autres l'aſſailloient à pelottes de neige ; mais durant ce combat le Seigneur d'Anguien, François de Bourbon, ſortant de fortune hors d'icelle maiſon, quelque mal adviſé jetta un coffre plein de linge par la feneſtre, lequel tomba ſur la teſte dudit Seigneur d'Anguien, & le bleſſa, de ſorte que peu de jours après il mourut (30), au grand regret du Roy & de toute la Cour, pour la jeuneſſe floriſſante de luy, & le peu d'occaſion de l'évenement de ſa mort, lequel avoit eſté autant bien fortuné en tous les lieux où le Roy l'avoit employé, aimé & eſtimé des gens de guerre (meſme des eſtrangers) que jeune homme de ſon aage qui ait eſté de noſtre temps.

Après la paix accordée avecques le Roy d'Angleterre, le Roy ſentant l'Empereur en Allemagne, & n'eſtant aſſeuré quelle fin prendroit la guerre commencée par ledit Empereur contre les Proteſtans, voulut luy-meſme viſiter ſa frontiere, tant de Champagne que de Bourgongne, pour veoir quelle diligence on avoit fait aux fortifications qu'il avoit ordonnées; il s'achemina par la Bourgongne pour faire ladite visitation, commençant à Bourg-en-Bresse, de-là à Challons-sur-la-Saone, puis à Seure, petite ville sur ladite riviere, laquelle de nouveau il avoit commencée à fortifier. Puis passant à Beaune & à Dijon, il print son chemin par la Champagne, & y estant arrivé, il visita sa ville de Langres, & envoya l'Admiral d'Annebault pour visiter Coiffy & Montigny - le - Roy, lequel vint retrouver le Roy à Chaumont-en-Bassigny; & partant de Chaumont, le Roy visita Ligny-en-Barrois, S. Disier, & autres places, & vint faire sa feste de Toussaincts à Jainville (a), après avoir visité Madame la Duchesse de Lorraine à Bar-le-Duc. Puis il passa à Vitry-le-François (b), qui est une place qu'il avoit commencée sur la riviere de Marne, à une lieuë de Vitry-en-Partois, parce qu'il ne trouvoit qu'on put fortifier

(a) Joinville.

(b) Vitry en Pertois avoit été brûlé par un détachement de l'armée Impériale. François I rebâtit une nouvelle Ville à quelque distance, & y appella les habitants de celle qui n'existoit plus. Ceux - ci aimèrent mieux relever les ruines fumantes de leur ancienne patrie sous le nom de *Vitry-le-brûlé*.

ledit lieu de Vitry-en-Partois, pour l'incommodité de l'affiette commandée de trois ou quatre montagnes. De Vitry-le-François, il alla à Saincte-Menehoult, à Ville-Franche-fur-Meufe, à Moufon, à Sedan, à Mefieres, à Maubert-Fontaine, paffant à Mont-Cornet en Ardenne, & fe retira à Noftre-Dame de Lieffe, & à Folembray (31), où il folemnifa la fefte de S. André.

Le Roy partant de Folembray vint à Compiegne, & y ayant fejourné trois fepmaines ou un mois, fe retira à S. Germain-en-Laye, auquel lieu il receut les nouvelles du trefpas du Roy Henry d'Angleterre, huictiefme de ce nom, lequel laiffa un fils de l'aage de huict ans, nommé Edoüard; duquel trefpas le Roy (32) porta grand ennuy, tant pour l'efperance qu'il avoit de faire enfemble une alliance plus ferme que celle qu'ils avoient commencée, que parce qu'ils eftoient prefque d'un aage & de mefme complexion, & eut doute qu'il fuft pour bien toft aller après : mefme ceux qui eftoient près de fa perfonne trouverent que depuis ce temps il devint plus penfif qu'auparavant. Si eft-ce que confiderant que l'évenement de la guerre eft incertain, & qu'advenant que l'Empereur vint à son entente (a) contre les Allemans, il pourroit tourner ses forces sur luy, dont la Champagne en pourroit souffrir, il depescha le Seigneur de Langey pour faire parachever les fortifications de ladite frontiere, & pour cest effect ordonna neuf vingts mille livres : & pour pourveoir lesdites places de vivres, il depescha le Seigneur de Plancy, son Maistre des Requestes, & le Seigneur de Boran ; mais devant que la chose fust executée, sa mort intervint : car peu de jours après luy vint une fievre lente, pour laquelle passer il s'en alla à la Muette, maison nouvellement par luy édifiée, à deux lieues de S. Germain, au bout de la forest. Mais y ayant fait sejour de sept ou huict jours, il s'ennuya, & en partit sans repasser par S. Germain-en-Laye, & alla coucher à Villepreux, où la nuit il eut quelque accès de fievre : le lendemain il alla coucher à Dampierre, près Chevreuse, duquel lieu il print son chemin pour aller faire son quaresme-prenant à Limours ; de jour en jour ceux qui estoient autour de luy, le trouvoient fort changé de complexion & de façon de faire. Ayant sejourné deux ou trois jours à Limours, il s'en alla à Roche-

______

(a) Réussit dans ses projets.

fort, où il fejourna, allant de jour en autre à la chaffe ; mais tous les foirs à fon retour il avoit quelque accès de fievre ; parquoy il voulut prendre fon chemin pour fe retirer à S. Germain-en-Laye ; & pour avoir fon paffe-temps de la chaffe par les chemins, partant de Rochefort, il vint coucher à Ramboüillet, efperant n'y eftre qu'une nuiçt ; mais le plaifir qu'il eut approchant dudit Ramboüillet, tant en la chaffe qu'en la volerie, luy fift changer d'opinion, il delibera d'y faire fejour cinq ou fix jours ; mais enfin la fievre qui de long-temps l'avoit faifi, fe renforça tellement par intervalles, qu'elle fe convertit en continuë, avecques la douleur d'une apoftume qu'il avoit eüe peu de temps au precedent qu'il allaft au - devant de l'Empereur, quand il paffa par France. Alors ayant bonne cognoif-fance de fa fin, il difpofa des affaires de fa confcience & de fa Maifon : après avoir fait plufieurs belles (a) remonftrances à Mgr. le Dauphin, fon fils, à prefent regnant, & luy avoir recommandé fon peuple & fes fervi-teurs, il rendit l'ame à Dieu audit chafteau

____

(a) On verra dans les Mémoires du Maréchal de Vieilleville le cas que Henry II fit des confeils de fon père.

de Ramboüillet, le dernier jour de Mars mil cinq cens quarante-six, avant Pafques.

Ce Prince fut fort (33) regretté tant de fes fubjets que des eftrangers, pour avoir flory en toutes vertus. Il eftoit magnanime & genereux, amateur de bonnes lettres, lequel par fon moyen a illuminé les tenebres d'ignorance, lefquelles avoient regné cy-devant ; il aima toutes gens d'efprit (a), & fonda à Paris des colleges pour les lettres Latines, Grecques & Hebraïques ; il fit venir de toutes les parties du monde gens inftruits en toutes

(a) Parmi les hommes de Lettres que François I aima & attira à fa Cour, on doit diftinguer Clément Marot & Hugues Salel. Tous deux Poëtes aimables, quoique rivaux , n'en furent pas moins amis. Marot ne fçavoit que fa langue : auffi étoit-il original dans tous fes écrits. Voilà peut-être pourquoi la Fontaine l'a pris pour modèle. La vie de Marot offre une anecdote qui fe rencontre rarement dans la vie des Poëtes. Combattant à côté de François I à la bataille de Pavie , il fut bleffé & pris. Il fuivit fon Maître en Efpagne , & adoucit plus d'une fois les chagrins de fa prifon : on dit même qu'il dérida le front grave & fevère de Charles-Quint. Marot & Salel eurent une fin bien différente. Le premier ayant embraffé le Calvinifme fut contraint de s'expatrier ; l'autre fe fit Prêtre, & obtint l'Abbaye de S. Cheron, près Chartres. Il y mourut de défefpoir de la mort de François I.

ſciences & arts liberaux, pour édifier la jeuneſſe en bonnes mœurs & ſciences : & combien qu'il n'euſt eſté nourry aux eſtudes en
ſon jeune aage, n'eſtoit ſcience de laquelle
il ne put rendre raiſon, d'autant qu'il avoit
ſouvent communiqué avecques gens excellens
en toute érudition, & que Dieu l'avoit doüé
de divine memoire; de ſorte que toutes gens
doctes qui l'ont hanté, ont confeſſé avoir plus
apprins de luy, que luy d'eux. Il mourut en
ſon aage de cinquante & trois ans, après
avoir eu beaucoup de bonnes & mauvaiſes
fortunes, mais plus de malheureuſes que de
proſperes : toutesfois jamais adverſité qui luy
put advenir, ne luy abaiſſa le cœur, ayant
tousjours ſon recours & ferme fiance en Dieu,
& continua en bonne memoire & ſain entendement juſques à la fin de ſes jours.

*Fin du dixième & dernier Livre des Mémoires
de Meſſires Martin & Guillaume du Bellay.*

OBSERVATIONS
SUR LE DIXIÈME ET DERNIER LIVRE
DES MÉMOIRES
DE MESSIRE
MARTIN DU BELLAY,
SEIGNEUR
DE LANGEY.

(1) « IL avoit rendu sa Maison l'une des
» plus grandes & des plus considérables du
» Royaume, tant par ses biens que par ses
» grandes charges, qu'il ne devoit pas moins
» à ses services qu'aux bonnes graces de
» son Maître, qui le fit son principal Mi-
» nistre, depuis la disgrace du Connétable
» de Montmorenci. Il lui confia particuliè-
» rement l'administration de ses finances, &
» dans cet emploi il aima mieux sacrifier son
» bien que d'en amasser, & s'y gouverna
» avec tant d'intégrité, que le Roi son Maître
» compta parmi ses dettes la recompense de
» cent mille livres qu'il lui donna en mou-
» rant, comme par manière de restitution

» des pertes qu'il avoit fouffertes en cette
» charge. J'ai voulu, *dit le Laboureur* (a)
» *qui nous fournit cette Note*, remarquer
» cela pour la rareté de l'exemple. »

(N. D. L.)

(2) Coligny (b) montra dans cette circonſ-
tance l'intrepidité, & le fens froid dont il étoit
doué. Le Connétable de Montmorency fon oncle, qui, depuis fa difgrace, réſidoit à Chantilly,
apprend que fon neveu eſt bleſſé. Il lui envoye fur le champ un Chirurgien de confiance. Cet homme naturellement brufque, s'apperçoit, en levant l'appareil, que l'incifion
à la gorge a été faite de travers. Il le déclare
hautement. On croyoit la bleſſure fort dan-
gereufe. Un des fpectateurs reproche au Chirurgien fon indifcretion. *Eh, Monfieur,*

(a) Additions aux Mémoires de Michel de Caſtel-
nau, Tome II, p. 101. Le Laboureur nous apprend
dans le même article, que les Seigneurs d'Annebaut
étoient originaires de la province de Normandie. L'A-
miral devint riche par le mariage qu'il contracta avec
l'héritière de la Maifon Tournemine en Bretagne. Il fut
difgracié fous le règne de Henri II, parce qu'il eut le
malheur de déplaire à la Ducheſſe de Valentinois. Il
mourut en 1552.

(b) Vie de Gafpard de Coligny, Livre premier,
p. 34;

s'écria Coligny, *toutes ces grimaces ne font bonnes qu'avec de certaines gens ; mais quant à moi elles ne font nullement néceffaires. Il a raifon de dire qu'on m'a mal panfé, s'il eft vray, & c'eft de quoy je veux m'inftruire, parce que, comme c'eft ôter la réputation à celui entre les mains de qui je m'étois mis, il eft bon de vérifier fi c'eft vérité, ou médifance...* Lè Chirurgien du Connétable fe cabre à ces paroles, & demande à Coligny *s'il le prend pour un impofteur...* Il ferre fes inftruments, & menace de repartir à l'inftant. Coligny ne s'émeut point & fe contente de dire... *Mon Dieu, mon ami, point d'emportement! ce que j'en fais n'eft pas pour douter de ce que vous dites, mais pour juftifier à ceux qui ne vous connoiffent pas auffi bien que moi, combien vous êtes plus habile que les autres. Ne fais-je pas bien que M. le Connétable me faifant l'honneur de m'aimer, n'aura eu garde de m'envoyer un ignorant? De la part dont vous venés, ne feroit-ce pas m'abufer que de croire autre chofe, finon que vous êtes le plus habile homme de Paris?...* Le Chirurgien picqué d'honneur appelle plufieurs de fes confrères, & panfe le malade. L'inexpérience du premier Chirurgien eft conftatée. On preffe Coligny de le faire

chaſſer de l'armée. *Que voulez-vous*, repli-
qua-t-il : *il y a plus de ma faute que de
la ſienne, je me ſuis mis entre ſes mains ſans
le connoître; & je ne crois pas qu'il ait fait
ce qu'il a fait, par malice. Il eſt aſſez malheureux de ne pas ſavoir ſon métier : peut-
être l'apprendra-t-il avec le tems : tout ce
que je puis faire en attendant, eſt de ne pas
conſeiller à mes amis d'avoir recours à lui,
quand ils auront beſoin de Chirurgien.*

(3) « *En cette entrepriſe*, dit Dupleix,
» l'Empereur couſut la peau de renard à
» celle de lion, ayant corrompu les prin-
» cipaux Conſeillers & ſerviteurs du Duc :
» de ſorte qu'après avoir pris ſur lui pluſieurs
» places, nonobſtant le *ſecours* de France,
» il l'obligea de lui demander grace. » Il eſt
là parlé de ſecours, & le Duc ne fut acca-
blé que parce qu'il n'en receut aucun de la
France. L'armée Impériale, compoſée de
près de quarante mille hommes de pied &
de huit mille chevaux, alla mettre le ſiége devant Duren, la plus forte place (a) du Duché

(a) Comme le bruit s'étoit répandu que l'Empereur
dans ſon expédition d'Alger avoit fait naufrage, les
habitans de Duren le croyoient mort. Auſſi lorſqu'en
ſon nom on les ſomma de ſe rendre, ils répondirent en

de Julliers. Elle ne put être emportée qu'au cinquième affaut. Tous les habitans fans diftinction de fexe, ni d'âge, ni de condition, furent paffés au fil de l'épée. Les autres villes intimidées par cet exemple fe rendirent prefque toutes fans avoir oppofé aucune réfiftance. Le Duc obligé de s'abandonner à la difcrétion du vainqueur, vint le trouver en habit de fimple Gentil-homme, il fe mit à genoux devant lui, & lui dit : *Très-Augufte Empereur, je viens me jetter à vos pieds ou pour recevoir le châtiment de mes fautes, tel qu'il plaira à vôtre reffentiment de l'ordonner, ou pour recevoir de votre clémence quelque rayon de grace & de pardon.* L'Empereur prenant un vifage fevère, lui répondit d'un air dédaigneux : « Si votre faute n'étoit
» auffi grande qu'elle eft, la clémence qui
» m'eft naturelle ne me permettroit pas de
» vous voir fi humilié fans être touché de
» quelque compaffion. Vous pouvez juger
» vous-même combien votre félonie m'a
» offenfé, puifqu'elle m'a obligé de faire
» ferment en préfence de mes Officiers, de

riant «qu'on les prenoit pour des imbecilles, puifqu'ils favoient bien que l'homme dont on leur parloit avoit fervi de pâture aux Cabillaux ». Cette réponfe leur coûta cher.

» ne vous pardonner jamais, non par un
» motif de vengeance, mais pour satisfaire
» à l'obligation où je suis de soutenir l'hon-
» neur & la majesté de l'Empire, que vous
» avez offensé, & afin d'ôter aux autres l'en-
» vie d'imiter jamais votre exemple. Cepen-
» dant je veux bien manquer à mon serment
» plutôt que de ne pas exercer ma clémence
» envers vous ; quoique je n'eusse rien fait
» contre la justice, quand je me serois vengé
» de votre personne : jugez donc aujour-
» d'hui de ma bonté à votre égard, puisque
» exact observateur de ma parole, je veux
» bien la violer pour vous pardonner votre
» crime. » Voici à quelles conditions ce
malheureux Prince obtint sa grace. Par le
traité conclu le 7 Septembre, il fut convenu,
que le Duc feroit à l'avenir une profession
constante de la Religion Catholique, Apos-
tolique & Romaine, qui avoit été celle de
tous ses prédecesseurs : que s'il étoit survenu
quelque changement dans son pays, il s'o-
bligeoit de bonne foi, à remettre toutes
choses en leur premier état ; qu'il promettoit tant pour lui que pour ses descendans,
obéissance & fidélité à l'Empire, à Sa Majesté
Impériale, & au Roi des Romains ; qu'il
s'engageoit à renoncer dès à présent & pour

l'avenir à l'alliance qu'il avoit faite avec les Rois de France & de Dannemarc; & à toute autre qu'il pourroit avoir conclue au préjudice de l'Empereur & de l'Empire; qu'il ne feroit jamais de ligue avec quelque Prince que ce fut fans en donner avis à fa Majefté Impériale, & au Roi des Romains, & fans les y comprendre; qu'il renonçoit alors, & pour tousjours, tant en fon nom qu'en celui de fes fuccefleurs & héritiers, à toute prétention fur le Duché de Gueldres de quelque nature qu'elles fuffent; qu'il s'engageoit d'affifter l'Empereur de toutes fes forces pour réduire les villes & les autres places de ce Duché qui ne voudroient pas lui rendre l'obéiffance qu'elles lui devoient; qu'enfin les deux forterefles de Hemberg & de Sittart demeureroient pendant dix ans au pouvoir de l'Empereur & du Roi des Romains, & qu'enfin elles feroient reftituées au Duc de Cleves qui joignit fes troupes à celles de l'Empereur. (N. D. L.)

(4) Dans la rélation, de ces rencontres que Paradin (a) nous a laiffée, on trouve quelques faits finguliers. « Eftans doncques, » lit-on dans fon Ouvrage, lefdits Seigneurs

____

(a) Hiftoire de notre tems, p. 449 & 450.

» en ces efcarmouches, un jeune Efcuyer
» nommé Griphon, donna un fi grand coup
» de lance à un Anglois nommé Bellingen,
» qu'il rua homme & cheval par terre; &
» fut la ruine dudit cheval fi grande qu'il
» fe rompift le col, & fut prins fon maiftre
» & emmené prifonnier. Prefque femblable
» cas advint auffi à Jean Palmer Anglois, qui
» autrefois avoit efté Capitaine d'une armée
» d'Anglois en France. Iceluy tomba de pri-
» fon en autre, parce qu'ayant efté longue-
» ment prifonnier en la tour de Londres,
» & depuis cette guerre delivré, tomba de-
» rechef en les mains des François, entre
» lefquels il a trouvé meilleur & plus hu-
» main traitement qu'entre les fiens. J'ay
» voulu dire cecy, & mettre au-devant de
» ces Anglois, defquels l'inhumanité a donné
» plufieurs exemples de barbare cruauté aux
» foudarts François qui tomboient entre leurs
» mains, lefquels ils efcorchoient vifs, &
» faifoient mourir de piteufe mort & en
» grand martyre, le peu qu'ils en ont pu
» avoir en leur puiffance... » Si ces cruautés ne font point exagérées, on croira vo-
lontiers, en parcourant l'Hiftoire de nos
ancêtres à cette époque, lire celle des Can-
nibales. Car, d'après l'aveu que fait Paradin,

il eft clair que les François employoient la voye des repréfailles. D'ailleurs étoit-ce les Anglois qui avoient commencé ? C'eft un problême que nous ne chercherons pas à refoudre. On ne conçoit pas fans frémir, qu'il y ait eu un tems où des atrocités de ce genre aient été commifes par ces deux nations dont la bravoure & la générofité forment le caractère diftinctif.

(5) Selon un Ecrivain très-fécond en bévues (c'eft l'Auteur de la nouvelle Hiftoire d'Efpagne) les François fe retirèrent avec tant de précipitation, qu'ils laiffèrent leurs malades & une partie de leur bagage fur le chemin ; il dit que le Dauphin qui conduifoit l'arriere-garde, força la cavalerie Impériale de fe retirer fans avoir pu rien faire. Voilà une retraite faite en défordre & tout-à-la-fois en bon ordre. Que cet Ecrivain tâche de s'accorder avec lui-même. L'Empereur, ajoute-t-il, ne tarda pas d'être informé de la retraite des François, & quoiqu'il s'emportât un peu contre Dom Ferdinand de Gonzague, il detacha un corps de cavalerie pour harceler les François. Voilà un *quoique* que l'on m'avouera être très-mal placé, & qui fait un raifonnement bizarre. Entendons parler le même Ecrivain : L'Empereur,

reur, dit-il, étoit extrêmement fâché (a) de n'avoir pu livrer bataille au Roy de France : une preuve que sa colère n'étoit pas bien grande, c'est que l'ayant pu attaquer, il ne le sit pas. Les deux armées étoient demeurées en présence l'une de l'autre, n'étant séparées que par un petit ruisseau. Ce ruisseau, pourquoi l'Empereur ne le passoit-il pas, s'il avoit une si grande démangeaison de combattre ? L'Empereur, continue notre Historien, avoit grande envie de suivre le Roi à Paris ; cela peut être ; mais sans compter les risques de l'événement, il y avoit encore bien du chemin à faire. (N. D. L.)

(6) Beaucaire prétend *qu'il eut été à sou-haiter pour la gloire du Roi, qu'il n'eut pas fait sa retraite de nuit, ce qui sentoit un peu la fuite* ; mais cette retraite étoit fort sage : François I ne vouloit que sauver Landrecy, il en étoit venu à bout. Il ne lui restoit donc rien à desirer. Vouloit - on qu'en se

(a) On verra dans les Mémoires du Maréchal de Vieilleville, que Charles-Quint ne vouloit point ha-zarder une bataille. Les prédictions d'un Astrologue, qu'il interprétoit à son désavantage, l'intimidoient. Ces détails curieux & amusants se trouveront dans les Mé-moires qu'on vient de citer.

retirant de jour il s'expofât aux hazards d'une bataille ? En la perdant, il ouvroit fon Royaume à l'ennemi. Nous remarquerons auffi que relativement à la défenfe de Landrecy, Féron a commis différentes bévues ; une furtout eft impardonnable. Il ofe accufer de lâcheté le brave la Lande, Gouverneur de cette ville ; on lit dans fon Ouvrage qu'il étoit prêt à rendre la place, fans d'Effé & les autres Officiers qui s'y oppofèrent. Les récompenfes dont François I honora la Lande, démentent cette affertion : d'ailleurs, Féron a contre lui le témoignagne de tous fes contemporains.

(7) Le Roi étoit en poffeffion de tous les droits des Comtes de Provence, depuis que René d'Anjou, Roi de Sicile, les avoit cédés à Louis XI. Le Duc de Savoye alléguoit certain engagement fait de cette ville à fes prédéceffeurs par un Comte de Provence ; à ce titre il joignoit celui de la prefcription : mais le Roi prouvoit que ce titre ne pouvoit avoir lieu, puifque la France, avoit fouvent offert de rembourfer la fomme pour laquelle cette ville avoit été engagée.

(N. D. L.)

(8) Montfort, Gentil-homme Savoyard, qui commandoit dans la place, répondit à

la première fommation qu'on lui fit, « Que
» l'on s'étoit mal adreffé à lui pour rendre
» la place ; que de fon nom il s'appelloit
» Montfort ; qu'en fes armes il portoit des
» pals, & que fa devife étoit, *il me faut tenir ;*
» & que pour toutes ces confidérations il ne
» falloit attendre de lui qu'une vigoureufe
» défenfe. » Paradin, Dupleix, l'Auteur de la
Chronique de Savoye, Féron, Guichenon,
ont fait la même faute en difant, que cette
ville fut pillée & brûlée. Les affiégés en fe
retirant dans le château y emportèrent jufqu'aux cloches, & ne laifsèrent rien abfolu-
ment dans la ville qui put fervir aux ennemis ;
le Comte d'Anguien empêcha que les Turcs
n'y miffent le feu. (N. D. L.)

(9) Un des motifs qui engagea le Comte
d'Anguien à lever le fiége, fut que par des
lettres interceptées, il apprit que le Duc de
Savoye & le Marquis du Guaft s'étoient mis
en chemin pour venir au fecours de la place.
Le Duc de Savoye voulant perpétuer la mémoire de la levée de ce fiége, & rendre les
François odieux à la poftérité, fit battre des
monnoyes d'argent, où d'un côté étoit la
croix de Savoye, & de l'autre cette infcrip-
tion : *Nicea à Turcis & Gallis obfeffa ;* c'eft

à-dire, *Nice affiégée par les Turcs & par les François*. Belleforêt a voulu excufer les François, en difant que le fiége de Nice fut entrepris fans leur participation ; mais il avance un fait évidemment faux & reconnu pour tel par tous les Ecrivains de ce tems-là. (N. D. L.)

(10) Guichenon rapporte, d'après Paul Jove, que le Marquis du Guaft ayant intercepté des lettres que Boutieres écrivoit au Gouverneur, en contrefit d'autres qui lui furent envoyées, par lefquelles Boutieres lui marquoit qu'il ne pouvoit efpérer d'être fecouru, & qu'ainfi il devoit fe tirer d'embarras par une prompte capitulation, ce que Dros exécuta. Beaucaire ne peut croire cette particularité, qui eft cependant très-vraifemblable, parce qu'elle eft dans le caractère du Marquis ; mais ce qui paroît plus difficile à croire, c'eft ce qu'ajoute Paul Jove ; fçavoir que le Marquis fut dans une colère épouvantable de ce que la capitulation avoit été violée, & que pour appaifer les parens de ceux qui avoient été maltraités il leur fit de grands préfens. Si le Marquis du Guaft fe fut conduit de cette manière, il eft à préfumer que les Suiffes à Cerifolles fe fe-

roient moins acharnés fur les Impériaux.
Mezeray a exageré les torts du Marquis du
Guaſt, en diſant *qu'il n'y avoit dans Mondovi
qu'une garniſon de Suiſſes qui capitula, mais
que du Guaſt, brutal & perfide, la paſſa toute
au fil de l'épée.* Il n'en coûta réellement la
vie qu'à quelques Suiſſes.

(11) La ligue de Henri VIII avec Charles V,
eſt un article intéreſſant dont du Bellai ne
parle point, & qu'il faut developper ici. On
a déjà parlé des divers ſujets de (a) plainte

(a) Voyez l'Obſervation, n° 7, ſur le neuvième
Livre de du Bellay. Nous ajouterons à ce que cette Obſervation contient, que Henry VIII étoit piqué de
quelques railleries échappées à François I ſur la manière dont il traitoit ſes femmes. Le Monarque Anglois, pour exécuter ſes projets de vengeance, eut recours à ſon Parlement, qui impoſa des ſubſides. La
taxe du Clergé fut le double de celle des Laïques. On
a obſervé, dit M. Hume dans ſon Hiſtoire de la Maiſon
de Tudor, que le Clergé Anglois paya toujours beaucoup plus que les Laïques, même lorſque la Religion
Catholique dominoit en Angleterre. Voilà pourquoi
Charles-Quint remarqua avec fineſſe, lorſque Henry
donna ou vendit les revenus des Monaſtères à ſes Courtiſans, *qu'il avoit tué la poule qui lui pondoit des œufs d'or.*
Au ſurplus pendant l'hiver de 1543, Henry ſe prépara
à porter la guerre dans le Continent. Son Parlement,
flatté de cette expédition, déclara nuls les emprunts

T 3

bien ou mal fondés que Henri VIII avoit contre François I. Mais ce qui choquoit Henri plus que toute autre chose, étoient les obstacles que la France lui avoit fait trouver en Ecosse, par rapport au mariage de Marie, héritière de ce Royaume avec le Prince Edouard ; ce fut-là le principal & peut-être l'unique motif qui l'engagea à se liguer avec l'Empereur. Charles de son côté comprit qu'il ne pouvoit rien lui arriver de plus avantageux que de se réconcilier avec Henri. Le desir d'accabler la France lui fit oublier l'affront que ce Prince lui avoit fait en répudiant honteusement la Reine Catherine d'Autriche, sa tante, & son serment de ne jamais se réconcilier avec Henri, a moins qu'il ne rentrât dans le sein de l'Eglise Romaine. Ce traité conclu à Londres entre ces deux Princes, le 11 Février 1543, portoit en substance que l'Empereur & le Roi d'Angleterre enverroient des Ambassadeurs au Roi de France, pour l'exhorter à rompre la ligue qu'il avoit faite avec les Turcs : ils demandoient ensuite qu'il dédommageât la Chrétienté des pertes qu'il lui avoit cau-

publics que ce Prince avoit faits. Il lui décerna le titre de Roi de France : mais les titres ne signifient rien quand on n'y réunit pas la propriété.

fées en y appellant les Turcs; qu'il fît rendre au Roi des Romains les places que les Infidèles avoient enlevées, & à l'Empereur, Caſtro-Novo qu'ils avoient aſſiégé avec le ſecours de treize galères de France; qu'il réparât les dommages que les Allemans avoient ſouf-ferts par l'invaſion des Infidèles en Hongrie, enfin qu'il ſatisfît le Roi d'Angleterre ſur tout ce qu'il lui devoit, & qu'il lui donnât des ſûretés pour le payement de cent mille écus.

Après ce préliminaire, les deux Princes alliés convenoient de ne faire ni paix ni trêve avec la France qu'à condition que François I payeroit au Roi d'Angleterre les ſommes qu'il lui devoit, & que pour lui aſſurer à l'avenir le payement de la penſion, il lui mettroit entre les mains le Comté de Ponthieu, Boulogne, Montreuil, Ardres & Terouanne, ſans exiger aucun hommage, & que les revenus que Henri tireroit tous les ans tiendroient lieu de paye-ment de la penſion. On ajouta que François I rendroit le Duché de Bourgogne à l'Em-pereur.

Les deux Monarques convinrent encore que ſi le Roi de France différoit ſeulement dix jours à conſentir à ces conditions, ils lui dé-clareroient la guerre, & ne feroient jamais

la paix jufqu'à ce que le Roi d'Angleterre
fût en poffeffion de la Normandie , de la
Guienne , & même de la Couronne de
France, & que l'Empereur fut maître d'Abbeville, de Roye, de Corbie, de Ham, de
St. Quentin & de tout le Duché de Bourgogne; enfin ils convenoient que chacun d'eux
fe mettroit en campagne avec vingt-cinq
mille hommes, dont cinq mille feroient de
cavalerie ; mais l'exécution de leur projet
demandoit un bien plus grand nombre de
troupes : par la fuite il fut réglé entr'eux
qu'ils attaqueroient la France avec plus de
cent mille hommes, ce qu'ils exécutèrent.
Le Roi ayant eu avis de ce grand projet
fe contenta de répondre *qu'il croyoit bien que
l'Empereur & le Roi d'Angleterre avoient deffein d'entrer dans fon Royaume ; mais qu'il
ne penfoit pas qu'ils euffent juré d'en fortir
avec la gloire d'avoir exécuté leur deffein.*

(N. D. L.)

(12) On prétend que , fi nous euffions
livré la bataifle le même jour, nous aurions
battu facilement l'armée ennemie, qui n'avoit
pas encore été jointe par les Efpagnols oc-
cupés à débarraffer quelques pièces d'artillerie. (N. D. L.)

(13) Le Marquis du Guaſt fut forcé de gagner Milan, où il demeura long-tems ſans oſer ſe préſenter devant les Dames , parce qu'il leur avoit montré des chaines avec leſquelles il s'étoit vanté de leur mener liés le Comte d'Anguien & les jeunes volontaires de l'armée Françoiſe. Elles l'avoient conjuré de traiter au moins le Comte plus doucement, en conſidération de ſa bonne mine , à quoi il avoit répondu fiérement : *Qu'on n'étoit plus au tems des Chevaliers errans.* Paul Jove , le grand panégyriſte du Marquis du Guaſt, ne veut pas convenir qu'il ſe retira ſans avoir combattu; il avance au contraire qu'il fut bleſſé au genou d'un coup d'arquebuſe, & qu'il eut ſon caſque rompu d'un coup de maſſe ; pour diminuer la gloire due à la valeur des François, il dit, qu'ils furent ſimplement des inſtrumens dont ſe ſervoit la vengeance divine pour punir les Lanſquenets, qui le jour de Pâques, la veille de la bataille, avoient joué aux dez ſur les autels.

(N. D. L.)

(14) Du Bellay ne fait (a) pas mention de quatre mille chaînes qui furent trouvées

(a) Dans le ſecond Volume des Pièces fugitives pour ſervir à l'Hiſtoire de France (par M. le Marquis

fur des chariots , & qui devoient être em-
ployées à lier les prifonniers que feroit le

d'Aubais) , on trouve trois relations de la bataille de
Cerifoles. La première eft intitulée : *L'Ordonnance de
la bataille faite à Syrizolles en Piemont.* La feconde a pour
titre : *De la défaite des Efpagnols à Syrizolles* : l'une &
l'autre font en forme de Lettres. Le titre de la troifième
eft : *Difcours de la bataille de Cerifoles.* Adverfis Duro :
à l'enfeigne du Rocher. Afin que le Lecteur ait fous les
yeux les différents détails qui nous ont été tranfmis fur
cette mémorable victoire , nous avons pris le parti de
détacher de ces trois Pièces les faits particuliers qui ne
font ni dans du Bellay , ni dans Montluc , ni dans les
Mémoires de Vieilleville.

Les trois relations s'accordent fur la quantité de troupes qui formoient l'armée de l'Empereur. Il paroît qu'elle
montoit à 18000 hommes de pied, & à environ 1500 chevaux. Les relations varient fur le nombre des troupes
Françoifes. Deux le portent de douze à treize mille
hommes , & une à près de dix-fept mille. Selon ces relations , le Comte d'Anguien , avant de livrer la bataille , harangua fes troupes , & fur-tout les Suiffes. Il
les exhorta à vanger leurs camarades tués à Montdovi.
D'ailleurs les trois relations n'offrent rien qui contre-
dife la defcription de cette bataille telle qu'on la lit
dans du Bellay. Elles confirment tout ce qu'il dit du
butin que firent les vainqueurs. « Parmi le bagage (lit-
» on dans la troifième de ces Pièces) fe font trouvés
» quatre bahus pleins de mannetes de fer , lefquelles
» eftoient pour enferrer les Italiens , que le Marquis
» faifoit fon compte de prendre prifonniers; car il efti-

Marquis, & qu'il se proposoit d'envoyer aux galères; « *Et fut chose mémorable & mer-*

» moit que nul des nostres ne devoit échapper, &
» s'attendoit de mener en triumphe à Milan lesdits
» Italiens liés & enchaînés comme mastins, puis les
» envoyer en galere par force. On a sçu pour chose
» vraye, que quand ledit Marquis partit de Milan
» avec son armée, les Gentilshommes & Nobles du
» pays se vinrent présenter à luy corps & biens :
» mais il répondit que pour l'heure il se contentoit
» de ce qu'il avoit de gens, & n'étoit jà besoin de
» plus; & eux prenans congé, & prians Dieu qu'il lui
» donnât grace de rapporter victoire; il leur dit en
» cette sorte : *Nonne dubitato, nonne dubitato, chio tengo*
» *tutti i Francezi in un Sacco, del quale io ho la bocca in*
» *questa mano.* Ce qui est à croire qu'il l'ait dit; car étant
» convenu entre les François & les Espagnols de ne
» courir *sur le bonhomme*, ce nonobstant le Marquis ne
» laissoit de prendre sur nos paysans bœufs, vaches &
» juments pour le charroy de son armée; tellement
» qu'il lui fut par Mgr d'Anguien remonstré qu'il fai-
» soit contre leurs conventions; à quoi luy répondit
» le Marquis, qu'*il s'émerveilloit de lui grandement, qui*
» *prenoit si grand soucy pour avoir à demeurer si peu en*
» *Piedmont, & que avant huit jours il le lui osteroit de la*
» *tête;* ce qui estoit assez, voire trop confidemment
» parlé de soy; &, comme l'on dit en proverbe, *comp-*
» *toit sans l'hoste.* ... Dans le butin que nous fismes, il
» y avoit, selon la même relation, quantité de chariots
» & mulets chargés de victuailles, comme formage de
» Milan, saulcisses de Boloigne, qui est juste le Pro-

» *veilleuſe*, dit l'Auteur de la Chronique de
» Savoye, *que les François trouvèrent au ba-*
» *gage de leurs ennemis plus de quatre mille*
» *cadenats de forçaires, que les priſonniers*
» *mêmes confeſſerent avoir été apprêtés par le*
» *Marquis du Guaſt, pour envoyer les Fran-*
» *çois en galère par force, s'il eut obtenu la*
» *victoire* ». Ce fait eſt confirmé par Meze-
rai , Dupleix , Beaucaire, Paradin & par
pluſieurs autres Ecrivains. Parmi les hardes
du Marquis du Guaſt, il ſe trouva, dit Brantôme, une fort belle Montre, que le Comte
d'Anguien envoya au Roi : Madame de Nevers, ſœur du Comte, qui ſe trouvoit là
avec bien de belles Dames, dit à Sa Majeſté :
Penſez, Sire, que cette Montre n'étoit pas bien
montée, lorſqu'elle fut priſe ; car ſi elle eût été
montée auſſi bien que M. le Marquis ſon Maî-
tre, vous ne l'euſſiez pas eue , & ſe fut ſauvée

» verbe Italien ; diſant que *les Saulciſſes de Baloigne ne*
» *ſe trouvent pas ſur les arbres ; car on les trouve par*
» *chemins.*

    » Ces relations évaluent les morts de l'ennemi à neuf
» ou dix mille hommes. J'ai vu choſe ſi pitueuſe , dit
» l'une d'elles , & ay trouvé que dedans Syrizolles , &
» un quart de lieue à l'entour, nos chevaux eſtoient
» juſques au genoil dedans le ſang , & n'euſſent ſçu
» marcher que deſſus gens morts. »

auſſi bien que lui. Finiſſons par relever quelques fautes de l'Auteur de la Nouvelle Hiſtoire d'Eſpagne. Il dit que la bataille fut donnée le dixième d'Avril, première faute ; que les Griſons & les Provençaux furent taillés en pièces ; il devoit dire les Grüeriens, au lieu des Griſons, ſeconde faute. Ils ne furent pas taillés en pièces, puiſqu'ils trouvèrent leur ſalut dans une prompte fuite, troiſième faute. La Compagnie des Gardes du Marquis de Vaſto ſouffrit beaucoup, quatrième faute. Elle ne combattit pas ; & cette Compagnie, compoſée de cinq ou ſix cens chevaux, ſe tint à l'écart avec le Marquis, qui fut, dit le même Auteur, obligé de fuir à Aſt, & *où il ne fut pas reçu*, devoit-il ajouter.

(N. D. L.)

(15) Cette perte de l'ennemi paroît exagérée, & la notre affoiblie. Selon les relations, dont nous avons joint l'extrait à l'obſervation qui précede, nous perdîmes cinq à ſix cens hommes ſans y comprendre les Officiers & autres perſonnes de diſtinction. Paradin (a) évalue les morts des François à *quarante hommes d'armes de toutes les Compagnies de la gendarmerie ; des gens de pied,*

____

(a) Paradin, Hiſtoire de notre tems, p. 462.

environ cinq cens , fix Gentilshommes de la Maifon du Comte d'Anguien , outre les Seigneurs & Officiers d'un grade fupérieur , dont parlent du Bellay & les autres Memoires du tems. D'après l'unanimité de ces témoignages, on doit être furpris de lire dans l'Ouvrage (a)| d'un Moderne eftimable fous tous les rapports , *que du côté des vainqueurs la joie fut fans mélange , & que dans le peu de monde qu'ils perdirent , il ne fe trouva pas un feul Officier de diftinčtion.* Cette affertion paroît d'autant plus finguliere , que l'Ecrivain cite pour fes garants du Bellay & Montluc. Comment a-t-il pu ne pas placer au nombre·des gens de marque qui périrent , le Seigneur d'Acier , Grand-Maître de l'artillerie Françoife , tous les Colonels & Capitaines dont du Bellay donne la lifte ? Il eft certain que fi les François remportèrent une victoire glorieufe, ils eurent à regretter le fang précieux de leur Nobleffe qui y fut répandu.

(16) Ce fut dans la Diète qui fe tint à Spire , que Charles-Quint prépara cette invafion. Cette Diète s'ouvrit le 20 Février , & elle dura jufqu'au 10 Juin. L'Empereur la

(a) Hiftoire de Charles-Quint , par M. Robertfon , Tome II, p. 276 , édit. in-4°.

commença par un discours véhément contre le Roi de France. Il exagera l'alliance que ce Prince avoit faite avec Soliman, assurant que c'étoit une conduite indigne d'un Souverain qui portoit le nom de Roi Très-Chrétien. Il ajouta que le Turc n'étoit si hardi & entreprenant, que parce que le Roi de France l'informoit de tout ce qui se passoit dans l'Empire ; qu'il le mettoit au fait des différends de Religion, des divisions publiques qui regnoient dans les Etats d'Allemagne & d'Italie & du gouvernement des affaires, d'où il conclud qu'il étoit absolument nécessaire de délivrer la Chrétienté du dangereux ennemi qu'elle avoit dans son sein, afin de travailler ensuite à recouvrer ce que les Infidèles avoient pris la précédente campagne ; & que comme cette guerre n'étoit pas moins importante que celle des Infidèles, il espéroit que les Allemands y contribueroient avec le même zèle. Cet artificieux discours fit tant d'impression, que les Princes Catholiques & Protestants promirent à l'Empereur d'unir toutes leurs forces contre le Roi de France. La Diète fit plus, elle écrivit aux Suisses pour les empêcher de fournir des troupes ; mais leur réponse fut qu'ils sçavoient de leurs Officiers, que jamais aucun

Turc n'avoit paru dans l'armée Françoife ;
qu'ils n'avoient point entendu parler d'une femblable alliance ; qu'ils en avoient écrit au Roi,
& que ce Prince leur avoit fait entendre que
c'étoit une calomnie. Ils ajoutoient que fi
l'Empereur vouloit écouter quelques propofitions de paix, le Roi de France promettoit
de fecourir les Allemands & les Hongrois
contre Soliman ; qu'à l'égard des Peuples de
leurs Cantons en particulier, ils étoient tellement dévoués au fervice de la France,
qu'ils ne pouvoient fe refufer à cette Couronne, toutes les fois qu'elle avoit befoin de
leurs fecours. L'Empereur agit auffi auprès
du Pape pour l'engager à déclarer la guerre
à la France ; mais le Souverain Pontife, ré-
folu d'obferver une exacte neutralité, fe contenta d'offrir fa médiation pour la paix entre
ces deux Princes. Les Vénitiens furent à leur
tour follicités de renoncer à l'alliance qu'ils
avoient avec la France. Ils furent même
ébranlés ; mais un difcours que Jean de
Montluc (a), Evêque de Valence, fit en
plein Sénat, les retint.

Cependant François I , qui s'étoit bien
douté que Charles ne manqueroit pas de fe
plaindre de lui, avoit envoyé un Hérault à

(a) On le verrra dans les Mémoires de Montluc.

Spire

Spire demander un paſſe-port (a) pour ſes
Ambaſſadeurs : c'étoient le Cardinal du Bel-

(b) « Et à ces fins (dit Paradin, p. 456) furent
» envoyés Mgr le Cardinal du Bellay , Eveſque de
» Paris ; Maiſtre François Olivier , Préſident en la
» Cour du Sénat & Parlement dudiᶜᵗ lieu , & autres
» doᶜtes & ſavants hommes , auxquels toutesfois fut
» empeſché l'accès à la diᶜte cité de Spire ; à l'occa-
» ſion de quoy le ſuſdiᶜt Révérendiſſime Cardinal eſ-
» tant perſonnage en ſavoir & éloquence incompara-
» ble , & très - aſſeuré du droiᶜt & équité de la cauſe
» du Roy Très - Chrétien , publia une très - élégante
» Oraiſon, laquelle fut miſe à l'impreſſion . . . ». Comme
ce Diſcours n'a point une liaiſon direᶜte avec les Mémoires de du Bellay , puiſqu'il n'en eſt pas même queſtion dans ſon Ouvrage , nous nous bornerons donc à
en conſigner ici la ſubſtance. On y démontre que François I ne pouvoit avoir le projet de nuire au Corps
Germanique , parce que ſes intérêts & ceux de l'Empire étant mêlés & confondus , il ſe ſeroit nui à lui-
même : on y rappelle l'origine commune des François
& des Allemands , & l'amitié qui a toujours ſubſiſté entre les deux Nations. On y fait voir que ſi le Turc
s'eſt armé contre les Chrétiens , on ne doit en accuſer
que l'Empereur , que c'eſt lui qui a attiré Soliman en
Hongrie , en dépouillant Jean Scepuſe d'un trône qui
lui appartenoit ; & que pour rendre le trône à ce dernier , Soliman a pris les armes : on s'y applique à juſtifier les traités de la France avec la Porte Ottomane : le
diſcours ſe termine par une offre au nom de François I ,
de ſe ſoumettre à l'arbitrage des Eleᶜteurs & des Princes

lay, François Olivier , Préfident au Parlement de Paris, & depuis Chancelier de France & Affricain de Maillei, Baillif de Dijon, qui s'étoient avancés jufqu'à Nancy. Le Hérault n'eut permiffion que de mettre entre les mains du Chancelier Granvelle les lettres du Roi à l'Empereur & aux Princes qui étoient à la Diète. On le fit fortir auffi - tôt , & la

de l'Empire : cet arbitrage, ajoute-t-on , leur eft dévolu de droit, puifqu'il s'agit de l'inveftiture du Duché de Milan , fief de l'Empire. Nous remarquerons que quand on a lu les Difcours de Langey & les différentes difcuffions qui fe trouvent dans les Mémoires de du Bellay, fur la conduite refpective de l'Empereur & de François I , cette harangue , dont on vient de rapporter l'analife , préfente peu de chofes neuves. Les manifeftes entre ces deux Princes furent nombreux : on y prodigua les injures & les farcafmes ; & fouvent on y apperçoit le ton aigre & emporté , de ce qu'on appelle Diatribe fcholaftique. Chacun d'eux oublioit fa dignité , ou plutôt leurs Agents l'oublioient fous le nom de ces Monarques. Les Souverains étrangers n'étoient pas traités avec plus de décence dans ces écrits publics. On croit entendre le fougueux Luther déclamant contre le Pape , & l'injuriant avec groffiereté , lorfqu'on lit dans la harangue du Chancelier d'Alençon , prononcée en 1542 devant les Princes de l'Empire, qu'on appelloit Soliman, *Mâtin , Chien enragé, Parricide, Larron & Paillard.* (Voyez divers Mémoires fervants à l'Hift. de notre tems , vol. in-4°, p. 89.)

maifon où il entra fut environnée de Gardes, qui l'empêchèrent de communiquer avec
perfonne. Il languit quatre jours entiers dans
cette efpèce de prifon, & le cinquième le
Chancelier le congédia, en lui difant *qu'il
étoit heureux de s'en retourner la vie fauve;
que fans la clémence de Sa Majefté Impériale,
il auroit inutilement réclamé le droit des gens,
puifqu'on n'étoit point obligé de l'obferver à
l'égard de ceux qui venoient, comme lui, de
la part d'un Prince ennemi public de l'Empire.* On fit partir le Hérault fur-le-champ; &
ceux qui l'efcortèrent jufques fur la frontière de
Lorraine, l'empêchèrent de parler & d'afficher
aucun papier. Les Ambaffadeurs de France,
fruftrés dans leur attente, furent contraints
de publier la réponfe qu'ils auroient faite à
l'Empereur, fi on leur eût donné audience.
(N. D. L.)

(17) Voici une omiffion de du Bellay, à
laquelle il eft néceffaire de fuppléer. En 1536,
Paul III expédia la Bulle, par laquelle il
convoqua le Concile à Mantoue; mais le Duc
de ce nom & le Roi de France s'y étant
oppofés, les Vénitiens confentirent qu'il fe
tînt à Vicence. On propofa de nouveau Mantoue, puis Ferrare, enfuite Cambrai, & enfin

on se décida pour la ville de Trente, & le Pape fit expédier une nouvelle Bulle, où il faisoit un grand éloge de la piété de l’Empereur & de celle du Roi de France. Ce parallèle déplut à Charles ; il écrivit une lettre au Pape, dans laquelle il déclamoit avec véhémence contre François Ier, qui reçut une copie de cet écrit, où le Roi étoit comparé à l’Enfant prodigue, & Charles à l’Enfant sage, qui ne s’étoit jamais départi de son devoir. Pierre Duchâtel, depuis Évêque de Mâcon, fut chargé de répondre à cette lettre ; il le fit en tournant l’Empereur en ridicule. Il répartit que l’Empereur n’appliquoit pas assez justement la comparaison de l’Enfant prodigue ; qu’il étoit donc le prodigue, le Pape le père, & le Roi le fils aîné ; qu’il avoit assez bien joué son personnage en assiégeant le *Père de famille* dans Rome, en dissipant tous ses biens, en le retenant prisonnier, en faisant payer pour sa rançon des sommes immenses, & en ne laissant pas après cela que de faire demander à Dieu la liberté *du même Père* par des processions publiques dans toutes les Églises d’Espagne ; qu’on ne sçavoit point qui pouvoit *avoir mis en sentinelle* Sa Majesté Impériale ; mais qu’il ne paroissoit pas qu’elle se fût bien acquittée de cette faction, puisque dans le tems qu'elle disoit avoir été la plus éveillée, trois de ses armées de terre avoient été défaites dans la Hongrie, deux de ses flottes mises en fuite vers le Golphe de Lépante, ses vieilles troupes égorgées dans Modon & dans Coron, lui - même repoussé honteusement devant Alger, & les Vénitiens contraints de livrer aux Infidèles ce qui leur restoit de places dans le Péloponèse ; que le Roi de France avoit affermi, par ses offices à Constantinople, la Couronne de Hongrie sur la tête du jeune Roi, Etienne Scepuse, & que Charles, au contraire, l'en ayant voulu dépouiller, avoit excité les Turcs à prévenir par leur invasion celle de la Maison d'Autriche ; que François Ier avoit obtenu de Soliman la révocation de l'ordre donné pour démolir le Sépulchre de Jésus, & les autres lieux de la Terre - Sainte ; & qu'ainsi l'on pouvoit juger lequel de François Ier ou de Charles V *faisoit mieux la sentinelle* pour la religion.

Le Concile fut prorogé, à cause de la guerre, jusqu'après la conclusion de la paix de Crespi, & l'ouverture en fut fixée au quinzième de Mars de l'année 1545 ; mais il se trouva si peu d'Évêques à Trente, à l'arrivée des Légats du Pape, que l'ouverture fut différée jufqu'au 13 Décembre. Les Prélats de France qui s'y trouvèrent d'abord, furent Claude d'Odieu, Évêque de Rennes, Antoine de Ganai, Archevêque d'Aix, & Claude de la Guiche, Évêque d'Agde. Sur la fin de Juin, Claude d'Urfé, Jacques de Lignieres (a) & Pierre Danès fe rendirent à

(a) L'Abbé Lambert, qui fouvent copioit fans approfondir fi les faits étoient exacts ou non, a adopté ici une erreur commune à plufieurs Ecrivains. Cet Ambaffadeur de François I à Trente, ne s'appelloit point Jacques de *Lignieres*, mais Jacques *des Ligneris*, Préfident de la troifième Chambre des Enquêtes au Parlement de Paris. On en trouve la preuve dans le pouvoir donné par ce Monarque à fes Ambaffadeurs envoyés au Concile de Trente. Ce pouvoir, daté de Fontainebleau le 3 Avril 1545, a été imprimé dans un recueil in-4°, intitulé : *Inftruct.ons & Lettres des Rois Très-Chrétiens & de leurs Ambaffadeurs, & autres actes concernans le Concile de Trente*, &c. *Paris, Sebaftien Cramoify*, 1654. (Voyez la page 10.)

C'eft de ce Jacques des Ligneris que defcendoient Théodore des Ligneris, Chevalier de l'Ordre du Roi, & Capitaine de cinquante hommes d'armes, & enfuite Jacques des Ligneris, Seigneur de Fontaine, près Chartres. La fille de ce dernier, Anne des Ligneris, époufa Louis de Sailly, Seigneur de S. Cyr & de la Mothe. On aura occafion dans la fuite de parler de Théodore des Ligneris. Nous ajouterons feulement que Jacques

Trente, avec la qualité d'Ambassadeurs de Sa Majesté Très-Chrétienne. On leur fit bien des chicanes qu'il seroit trop long de rapporter ici ; mais enfin ils obtinrent ce qu'ils prétendoient, c'est-à-dire, la préséance sur les Ambassadeurs du Roi des Romains.

(N. D. L.)

(18) Philibert de Châlons, Prince d'Orange, ayant été tué au siège de Florence, ses biens passèrent à Renée de Châlons, sa sœur, qui avoit épousé le Comte de Nassau. Leur fils aîné, dont il s'agit ici, prit le titre de Prince d'Orange ; & il est connu dans l'histoire sous le nom de René de Nassau. N'ayant point laissé d'enfants de son mariage avec Anne de Lorraine, il eut pour héritier Guillaume de Nassau, son oncle, ou son cousin, selon quelques écrivains. Ce dernier est le fameux Prince d'Orange que nous verrons fonder la République de Hollande. Les droits de Souveraineté, réclamés par ces Princes dans leur Principauté d'Orange, ont occasionné

des Ligneris, qui a occasionné cette note, fut nommé Commissaire pour tenir *les grands jours* à Poitiers en 1541, & qu'il mourut Président à Mortier de la création de 1554. (Voyez l'Ouvrage de Blanchard, p. 109 & suiv. des Présidents à Mortier.)

bien des débats avec la France. On peut, fur ce fujet, confulter Du Tillet dans fon recueil, Chap. *des Barons & Pairs de France*, Bodin. *Livr. 1. Chap. 9. de fa République, & l'Hif-toire de Provence, par Noftradamus*, part. IV. fur l'année 1370..... Lorfque René de Naffau, qui mourut devant St. Dizier, voulut époufer la Princeffe de Lorraine, le Duc de Lorraine, avant de contracter aucun enga-gement, prit l'agrément de la Cour de France. Ribier (a) nous a confervé la Lettre de ce Prince au Connétable de Montmorency ; la fingularité de fa teneur nous a engagé à la placer à la fuite de cette Obfervation.

Le Duc de Lorraine au Conneftable.

« Monfieur mon bon compagnon, vous » entendrés de M. le Cardinal, mon frere, » les raifons qui me portent à vous defpe-

(a) Lettres & Mémoires d'Etat, par Ribier, Tome II, in-fol., p. 530. Relativement à cet Ouvrage de Ribier, nous prévenons que ce qu'il renferme d'intéreffant fera fondu dans nos notes & obfervations fur les Mémoires de du Bellay, de Montluc, de Vieilleville, & des autres qui fuivront. Les Lettres & Mémoires d'Etat de Ribier ne font point des Mémoires proprement dits : c'eft un recueil de Pièces & de Lettres pour fervir à l'Hiftoire diplomatique de la France, depuis 1537 jufqu'en 1569.

» cher ce porteur, Gentil-homme des miens,
» en diligence, qui eſt ſur ce que l'Empe-
» reur a envoyé vers moi le Sieur de Mont-
» bardon, Gentil-homme de ſa bouche, me
» priant de vouloir entendre à une alliance
» de mariage de ma fille avec mon couſin
» le Prince d'Orange, & que par luy je le
» veuille advertir de mon intention réſolue;
» & parce que je ne veux rien faire ni ré-
» ſoudre ſans l'advis du Roy & de noſtre dit
» frere, & que je trouve ce party à propos,
» pour retirer un bon ſerviteur au Roy, &
» meſme que je ſuis recherché d'autres pour
» ma fille qui eſt en âge d'être mariée, je
» vous ay deſpeché ce porteur, pour vous
» prier de conſidérer le tout, & voir ſi vous
» le trouvés bon. Je ſupplie le Créateur,
» Monſieur mon bon compagnon, vous don-
» ner bonne vie & longue. De Bar, 22
» Juin 1540 ».

(19) Charles - Quint commençoit (a) à

Conformément à notre plan, nous ne pouvons en faire
uſage que pour éclaircir les Mémoires publiés à cette
époque.

(a) Charles-Quint étoit encore déterminé par d'autres motifs à faire la paix. Le Pape, irrité contre lui des
conceſſions qu'il avoit accordées aux Proteſtants dans la
dernière Diète, & de l'alliance qui exiſtoit entre lui &

craindre le même fort qu'il avoit éprouvé en Provence. Il fit hazarder, comme le dit du Bellay, des propofitions de paix par un Jacobin de fa fuite, de la Maifon de Guzman; ce Moine trouva le moyen de s'aboucher avec le Confeffeur de la Reine Éléonore. Afin de contraindre François Ier d'y accéder promptement, l'Empereur précipita fa marche vers Paris. La confternation fe répandit dans cette capitale. Les habitans fuyoient de toutes parts. Écoutons le récit qu'en fait Paradin (a)... « Après la prinfe & fac de
» Chafteau-Thierry, les avant-coureurs des
» ennemis fayfoient courfes jufques à Meaux;
» quoy voyant, les Parifiens eurent fi grand
» paôur & crainéte, que la plupart fe mict
» en fuite de tous les coftés; & depuis que
» la ville fut premièrement édifiée, ne fut
» un tel tumulte, ny tremeur dans les murs
» de Paris, fans que la ville euft dommage.
» Car vous euffiez veu les riches, povres,

le Roi d'Angleterre, manifeftoit avec hauteur fon mécontentement. D'ailleurs l'Empereur craignoit les Proteftants : il fentoit que pour les contenir d'une part, & de l'autre, pour arrêter les progrès des Turcs en Hongrie, il avoit befoin de la totalité de fes forces. En laiffant la France aux prifes avec Henry VIII, toutes fes vuës politiques étoient remplies.

(a) Hiftoire de notre tems, p. 479.

» grands & menus, gens de tous eſtats &
» âges, s'enfuir & traîner leurs biens par
» terre, par eau, par charroy, tirer leurs
» enfants après eux ; les autres porter les
» vieilles gens ſur leurs eſpaules, les mettre
» dans les baſteaux, deſquels il y avoit ſi
» grand nombre que l'on ne pouvoit veoir
» l'eau de la riviere ; & eſtoit le tout ſi
» chargé tant de meubles que de gens, qu'il
» y en euſt pluſieurs qui allèrent à fonds ;
» & ſi le déſordre eſtoit grand en la ville,
» les champs ne l'empyroient point. Car tout
» eſtoit tant plein d'hommes, femmes, en-
» fans, chevaux, charettes, bœufs, vaches,
» brebis & autre beſtial, qui fayſoient tel
» bruit & effroy, qu'il ſembloit à voir cette
» confuſion que nature duſt rompre la foy
» aux quatre Eléments, & que tout voulaiſt
» tomber en un billon de cahos, tant eſtoit
» tout le pays eſpardu pour la proximité des
» ennemis. Le Roy adverti dudit effroy, vint
» en diligence à Paris , & les aſſura de ſi
» bonne ſorte, que tout le monde revint à
» la file, avec ferme propos d'attendre l'Em-
» pereur & luy réſiſter, voyans leur Roy ſi
» deliberé de garder ſon peuple. Lors en cet
» effroy, dit le Roy un mot mémorable,
» *qu'il ne pouvoit garder les Pariſiens d'a-*

» *voir paour, mais qu'il les garderoit bien*
»ᵃ *d'avoir mal, & qu'il aymoit mieulx, en*
» *bien les gardant, mourir, que vif faillir*
» *à les sauver.* Incontinent il fit affembler
» tous les meftiers de ladite ville en armes
» & plufieurs autres jufques au nombre de
» quarante mille hommes bien armés ».

(20) Cet avis par qui fut-il donné ? C'eft
ce que du Bellay n'explique point ; mais
prefque tous les Auteurs qui ont écrit après
lui (a), conviennent que ce fut la Ducheffe

(a) Tous ces faits rapportés par l'Abbé Lambert
ne fe trouvent point dans les Auteurs contemporains
de du Bellay. Ils nous ont été tranfmis par des Ecrivains
poftérieurs à cette époque ; & chaque Moderne les a
copiés. Voici comment s'exprime à ce fujet le Rédacteur de la vie de Gafpard de Coligny, p. 37 & 38. « Il
» y avoit alors deux brigues à la Cour, l'une en faveur
» du Dauphin, l'autre en faveur du Duc d'Orléans . . . .
» La Ducheffe d'Eftampes, qui étoit Maîtreffe du Roi,
» & qui avoit beaucoup de crédit fur fon efprit, por-
» toit les intérêts du Duc d'Orléans au préjudice du fils
» aîné. Cela faifoit que beaucoup de gens, qui ne confi-
» déroient que le préfent, fe rangeoient du côté du
» cadet, ce qui leur attiroit la bienveillance de la Du-
» cheffe, laquelle ne le faifoit pas tant néantmoins par
» la haine qu'elle avoit pour le Dauphin, que pour ne
» pouvoir fouffrir *Diane de Poitiers*, fa Maîtreffe : car
» elle étoit de l'humeur de la plufpart des femmes,
» qui font jaloufes de toutes chofes, fi bien qu'elle

d'Etampes, Maîtresse du Roi, qui sauva l'armée de l'Empereur. Il s'étoit formé à la Cour deux factions puissantes ; l'une pour M. le Dauphin, & l'autre pour le Duc d'Orléans. La jalousie de deux Dames fit naître ces deux partis. L'une étoit Diane de Poitiers, qui, quoique dans un âge avancé, avoit conservé sa beauté, & s'étoit attaché le Dauphin. L'autre étoit la Duchesse d'Etampes, à qui le grand crédit de Diane auprès du jeune Prince commençoit à donner de l'ombrage. Comme elle voyoit que la santé chancelante du Roi ne lui promettoit pas une longue vie, & qu'elle avoit des raisons par-

» s'étoit mis en tête qu'elle n'aspiroit qu'à la mort du
» Roi, pour avoir le plaisir à son tour de gouverner.
» Il étoit d'ailleurs survenu quelques différends entre
» ces deux Dames, qui alienoient leur esprit ; & si
» pour quelques considérations elles n'osoient pas se
» donner toutes les marques qu'elles auroient bien voulu
» de leur méchante volonté, toujours ne laissoient-elles
» passer aucune occasion de médire l'une de l'autre ; ce
» qui leur étant rapporté, il est aisé de comprendre
» combien elles avoient de penchant à la vengeance..».

On verra dans les Mémoires du Maréchal de Vieille-ville plusieurs traits qui attestent l'animosité respective de ces deux Dames.

ticulières qui lui faiſoient craindre de demeurer en France après la mort de ce Prince, elle ſongea à procurer au Duc d'Orléans
un établiſſement hors du Royaume, où elle
trouvât du repos & de la ſûreté lorſqu'elle
en auroit beſoin. L'Empereur avoit propoſé
de donner l'inveſtiture du Duché de Milan
ou des Pays-Bas au Duc d'Orléans, à deux
conditions : l'une d'épouſer la fille ou la
niéce de Charles-Quint, l'autre d'empêcher
que ce qui ſeroit donné en faveur de l'un
ou de l'autre de ces deux mariages, ne fût
un jour réuni à la Monarchie Françoiſe. Mais
cet article étoit trop préjudiciable au Dauphin, pour qu'il y conſentît. Cependant la
Ducheſſe d'Etampes remontroit ſans ceſſe au
Roi la néceſſité de conclure la paix à ces
conditions : pour l'y déterminer, elle tra-
vailla à empêcher la retraite que l'Empereur
ſe propoſoit de faire dans les Pays-Bas, parce
que les vivres lui manquoient en Champagne. Nicolas de Longueval, Seigneur de
Boſſu, qui lui étoit dévoué, fut celui dont
elle ſe ſervit pour conduire cette intrigue.
Il gagna le Capitaine qui avoit ordre du
Dauphin de rompre le Pont d'Epernai : on
trouva moyen de l'amuſer, de ſorte que l'ar-

mée Impériale arriva avant la rupture du Pont, se saisit des magasins, & ensuite de ceux de Château-Tierri. (N. D. L.)

(21) Il fut de plus convenu qu'il y auroit garnison Imperiale à Milan & à Crémone, & qu'elles y resteroient jusqu'à ce qu'il fût né un enfant mâle du futur mariage ; que le Duc d'Orléans se contenteroit de l'appanage qui lui seroit donné, s'il n'épousoit que la niéce de l'Empereur ; mais que s'il épousoit sa fille, on lui en assigneroit un nouveau formé des Duchés d'Orléans, de Bourbon, d'Angoulême, de Châtellerault, & même de celui d'Alençon, si les quatre premiers ne suffisoient pas pour faire cent mille livres de rente, quittes de toute charge ; que si l'Empereur accordoit sa fille, elle auroit de douaire quarante mille livres de rente ; que s'il ne donnoit que sa niéce, elle n'en auroit que trente mille. L'Empereur étoit fort tourmenté de la goutte, lorsque l'Amiral, accompagné d'une suite nombreuse, vint trouver ce Prince à Bruxelles pour lui faire signer ce traité. Il dit à l'Amiral, en prenant la plume, *qu'il le prioit de remarquer par ce qu'il voyoit, si on pouvoit douter qu'il ne tint ce qu'il promettoit par ces articles de paix ; & si ne pouvant en tems de paix tenir une plume , il seroit en état de se servir de l'épée en tems de guerre.* Cette paix étant plus avantageuse au Duc d'Orléans qu'à la France , M. le Dauphin (a) fit contre ce traité une protestation à Fontainebleau le 2 Décembre , en présence du Duc de Vendôme, du Comte d'Anguien & du Comte d'Aumale , qui souscrivirent comme témoins à

(a) « Le Dauphin (remarque M. Robertson dans son Histoire de Charles-Quint, Tome II, in-4°, p. 286) » se plaignit que son père sacrifioit l'honneur de l'Etat » & d'anciens droits de la Couronne à l'empressement » d'établir un fils qui avoit toute sa faveur ... Il pro-» testa secrettement en présence de quelques - uns de » ses partisans... ». Dans cette protestation il réclama contre la rénonciation faite par son père à la Communauté de Flandres , au Royaume de Naples , au Duché de Milan , au Comté d'Ast & autres terres situées en Piémont , en Italie & en Savoye. Il y déclare expressément « qu'il n'entend , & n'est sa volonté de » ce faire ; ains est sa volonté au contraire ; & que ce » qu'il y feroit, ce feroit pour la crainte & révérence » paternelle ; mesme que le Roy , son dit Seigneur & » père, estoit pour raison de ce mal content de luy , » & auquel n'oseroit contredire pour l'amour filial, &c. (Lisez cette protestation & celle des Gens du Roi de Toulouse, dans les Lettres & Mémoires d'Etat de Ribier, Tome II , p. 578.)

l'acte

l'acte qui en fut passé. L'Avocat - Général & le Procureur - Général du Parlement de Touloufe, gagnés apparemment par les follicitations de M. le Dauphin, firent une pareille proteftation contre le même traité le 22 Janvier fuivant. (N. D. L.)

(22) Rapin Thoyras dit que Charles-Quint conclut ce traité (a) fans en avoir averti

(a) Le nouvel Hiftorien de Charles-Quint (Robertfon, Tome II, p. 285) s'exprime à cet égard comme Rapin Thoiras. Hume dans fon Hiftoire d'Angleterre, (Tome III in-4°, p. 354) dit à peu près la même chofe. Cependant, d'après le témoignage de du Bellay, il paroît certain que Henry VIII étoit inftruit des conférences qui fe tenoient à la *Chauffée*. La paix de *Crefpy*, qui s'en fuivit, fut fignée dans le courant du mois de Septembre 1544 ; & le Sommaire des négociations entamées par les Ambaffadeurs François avec le Roi d'Angleterre, porte qu'elles commencèrent dès le 9 Septembre : on y lit que le Sieur de S. Martin de Framezelles, qui les avoit précédés, avoit déjà eu des pourparlers fur cet objet avec les Miniftres Anglois.

Quant à l'Evêque d'Arras, dont parle ici l'Abbé Lambert, il n'affifta qu'aux conférences qui fe renouèrent. Il y vint avec le Sieur de Courrieres de la part de l'Empereur, qui à cette époque offroit fa médiation : alors la paix de Crefpy étoit faite. Les Hiftoriens ont confondu ces différents faits, en ne lifant pas le *Sommaire des Négociations à Boulogne & à Calais*. On peut le

Henri, de peur d'en être prévenu. L'Ecrivain Anglois se trompe, ou il lui plait de déguiser la vérité. L'Empereur avoit envoyé au Roi d'Angleterre l'Evêque d'Arras, pour l'informer des conférences qui se tenoient à la Chaussée ; & Henri avoit témoigné qu'il ne trouveroit pas mauvais que Sa Majesté Impériale fît sa paix particulière avec la France : mais comment Henri auroit-il pu ignorer les négociations qui avoient été entamées, après l'ambassade qui lui avoit été envoyée, & qui étoit composée du Cardinal du Bellay, du Président Remond & du S^r de l'Aubespine, Secrétaire d'Etat. (N. D. L.)

(23) Jacques de Coucy (a), Seigneur de Vervins, de la très-illustre & ancienne Maison de Coucy, fut Capitaine de cent chevaux-legers. Il commanda ensuite mille Légionnaires de la Picardie, devint Gouverneur de Landrecy, & Lieutenant de la compagnie d'hommes d'armes du Maréchal du Biez, dont il avoit épousé la fille. Si l'on en croit

consulter dans les Lettres & Mémoires d'Etat de Ribier, Tome II, p. 574.

(a) Histoire Généalogique de la Maison de Coucy, par l'Alouette, Bailli de la Comté de Vertus, in-4°, Livre III, p. 172 & suiv.

l'Hiſtorien (a) de ſa maiſon, *le Seigneur de Vervins ne rendit Boulogne qu'après un ſiége de ſept ſemaines, pendant lequel la ville fut battue jour & nuit de 60 canons : il y endura cinq ou ſix aſſauts. La peſte ſe mit dans la ville ; & il la rendit, de l'avis de tous ſes Capitaines, avec tous les honneurs de la guerre.*

Quoi qu'il en ſoit, lit-on dans un de nos Hiſtoriens (b), on lui fit ſon procès : le 1ᵉʳ Juillet 1549, il fut décapité aux Halles de Paris. Quelque tems après on réhabilita ſa mémoire : nous aurons occaſion d'y revenir à cette époque.

Du Bellay ſe contente d'accuſer le Seigneur de Vervins d'inexpérience : mais tous les Auteurs taxent ſa capitulation de lâcheté. On lui a même imputé (c) *d'avoir vendu*

(a) Mer des Hiſtoires, édition des Angeliers 1550.

(b) Liſez Montluc & Paradin, p. 473 : les Modernes s'expriment de la même manière. « Le lâche Vervin (a écrit M. Hume dans ſon Hiſtoire de la Maiſon de Tudor, Tome III, p. 354) rendit auſſi-tôt la place à Henry, » & paya de ſa tête une conduite ſi deshonorante ».

(c) Eſſai ſur l'Hiſtoire de Picardie, Tome II, p. 149.

Voici des Vers que fit alors un citoyen de Boulogne contre la garniſon qui devoit la défendre.

Les Conards commandoient, crians à la muraille ;
Et eux ne ſe bougeoient non plus qu'une canaille.

Boulogne 150 mille Nobles à la Rose, d'en avoir reçu quarante mille, & d'avoir fait tuer sur la breche le Capitaine Corse, en qui les habitans de cette ville avoient le plus de confiance.

(24) On a déjà dit que la brouillerie entre la France & l'Angleterre venoit en particulier de la protection que François I accordoit à Jacques V (a), Roi d'Ecosse, qui épousa

Un tas de Vauriens s'en alloient couchier,
Quand venoient à l'assaut, & se faisoient muchier...
Assez de munitions aviesmes pour six mois :
Vous refusiez le vin à ceulx du Boulonnois.
On n'en scavoit finir pour ordre, ni pour argent.
Et maintenant l'Englois boit tant que saoul se sent.

(a) Jacques V, Roi d'Ecosse, étoit mort dès l'an 1542 à la fleur de son âge : quelques Auteurs ont prétendu qu'il fut empoisonné ; mais la déroute de son armée à Solway occasionna sa mort. La Noblesse Ecossoise, imbue des nouvelles opinions du Protestantisme, & luttant d'ailleurs contre l'autorité royale, aima mieux se laisser égorger, que de combattre. « Une profonde » mélancolie & un sombre désespoir (dit Robertson dans son Histoire d'Ecosse, Tome I, p. 113) succédè- » rent aux transports de rage que ce Prince avoit fait » éclater, lorsqu'il apprit la défaite de son armée. » L'ame en proie à toutes les passions violentes enne- » mies de la vie, sa constitution jeune & vigoureuse » fut bientôt totalement détruite ».

d'abord Magdelaine de France , morte au
bout de six mois de mariage , & qui prit en
secondes noces Marie de Lorraine , dont il
n'eut qu'une fille. Henri , pour réunir l'Ecosse
à l'Angleterre , voulut que cette héritière fût
accordée en mariage au Prince Edouard son
fils. Il fit proposer ce mariage par ses Ambassadeurs , qui répandirent beaucoup d'argent ; & il fut arrêté , malgré les oppositions
de la Régente & du Cardinal de S. André. Le
Roi prit sous sa protection la jeune Reine :
les secours qu'il fit passer en Ecosse mirent la
Régente & le Cardinal , Administrateur , en
état de faire rompre le mariage qui avoit été
arrêté. Henri déclara la guerre à l'Ecosse. Ce
fut pour soutenir les Ecossois , ou peut-être
pour les engager à faire une puissante diver-
sion sur les frontières d'Angleterre , que le
Roi envoya le Comte de Mongommeri en

Comme Jacques V expiroit , on lui apprit que la
Reine venoit d'accoucher. Il demanda si c'étoit d'un
garçon ou d'une fille. *C'est d'une fille* , lui répondit-on.
La Couronne , s'écria-t-il , *est venue par une femme , & elle
s'en ira de même : bien des maux vont accabler ce pauvre
Royaume : Henry s'en emparera par la force des armes , ou
par un mariage.* Après sa mort l'anarchie commença ; &
nous verrons l'Ecosse en être long-tems la proie.

Ecosse avec cinq mille hommes (a).
(N. D. L.)

(25) Mathieu Stuart, Comte de Lenox, avoit été envoyé en Ecosse par François I, dès l'année 1543. Marie (b) de Lorraine, veuve de Jacques V, & Régente pendant la minorité de la Reine Marie sa fille, étoit prête a succomber sous les efforts du Comte d'Arran. La Cour de France, pour lui aider à se soutenir, fit passer auprès d'elle le Comte de Lenox. Ce Seigneur acheva de tout brouiller : il devint l'ennemi déclaré de la Régente. François I fut contraint de fournir des secours effectifs à cette Princesse ; & le Seigneur de Lorges débarqua en Ecosse avec trois mille cinq cens hommes de troupes Françoises : de Lorges y arriva en 1545.

(26) Le Roi avoit fait préparer sur ce vaisseau un festin magnifique pour les Dames qui

(a) M. Hume, dans son Histoire de la Maison de Tudor, réduit ce nombre à 3500 hommes, d'après l'autorité de Buchanan & de Drummond.

(b) Et non pas Madelaine de France, Princesse de la Maison de Guise, comme on le lit dans la traduction françoise de l'Histoire d'Angleterre, par M. Hume, Tome III, in-4°, p. 344.

l'accompagnoient. Les Cuisiniers par imprudence mirent le feu au Carraquon. *L'Amiral Brion*, remarque Paradin (a), *en son vivant avoit fait bâtir ce grand vaisseau, qui étoit un vrai chef-d'œuvre, pour être de telle grandeur, que la mer océane, de mémoire d'homme, n'en avoit soutenu un tel.* On conçoit, sans qu'il soit besoin de le dire, que ce prétendu chef - d'œuvre mis en parallèle avec nos vaisseaux actuels n'offriroit qu'un spectacle risible.

(27) Avant d'aller prendre le commandement des Galères, il fit avec le Baron d'Oppede (b), premier Président du Parlement

(a) Histoire de notre tems, p. 489.

(b) Ce récit des cruautés exercées sur les malheureux Vaudois n'est pas honorable pour la mémoire du Baron de la Garde. Ce fut là le prélude des horreurs dont nous verrons la France devenir le théâtre. Dans les Mémoires de du Clercq on a apperçu les premiers symptômes de cette maladie de l'esprit humain. A Cabrieres & à Mérindol, le feu, qui étoit caché sous la cendre, se reveilla avec violence : aussi l'incendie ne fera-t-il que s'accroître. Le Baron de la Garde, qui dans ces circonstances prêta son ministère, est le premier Général des Galères en France : telle est au moins l'opinion de le Laboureur, *dans ses additions aux Mémoires de Castelnau :* mais Ruffi prétend qu'il fut le successeur du brave Pré-

X 4

d'Aix , une étrange exécution. Comme du
Bellay n'en parle pas , on y va suppléer d'a-
près M. de Thou.

« Cabrieres étoit une petite ville du Com-
» tat , & Merindol un gros bourg de Pro-
» vence , voisin du Comtat. Les habitans
» étoient infectés des erreurs des Vaudois ,
» dont les restes ont habité jusqu'à notre
» tems les montagnes & les vallées des Al-
» pes de ce côté là. Comme les Luthériens
» d'Allemagne renouvelloient plusieurs héré-
» sies de la secte des Vaudois , ceux-ci entre-
» tenoient une grande correspondance avec
» eux ; & animés par les Ministres que Lu-
» ther leur envoya , ils commirent beau-
» coup d'insolences contre les Catholiques ,
» & commencèrent à faire publiquement
» l'exercice de leur Religion à Cabrieres ,
» à Merindol & dans quelques lieux voisins
» dès l'an 1540.

» Le fameux Jurisconsulte Chassannée ,
» alors premier Président de Provence ,
» voyant parmi ces hérétiques des disposi-
» tions à un prochain soulevement , pro-
» céda contre eux & leurs Chefs ; après
» trois citations ayant refusé de comparoî-
gent le Bidoulx , dont on a parlé. (Voyez son Hist.
des Généraux des Galères.)

» tre, il prononça au mois de Novembre
» de cette même année un terrible Arrêt ,
» par lequel les peres de famille de Me-
» rindol étoient condamnés au feu, tous les
» biens des habitans confifqués ; toutes les
» maifons du Bourg devoient être rafées ,
» & tous les arbres de leurs jardins, de leurs
» vergers & des forêts voifines déracinés.

    » Cependant l'exécution de l'Arrêt fut fuf-
» pendue (a) , fur les remontrances de Guil-
» laume Langey, qui le jugea trop févère ,

(a) Ces Vaudois datoient du treizième fiècle ; & les
débris de cette fecte s'étoient réfugiés dans les gorges
des montagnes qui féparent le Dauphiné du Piémont.
Ils y vivoient obfcurs & paifibles. Quelques démélés
qu'ils eurent avec les Légats d'Avignon les firent connoître. Dès 1501 on porta des plaintes contre eux à
Louis XII. Ce Prince nomma des Commiffaires pour
vérifier l'accufation. Sur leur rapport Louis XII s'écria,
en jurant : *Ils font meilleurs Chrétiens que nous . . . Car*,
dit M. l'Abbé Garnier, Tome XXVI de fon Hiftoire
de France, p. 23, *dans les principes de cette ame fimple
& compatiffante, aimer fes frères , pratiquer les vertus fo-
ciales , étoit une Loi du Chriftianifme encore plus indifpen-
fable que la croyance des vérités fpéculatives.* Depuis ce
moment on oublia les Vaudois. Ceux-ci apprirent par
la renommée, que des Docteurs prêchoient la réforme :
ils fe lièrent avec eux par un acte d'adhéfion à leur Com-
munion. Cette démarche imprudente leur attira bientôt

» & fur quelques foumiffions que firent les
» habitans de Merindol : le Légat d'Avi-
» gnon, qui devoit marcher avec des troupes
» contre Cabrieres, dans le même tems que
» celles de Provence iroient châtier Mérin-
» dol, fut auffi obligé de furfeoir la punition.

» Cinq ans après, le Baron d'Oppede,
» fucceffeur de Chaffannée, & Commandant
» en Provence, fit fçavoir à la Cour les nou-
» veaux défordres que faifoient les Vaudois,
» & l'affura qu'il fçavoit de bonne part que
» ces rébelles avoient eu deffein de furpren-
» dre Marfeille.

» Le Roi, à qui l'exemple des troubles
» d'Allemagne faifoit appréhender une guerre
» de Religion dans fon Royaume, jugea qu'il
» falloit remédier au plutôt à ces commen-
» cemens de fédition : par le confeil du Car-
» dinal de Tournon, on envoya ordre au
» premier Préfident d'exécuter l'Arrêt de l'an
» 1540.

» Ce Magiftrat tint cet ordre fort fecret,
» jufqu'à ce qu'il eût pris toutes fes mefures
» pour ne pas manquer fon coup. Les levées

l'orage qui les écrafa. Par ordre de François I le Parlement de Provence les pourfuivit. le Comte de Tende,
Gouverneur de la Provence, refufa de prêter main forte
aux Magiftrats.

» que l'on faifoit alors en Provence pour la
» guerre contre l'Angletere , empêchoient
» que les Vaudois ne fe défiaffent de rien ;
» mais fur un commandement qui fut publié
» à Aix , à Arles , à Marfeille & dans les
» autres villes de Provence , que tous ceux
» qui étoient capables de porter les armes,
» euffent à fe ranger fous les Enfeignes des
» Capitaines des Quartiers, ils ne doutèrent
» plus que cet armement ne fe fît contre
» eux. Ils en avertirent les Princes Luthé-
» riens d'Allemagne & les Cantons Suiffes
» Proteftans, qui députèrent au Roi pour le
» prier, non-feulement de ne pas extermi-
» ner ces pauvres gens qui habitoient des
» montagnes , mais encore de leur laiffer la
» liberté de confcience , répondant pour eux
» qu'ils ne cauferoient aucun trouble dans
» l'Etat.

» Le Roi reçut fort mal les Députés , &
» ne leur fit point d'autre réponfe , finon
» que comme il ne fe mêloit point des af-
» faires de leurs Maîtres , il les prioit de ne
» point fe mêler des fiennes.

» Le Baron d'Oppede (a) n'attendoit pour

(a) Il y a une chofe remarquable dans cet événement.
Les Mémoires de Jacques du Clercq , Tome IX de la
Collection nous ont appris que le vrai prétexte de la

» agir que l'arrivée des troupes du Baron de
» la Garde : il étoit convenu avec le Légat
» d'Avignon , que dès qu'elles feroient ar-
» rivées , celles du Comtat attaqueroient
» Cabrieres dans le même tems qu'on fon-
» droit fur les Mérindolois.

» Sitôt qu'on fut averti que le Baron de
» la Garde étoit au voifinage , Oppede af-
» fembla le douzième Avril, jour de *Quafi-*
» *modo*, toutes les Chambres du Parlement,
» y fit lire l'ordre du Roi pour l'exécution
» de l'Arrêt ; & comme tout étoit prêt, les
» troupes, au nombre de fix mille hommes,
» fe mirent en marche vers Mérindol. Tout
» fe raffembla à Cadenet, où le Baron d'Op-

perfécution fufcitée contre les prétendus Vaudois d'Arras , confifta dans le defir de s'approprier leurs biens.
On prétend que des motifs à peu près femblables dé-
terminèrent Jean Menier , Baron d'Oppede. Un de fes
Fermiers , dit-on, ne l'avoit point payé, & s'étoit retiré chez les Vaudois. On ajoute que la Dame de Cental ,
qui poffédoit de grands fonds de terre cultivés par les
Vaudois , avoit refufé d'époufer le Baron d'Oppede. Le
Baron voulant fe venger irrita la Cour : on le chargea
de l'expédition ; & il put d'autant plus aifément fatif-
faire fa haine perfonnelle, qu'à la qualité de premier
Préfident du Parlement d'Aix, il joignoit celle de Lieutenant du Comte de Grignan , Commandant en Provence.

» pède se rendit lui-même. Les Villages de
» la Mothe, de Martignac, de Villaure, de
» Lurmarin, de Genson, & quelques autres
» où les Vaudois & les Luthériens avoient
» tenu leurs prêches, furent trouvés aban-
» donnés, & on les réduisit en cendres.

» L'armée étant arrivée à Musſi, elle se
» sépara en deux corps, l'un pour donner
» la chaſſe aux fuyards, & l'autre pour atta-
» quer Mérindol, où les hérétiques s'é-
» toient vantés qu'ils tiendroient ferme.
» Mais voyant le feu de toutes parts à leur
» voisinage, ils l'abandonnèrent, comme ils
» avoient fait le reste, pour se sauver dans
» les bois & dans les montagnes.

» On mit le feu à Mérindol, & on ne
» laiſſa pas une seule chaumière entière ;
» & de - là les troupes se répandirent de
» tous côtés. On fit main baſſe sur tout ce
» qu'on rencontra : hommes, femmes, en-
» fans, sans diſtinction, furent paſſés au fil
» de l'épée. Plus de trois mille perſonnes
» furent égorgées, le reſte périt de faim,
» excepté quelque peu, qui se sauvèrent
» en Suiſſe & à Genêve. Il se commit à cette
» occaſion de grandes cruautés, dont il y
» en a qui font horreur à lire.

» De Mirandol on alla à Cabrieres, où

» l'on ne trouva pas plus de réſiſtance, & les
» troupes ne s'y comportèrent pas avec plus
» de modération & d'humanité. Ces deux
» Cantons furent entiérement déſolés. Il y
» eut juſqu'à vingt-deux Bourgs ou Villages
» ſaccagés & brûlés ; & quelques-uns de ces
» malheureux qui avoient évité la mort, fu-
» rent envoyés aux Galères ».

» Un châtiment ſi rigoureux (a) fut dé-
» ſapprouvé de bien des gens ; & ſous le règne
» ſuivant où le Cardinal de Tournon n'étoit

(a) Ces horreurs ſoulevèrent la partie ſaine de la nation. On n'étoit pas encore habitué à ces ſcènes de carnage. Le Baron d'Oppede fut contraint de ſe juſtifier devant François I. Il y parvint par le crédit du Cardinal de Tournon. Sous le règne ſuivant cette affaire fut renouvellée. Le Connétable de Montmorency, charmé de pouvoir décrier l'ancien Miniſtère, à qui il attribuoit ſa diſgrace paſſée, ſaiſit avidement une occaſion auſſi favorable. Ce fameux procès fut renvoyé au Parlement de Paris, & la diſcuſſion dura cinquante audiences : les Orateurs du tems ſe ſignalèrent ; & tout ſe réduiſit à la punition d'un ſeul Avocat - Général, *qui, remarque Maimbourg dans ſon Hiſtoire du Calviniſme, p. 92, édition de Hollande, ayant été cauſe de tout le déſordre par la licence qu'il avoit donnée aux ſoldats, en criant effroyablement :* Tolle, tolle ; *s'étoit néanmoins porté Partie contre le Préſident d'Oppede ; & qui d'ailleurs, convaincu du crime de faux, eut la tête coupée en Grève.*

» plus en faveur, on en fit, à la Cour, une
» grosse affaire au Parlement de Provence,
» surtout au Préfident d'Oppède, au Baron
» de la Garde, & à Guerin, Avocat-Géné-
» ral. Ce fut à la requête des Merindolois &
» du Sieur & de la Dame de Cental, à qui
» plufieurs villages brûlés appartenoient. Op-
» pède fe tira d'affaire par la faveur des amis
» qu'il avoit à la Cour auffi bien que le Baron
» de la Garde ; mais l'Avocat-Général, qui
» n'avoit pas le même appui, eut la tête
» coupée, en conféquence de l'Arrêt de la
» Grand'Chambre du Parlement de Paris,
» rendu le treizième de Février de l'an 1552.
(N. D. L.)

(28) Voici comme un Auteur (a) moderne
raconte fa mort. Ce jeune Prince ne fe trou-

(a) Une maladie contagieufe, dit-on, régnoit dans
le camp. Le Duc d'Orléans, voulant fe moquer de
ceux qui craignoient la pefte, entra avec quelques jeunes Seigneurs de fa fuite dans une maifon où depuis peu
huit perfonnes venoient de mourir. Ils renversèrent les
lits, fe coüvrirent de la plume qu'ils arrachèrent, &
coururent en folâtrant d'une extrémité du camp à l'autre. Ces courfes les échaufferent. Le Duc but un verre
d'eau, fe coucha ; & deux heures après fe mit à crier :
Je fuis malade : c'eft la pefte ; j'en mourrai. Les remèdes
qu'on lui donna furent inutiles. Le quatrième jour il

vant pas affez bien dans l'appartement qui lui avoit été marqué, en prit un qui avoit été laiffé vuide, parce qu'il y étoit mort de pefte deux ou trois perfonnes. On repréfenta le danger au Duc, mais ce fut inutilement; il répartit, *que jamais fils de France n'étoit mort de pefte*, & s'expofa témérairement à fervir lui-même d'exemple, d'une chofe dont il prétendoit qu'il n'y en avoit point. Ferron, qui fait de ce Prince un très-grand éloge, dit que *quelques-uns crurent qu'il avoit été em-poifonné*, & d'autres *qu'il étoit mort d'une maladie fecrette.* (N. D. L.)

(29) Selon Rapin-Thoyras, la dernière guerre de l'Angleterre contre la France avoit coûté à Henri 586,718 livres fterling, & la garde de Boulogne pour huit ans montoit à 735,833 livres fterling. Une fi grande avance,

fut à toute extrémité. François I vint le voir. *Ah ! Monfeigneur*, lui dit le jeune Prince, *je me meurs; mais puifque je vois Votre Majefté, je meurs content.* Ce furent là fes dernières paroles; & il expira. S'il eût vécu, il eft vraifemblable qu'il y auroit eu des troubles dans l'Etat. La Ducheffe d'Etampes l'animoit contre le Dauphin fon frère. L'ambition le dévoroit; & les Mémoires du Maréchal de Vieilleville contiennent des faits curieux à cet égard.

dont

dont il ne pouvoit être remboursé que dans huit ans, avoit épuisé tout ce que le Parlement lui avoit donné pour cette guerre, & ce qu'il avoit retiré des Chapelles, des Colléges & des Hôpitaux (a). Ce calcul peut être juste ; mais rien n'eſt plus faux que ce qu'ajoute le même Ecrivain : ſçavoir, que l'Amiral d'Annebaut entama une négociation ſur le fait de la Religion, & que les deux Rois avoient quelque deſſein d'abolir la Meſſe dans leurs Etats. L'exécution de Cabrieres & de Mérindol, & celle qui ſe fit deux ans après à Meaux, où quatorze hérétiques furent brûlés, pluſieurs fouettés & d'autres bannis, démentent ce qu'avance l'Hiſtorien Anglois. (N. D. L.)

(30) Selon l'Auteur du nouvel Abrégé

(a) « Ainſi (obſerve Hume) tout ce qui revint
» à Henry de cette guerre, qui lui avoit coûté plus d'un
» million trois cent quarante mille livres ſterling, fut
» un mauvais nantiſſement pour ſa créance, & qui n'en
» valoit pas le tiers ». Mais par les Bills que paſſa le
Parlement d'Angleterre, il eut la ſatisfaction de voir le
ſervile dévoument de ce corps à ſes volontés. On re-
connut ſolemnellement que les Edits qui émanoient de
lui, avoient non-ſeulement force de loi, mais y joignoient
l'autorité de la révélation. (Liſez Hume, Smollet,
Barrow, &c.)

Chronologique de l'Hiſtoire de France, on
ſoupçonna de ce coup (a) le Seigneur Cor-
neille Bentivoglio , Italien , qui avoit eu
quelques démêlés avec ce Prince. François I
ne voulut pas qu'on pourſuivît cette affaire,
de peur d'y voir impliqués le Dauphin Henri
& le Marquis d'Aumale , de la Maiſon de
Lorraine. (N. D. L.)

(31) Dans toutes les villes où François I
paſſa, on lui procura des fêtes & des divertiſ-
ſemens. Quelques détails ſur cet objet ne
peuvent être indifférens. Pour amuſer le Monarque, on dreſſoit des théâtres ſur ſon paſſage, & des écoliers y repréſentoient ce qu'on

(a) Pluſieurs de nos Hiſtoriens placent cet événement en 1547 ; d'autres n'en parlent point. L'Abbé
Lambert, dans ſon édition, a réformé le Texte de du
Bellay , & a ſuivi l'opinion de ceux qui veulent que la
mort tragique du Comte d'Anguien ait eu lieu en 1547.
Nous avons cru devoir laiſſer ſubſiſter la date de cet événement telle qu'on la trouve dans toutes les éditions du
Texte de du Bellay. Cet Ecrivain étant contemporain,
ſon témoignage nous a paru d'un grand poids. D'ailleurs nous pourrions invoquer, s'il le falloit, des au-
torités qui viennent à l'appui de du Bellay : nous ci-
terons, par exemple, celle du Préſident Henault. (Liſez ſon Abrégé Chronol., Tome I, p. 353 , édit. in-8°
de 1749.)

appelloit des *Myſtérès*. C'étoient ceux de la Paſſion, ceux de Sainte-Barbe, &c. où la femme de Putiphar, qui devenue amoureuſe de Joſeph, l'appelloit dans ſa chambre. Et tel étoit leur dialogue :

Madame PUTIPHAR.

Joſeph ! . . .

JOSEPH.

Que vous plaît-il, Madame ?

Madame PUTIPHAR.

Mon ami, veuille approcher
De moi, & nous allons coucher
Enſembler tout ſecrettement. . . .

JOSEPH.

Queſſe-cy, Madame, comment ?
Le faites-vous par farcerie ou autrement. . . .

Par cet échantillon, on peut juger du goût du ſiecle. Avec ces eſſais informes, qui ſont l'enfance de noſtre théâtre, on croyoit récréer les Princes ; & rien ne prouve mieux le plaiſir qu'ils y goutoient que la demande de la mere de François I aux Officiers Municipaux d'Amiens. Elle fut ſi ſatisfaite en 1517 des myſtères dont on la régala, qu'il fallut lui en donner le recueil ; cet exemplaire ſur vélin exiſte à la bibliothèque du Roy. Il y avoit encore un autre divertiſſement qu'on

Y 2

procuroit à nos Princes, furtout dans le Valois. On payoit des troupes d'enfans, pour
mettre leurs têtes dans leurs jambes, & fe
laiffer rouler en forme de boule du haut d'une
montagne : c'eft ce qu'on appelloit des *Sau-
triaux*. De nos jours on connoit encore ceux
de Verberies.

(32) Il mourut le vingt-huitième (a) Décembre de l'année 1547. Ce fut un Prince, dit

(a) Henri VIII ne mourut point le 28 Décembre,
mais le 28 Janvier 1547. Cet anacronifme de l'Abbé
Lambert eft conftaté par tous nos Hiftoriens. Nous n'en-
treprendrons point ici d'efquiffer le portrait de ce Monarque : on peut à cet égard confulter les Ouvrages de
Rapin Thoyras, de Hume, de Smollet, &c. Nous ob-
ferverons feulement que fa vie fut un tiffu d'inconfé-
quences : il foutint ce caractère en mourant. Par un
article de fon teftament, il fonda des Meffes pour délivrer fon ame du Purgatoire. Or on n'ignore pas que
dans les articles de foi qu'il publia, il manifefta des
doutes fur la croyance du Purgatoire , & que même il
avoit détruit celles des fondations de fes ancêtres, qui y
avoient rapport. Malgré fon adminiftration defpotique
& violente, les Anglois le refpectoient. Il fembloit qu'il
en eût fait des efclaves qui adoroient jufqu'à la verge
de fer avec laquelle il les écrafoit. L'ambition de ce
Roi fut flattée de tenir la balance entre Charles-Quint
& François I. Il facrifia fouvent fes intérêts particuliers à cette confidération. « Il ufa (dit Ribier, Tome I,

M. de Thou, comblé de tous les dons de la nature, & en qui il n'y auroit rien eu à defirer, s'il eut été plus modéré dans fes plaifirs. Sur la fin de fa vie, il devint fi gras & fi pefant, qu'à peine pouvoit-il paffer par les portes & monter les dégrès de fon logis ; mais étant affis dans une chaife on le tiroit en haut avecques des poulies. Il mourut d'une fiévre que lui caufa l'inflammation d'un chancre qu'il avoit à la cuiffe. François I lui fit faire un fervice à Notre-Dame, fuivant l'ufage établi par les Rois, quoiqu'il fût mort feparé de l'Eglife Romaine, & ce fut pour

P. 347), de toutes fortes d'artifices pour mettre ces deux
» Princes en guerre, afin de fe jetter d'un cofté, &
» d'avoir fa part de la dépouille de l'autre ; car il croyoit
». fi fermement que le parti auquel il fe joindroit feroit
» le vainqueur de l'autre, qu'il en fit faire des Mé-
». dailles d'or, portant dans une face fon effigie avec
» fes titres accouftumés, & en l'autre une main naif-
». fante du Ciel ou d'une nue, tenant une balance en
» équilibre ou égal poids. Dans un des plats de la ba-
» lance eftoit la France, & en l'autre l'Efpagne, avec
» cet efcrit autour des deux : *Celui l'emportera pour qui*
» *je feray* ». Cette chimère politique l'occupa pendant
tout fon règne ; & comme il en réfultoit pour lui une
forte d'importance, peut-être lui valut-elle de la part
des Anglois ce dévoument fervile qu'ils lui montrèrent.

cette même raiſon que ſa fille Marie défendit qu'on priât Dieu pour lui. (N. D. L.

(33) Il ne lui manqua , dit M. de Thou, pour être le premier Prince de ſon tems, que d'être heureux; mais il ne tient pas à la fortune de dégrader les Rois en les accablant. Les adverſités ne firent que mieux découvrir ſa grande ame, & les qualités brillantes de ce Monarque n'échaufferent peut-être pas moins le génie des Ecrivains de ſon ſiécle , que la protection (a) qu'il leur accorda. Il ſurpaſſa les Rois ſes prédeceſſeurs en ſplendeur & en magnificence ; il fit faire une partie des

(a) « On doit remarquer (dit le Préſident Henault) » comme une choſe qui fait également honneur à ce » Prince & aux Lettres, qu'il s'honora du titre de leur » protecteur. Il partagea avec Léon X la gloire d'avoir » fait fleurir les ſciences & les arts en Europe ». Brantôme nous apprend qu'il combla de bienfaits ceux qui les cultivoient. François I les admettoit à ſa table avec les Grands de ſon Royaume. Guillaume Budé , le Cardinal du Bellay & Pierre Caſtel furent ceux qui eurent le plus de part à ſes bonnes graces. On doit aux conſeils qu'ils lui donnèrent, l'établiſſement du Collège Royal. Laſcaris & Poſtel commencèrent cette riche Bibliothèque que les ſucceſſeurs de François I ont accrue au point où nous la voyons aujourd'hui.

maifons royales qui font en France, & em-
bellit celles qui étoient déjà bâties. Tout ce
que nos Rois ont de plus précieux dans leurs
cabinets, ils le doivent à fa liberalité & à fes
foins ; ce qu'il y a d'étonnant, ajoute M. de
Thou, c'eft qu'ayant été embarraffé pendant
toute fa vie dans de grandes guerres, il ait
pu néantmoins bâtir tant de Palais, & ache-
ter tant de chofes de fi grand prix, & que
toutes fes dettes payées, il ait laiffé après fa
mort neuf cens mille écus dans fes coffres (a),
& le revenu d'un quartier à quoi il n'avoit pas
encore touché. On ne rapportera pas les ré-
flections que fait fur ce fujet le même Ecrivain; on peut les lire dans la belle hiftoire
des chofes arrivées de fon tems. (N. D. L.)

Dans le parallele que Mezeray fait de François I & de Charles-Quint, il nous femble

(a) On lui reprocha cependant d'être trop libéral
envers fes favoris; & c'eft ce qui eft exprimé dans le
diftique fuivant :

Sire, fi vous donnez pour tous à trois ou quatre,
Il faut donc que pour tous vous les faffiez combattre.

La magnificence fuivit ce Prince jufques dans le tombeau. Ses obféques fe firent avec une pompe extraordi-
naire : on en verra le détail dans les Mémoires du Maréchal de Vieilleville.

Y 4

qu'en deux mots il a peint avec énergie l'un &
l'autre de ces Monarques. *François I , dit-il,
eut des vertus éclatantes , & des vices ruineux ;
Charles-Quint eut des vices utiles, & des vertus
politiques.* Nous ne répéterons point les diffe-
rens jugemens que nos Hiftoriens ont porté
fur François I. Les Memoires de du Bellay ,
& ceux qui fuivront, fuffiront au Lecteur
pour prononcer en connoiffance de caufe.
Du Bellay furtout , quoiqu'on l'ait accufé de
n'avoir pas tout dit, s'explique clairement
fur les fautes d'adminiftration échappées au
Monarque. Souvent dans une feule phrafe ,
il dévoile les erreurs politiques dont François I & fes fujets furent les victimes. En
réuniffant ces traits , on parviendra facilement
à juger ce Prince ; & alors on fentira fi le
portrait qu'en a tracé Mezeray , eft exact ,
ou non. D'après cela nous nous bornerons à
un fait particulier, dont le rapprochement
eft effentiel en raifon de la révolution qu'il a
operée dans nos mœurs. D'ailleurs ce fait a
influé puiffamment fur le règne de François I
& fur ceux de fes fucceffeurs. Jufqu'au moment où Louis XII monta fur le Trône , la
Cour de nos Rois n'étoit peuplée que de
leurs Officiers. Les femmes des Seigneurs &
des Nobles retirées dans leurs châteaux , qui

méritoient plutôt le nom de prisons, s'occupoient de l'éducation de leurs enfans , & de détails économiques. Leurs epoux feuls alloient de tems en tems à la Cour. Anne de Bretagne appella les Dames auprès d'elle : mais Louis XII ne s'en occupa pas. François I, fon fucceffeur, jeune & galant, accrédita (a) un ufage qui flattoit fes goûts. *La chaffe & les tournois*, difoit ce Prince, *font fans doute des amufements fort dignes d'un Gentilhomme : mais une Cour fans femmes eft une année fans printems, ou un printems fans rofes.* Les femmes en habitant la Cour, y de-

(a) Non-feulement François I attira les femmes à fa Cour, il y appella auffi les Cardinaux & les Prélats de fon Royaume. « Depuis l'établiffement du Concordat » (remarque le Laboureur dans fes Additions aux Mémoires de Caftelnau, T. II, p. 48), tout courut au Lou- » vre pour les Evefchés & pour les Abbayes ; & on les » vit incontinent diftribuer felon les inclinations non- » feulement de ceux, mais de celles qui gouvernoient. » Car les Maîtreffes des Rois en difposèrent auffi ab- » folument que des autres graces ; & les livrées de leurs » faveurs eftoient les Chapeaux & les Mitres qu'on vit » répandus en grand nombre fur les parents & les amis » de la Ducheffe d'Eftampes, qui en avoit fon anti- » chambre parée comme une boutique fameufe, où les » pères & les mères amenoient leurs enfants pour les » effayer ».

velopperent le defir de plaire, & ce defir devint bientôt un art entre leurs mains. La galanterie *Chevalerefque* prit de nouvelles formes. Les deux fexes s'accoutumèrent à ne pouvoir plus vivre féparés l'un de l'autre. Les femmes voulurent gouverner : elles durent y réuffir. La fuite des Mémoires, que nous publierons, nous fera connoître les effets de leur crédit ou plutôt de leur autorité.

Fin des Obferv. fur le dixième & dernier Livre
de Meffire Martin du Bellay.

TABLE

DES SOMMAIRES

Contenus dans les cinq Volumes

DE MESSIRES

MARTIN ET GUILLAUME

DU BELLAY.

SOMMAIRE

DU LIVRE PREMIER,

Contenant les évènemens arrivés depuis 1513, jusques en 1525.

Le Roy Louys XII entreprend de recouvrer le Duché de Milan, qu'il venoit de perdre. Louis de la Trimouille, chargé de cette expédition, est défait à Novare par les Suisses, qui, poursuivant leur victoire, passent les Monts, & viennent attaquer Dijon ; pendant que d'un autre côté l'Empereur Maximilien, & Henry, Roi d'Angleterre, battent les François à la journée des Eperons, & prennent Terouanne & Tournai. Louis fait sa paix avec Henri & les Suisses. Donne la Princesse Claude, sa fille ainée, en mariage à François, Duc de Valois. Epouse Marie d'Angleterre, & meurt peu de tems après la célébration de ses nôces. François, Premier du nom, son successeur, signale son avénement à la Couronne, par le gain de la fameuse bataille de Marignan, qui est suivie de la conquête du Duché de Milan. La protection que la France accorde à Henry d'Albret, & à Robert de la Marck, occasionne la guerre qui s'allume entre Charles V & François I. L'Esparre en moins de quinze jours remet toute la Navarre sous la domination de ses anciens Maîtres, & en aussi peu de jours ce Royaume est reconquis par les Espagnols. L'Empereur, après avoir dépouillé Robert de la Marck de la plus grande partie de ses Etats, pénètre en France par la Champagne, prend Mouzon, & assiége en vain Mezières. François I de son côté porte la guerre dans l'Artois, & dans le Hainaut; se rend maître d'Hesdin, & présente la bataille à Charles V, qui se retire avec précipitation à Valenciennes. Henry, Roi d'Angleterre, offre sa médiation pour réconcilier les deux puiſſances. La paix eſt conclue, & elle eſt preſque auſſi-tôt rompue, à cauſe de la priſe de Fontarabie, par l'A-miral de Bonnivet. Les Impériaux ſe dédom-magent de cette perte par la conquête de Tournai, qui ſe rend après un long ſiége. Le Pape Leon X s'engage par un traité, à unir ſes forces à celles de l'Empereur, pour chaſſer les François de toutes les places qu'ils occupoient en Italie. Tome XVII, p. 1.

SOMMAIRE

DU LIVRE SECOND,

Contenant les évènemens arrivés depuis 1521 , juſques en 1525.

LE Pape & l'Empereur entreprennent de ré-tablir François Sforce. Proſper Colonne & le Marquis de Peſcaire, leurs Généraux, font de rapides conquétes, battent l'armée Fran-çoiſe à la journée de la Bicoque ; ſe rendent maîtres de preſque tout le Milanés, & ſur-prennent Génes. Lautrec qui n'avoit été mal-heureux, que parcequ'on l'avoit laiſſé ſans

argent, *retourne à la Cour pour se justifier.*
Semblançai, *Surintendant des Finances*, *est*
la victime de l'avarice de Louise de Savoye,
mere du Roy. Adrien VI est élu Pape à la
récommandation de l'Empereur. Le Connétable
de Bourbon se laisse gagner par ce Prince, &
quitte la France. Sa défertion empêche que le
Roy ne se mette à la tête de son armée. Il en
donne le commandement à l'Amiral de Bon-
nivet, qui, faute d'argent, n'est pas plus
heureux que Lautrec. Henry VIII déclare la
guerre à la France. Ses troupes unies à celles
de l'Empereur, font une invasion en Picardie,
où elles brûlent Roye & Mondidier, pendant
que les Espagnols reprennent Fontarabie. Le
Comte Guillaume de Furstemberg se jette en
Bourgogne à la tête d'un gros corps de Lans-
quenets ; mais il est repoussé par le Duc de
Guise. Le Connétable de Bourbon & le Mar-
quis de Pescaire viennent mettre le siége de-
vant Marseille, & ils le levent avec précipi-
tation, dès qu'ils apprennent que le Roy mar-
che à eux avec une nombreuse armée. Fran-
çois I passe les Monts ; se rend maître de

Milan & de plusieurs autres places. Assiége Pavie, & livre la malheureuse bataille, où il est fait prisonnier. Tome XVII, p. 171.

SOMMAIRE

DU LIVRE TROISIÈME,

Contenant les événemens arrivés depuis 1525, jusques en 1530.

LA Reine-mere tient Conseil à Lyon, pour délibérér sur les moyens de rendre au Roi la liberté. Elle engage dans les intéréts de la France Henry VIII, Roi d'Angleterre, qui se préparoit à faire une invasion en Picardie. Les Fanatiques d'Allemagne qui avoient dessein de pénétrer en Bourgogne & en Champagne, sont défaits par le Duc de Guise, & le Comte de Vaudemont son frere. La crainte que Charles V avoit de perdre son prisonnier, qui étoit tombé dangereusement malade, l'engage à le voir, & à conclure le Traité de Madrid, contre lequel François I proteste, & qu'il refuse de ratifier. La France & les Princes d'Italie se liguent ensemble pour le rétablissement de François Sforce. Le Connétable de Bourbon prend le commandement de l'armée Impériale. Se rend maître du Chasteau de Milan, & va mettre le siége devant Rome, où il est tué. Le Prince d'Orange fait continuer l'assaut; emporte la place, & la livre au pillage. Il se fait une Ligue entre François I & Henry VIII pour la délivrance du Pape. Lautrec passe en Italie, à la tête d'une armée nombreuse. S'empare de plusieurs places du Duché de Milan. Conduit son armée dans le Boulonnois. Les Espagnols, qui craignoient que le Pape, qu'ils retenoient prisonnier, ne leur fût enlevé de force, consentent à lui rendre la liberté. Le Royaume de Naples se soumet presque tout entier à Lautrec, qui met le siége devant la Capitale; mais les maladies ruinent totalement son armée, & il est lui-même emporté. André Doria se révolte. Engage les Genois à suivre son exemple. La paix conclue à Cambrai, est suivie de la délivrance des Enfans de France, & du mariage de la Reine Eléonore, Douairiere de Portugal, avec François I. Charles V passe en Italie. Se fait

couronner

couronner à Rome, & oblige les Florentins, après un long siége, de changer la forme de leur Gouvernement. *Tome XVIII, p.* 1.

SOMMAIRE

DU LIVRE QUATRIÈME,

Contenant les événemens arrivés depuis 1530, jusques en 1535.

Exposition des raisons qui autorisoient le Roi à reprendre les armes. La Reine Eléonore son Epouse travaille inutilement à l'affermissement de la paix. Mort de la Régente. Le Roi pressé d'entrer dans la Ligue de Smalcalde fait un traité d'alliance avec les Princes Confédérés d'Allemagne. Il a une entrevue avec Henri VIII, & conclut avec ce Prince un nouveau traité. Jean Vaivode de Transilvanie, lui envoye des Ambassadeurs qui sont favorablement écoutés ; mais Balançon, Ambassadeur de Sa Majesté Impériale n'est pas aussi bien reçu. Union de la Bretagne à la couronne de France. Decimes accordées au Roi par le Clergé. Déliberation sur la convocation d'un Concile géné-

Tome XXI.   Z

SOMMAIRE

DU LIVRE CINQUIÈME,

Concernant les évènemens arrivés depuis 1531, jusques en 1536.

Le Roi fait solliciter auprès de l'Empereur la restitution du Milanès, l'héritage des Ensans de France, & fait demander, mais sans succès, au Duc de Savoye, le passage sur ses terres. L'Amiral Chabot force les ennemis au passage de la Doire ; s'empare de Turin & de la plûpart des places du Piémont, pendant que l'Empereur continue d'amuser les Ambassadeurs de France par de belles promesses. Ce Prince arrive à Rome, prie le Pape d'assembler le sacré College, & prononce en plein Consistoire un long Discours, où il déclame avec véhémence contre François I. Les remontrances du Pape l'engagent à donner des explications à quelques points de sa harangue. Le Roi reçoit une copie, mais infidelle, de ce manifeste. Il y répond, & adresse sa réponse au Pape. Il l'envoye aussi au Roi d'Angleterre, qui lui fait part à son tour d'une Lettre artificieuse que l'Empereur lui avoit écrite. *Tome XIX, p. 2.*

SOMMAIRE
DU LIVRE SIXIÉME,

Contenant les événemens arrivés en l'an 1536.

L'Empereur assemble une nombreuse armée destinée à chasser les François du Piémont, & à porter la guerre en France. Antoine de Leve, un de ses Généraux, débauche le Marquis de Saluces du service de France. Cause de la désertion de ce Seigneur. Le Cardinal de Lorraine est envoyé à l'Empereur pour traiter de l'investiture du Milanès. Remontrances pleines de fermeté qu'il ose faire à ce Prince. Il vient rendre compte au Roi du succès de ses négociations. Discours de Sa Majesté. Ordres qu'elle donne pour pourvoir à la sûreté de ses Etats, & à celle de ses conquêtes de Piémont. Elle envoye Langei en Allemagne pour y travailler à dissiper les faux bruits répandus par les Emissaires de l'Empereur. Belle lettre de Langei aux Electeurs, Princes & Etats de l'Empire. Siége mémorable de Fossan. Belle défense des François. *Ils obtiennent la capitulation la plus honorable. L'Empereur arrive au camp. Il a recours à de nouveaux artifices pour tromper le Roi. Les Légats du Pape viennent le trouver à Savillan. Ses Généraux tâchent en vain de le détourner du deffein qu'il avoit de conduire fon armée en Provence. Il prononce une harangue affez femblable à celle qu'il fit à Rome. Réflexions fur les intelligences fecrettes que ce Prince avoit en France.* T. XIX, p. 141.

SOMMAIRE

DU LIVRE SEPTIÉME,

Contenant les évènemens arrivés en l'an 1536.

Le Roi ordonne que l'on faffe le dégât en Provence. L'Empereur arrive à S. Laurent, premier bourg de France, le vingt-cinquième de Juillet, comme il étoit à pareil jour arrivé à Tunis. Il profite de cette circonftance de temps pour haranguer fes troupes. Il marche avec une partie de fon armée vers Graffe, pendant que le Maréchal de Montmorenci fe fortifie dans le camp d'Avignon, & le Roi dans celui de Valence. D'Humieres eſt chargé de pourvoir à la ſeureté du Dauphiné. Arles & Marſeille ſont miſes en état de deffenſe. Le Maréchal fait démanteler Aix. Imprudente entrepriſe de Montejan. Déroute de Brignole. Empoiſonnement de Monſieur le Dauphin attribué aux Généraux de l'Empereur. Les Impériaux s'emparent de Guiſe, & viennent faire le ſiége de Peronne. Annebaut, Gouverneur de Turin, ſe rend maître de pluſieurs places du Piémont. Le Comte Rangoné leve une nouvelle armée pour la France. L'Empereur court riſque de la vie. Il arrive à Aix. Envoye reconnoître Arles & Marſeille. Il envoye un Ambaſſadeur au Pape, & lui fait faire les offres les plus ſéduiſantes pour l'engager dans la Ligue d'Italie. Sage réponſe du Pape. Le Dauphin obtient la permiſſion de ſe rendre au camp d'Avignon. Il aſſiſte au Conſeil tenu par le Maréchal qui continue de ſuivre le plan de défenſe, dont il étoit convenu avec le Roi.

SOMMAIRE

DU LIVRE HUITIÈME,

Contenant les évènemens arrivés depuis 1536, jusques en 1541.

Le Marquis Jean-Louis, détenu prisonnier en France, est mis en liberté, & reçoit de Sa Majesté l'investiture du Marquisat de Saluces. Conseil tenu au camp de Valence. Le Roi se rend à celui d'Avignon. Retraite de l'armée ennemie. Combien elle souffre dans les chemins. La Gendarmerie & une partie de l'Infanterie Françoise, marchent au secours de Peronne. Levée du fameux siége de cette place. Le Roi retourne à Lyon, après avoir réparé les dommages que la guerre avoit causés en Provence. Il envoye une Ambassade en Angleterre. Fait procéder à la condamnation du scélérat qui avoit empoisonné Monsieur le Dauphin. Mort du Maréchal de Fleuranges. Mariage de Magdelaine de France, avec Jacques V, Roi d'Ecosse. Le Comte Rangoné met le siége devant Génes, & échoue dans son entreprise. Les Im-

Z 4

périaux levent le siége de Turin, & on leur enleve plusieurs places du Piémont. Burie essaye de surprendre Casal, & est fait prisonnier. Procédure faite contre Charles V, par François I. Les Comtés d'Artois, de Flandres & de Charolois sont déclarés réunis à la Couronne. Prise d'Hesdin, de Liliers & de Saint-Venant par les François. Le Roi fait fortifier Saint-Pol. Les ennemis reprennent cette place. Se rendent maîtres de Montreuil. Assiegent Terouanne, & battent le détachement qui étoit venu la ravitailler. Tréve conclue pour la Picardie & les Pays-Bas. D'Humieres se rend maître d'Albe, fait fortifier Quieras, & est obligé de se retirer à Pignerol, à cause de la mutinerie des Lansquenets. Ces places sont reprises par le Marquis du Guast qui vient bloquer Pignerol. Le Pas de Suse est forcé par le Maréchal de Montmorency. Le Dauphin recouvre la plûpart des places que les François avoient perdues. Il présente inutilement la bataille aux ennemis. L'on convient d'une suspension d'armes, & elle est prorogée pour dix ans par la médiation du Pape. Le

Maréchal de Montmorency *est* fait Connétable. Entrevûe de l'Empereur & du Roi à Ai-
gues-Mortes. Revolte de Gand. Paßage de
l'Empereur par la France. Grands honneurs
qu'on lui rend. Mariage du Duc de Cleves avec
Jeanne d'Albret. Langey par sa prévoyance &
ses soins, fait succéder l'abondance à une af-
freuse famine qui désoloit le Piémont.

Tome XX, p. 75.

SOMMAIRE

DU LIVRE NEUVIÈME,

Contenant les évènemens arrivés depuis 1541,
jusques en 1543.

Les honneurs extraordinaires rendus à l'Empereur, lors de son paßage en France, font
perdre au Roi la plûpart de ses Alliés. Rincon
& Fregose envoyés en ambaßade à Venise
& à Constantinople sont aßaßinés par ordre
du Marquis du Guast. Ce Seigneur adreße un
Manifeste aux Etats de l'Empire pour se justifier. Langey répond à ce Manifeste. La guerre
est déclarée à l'Empereur. L'armée commandée

SOMMAIRE
DU LIVRE DIXIÈME,

Contenant les évènemens arrivés depuis l'année 1543 jusqu'en 1546.

Siége d'Avesnes entrepris & abandonné par les François. Ils prennent Bapaume & Landrecy que le Roi fait fortifier. Se rendent maîtres du château d'Aimeries & de Maubeuge ; mais ils font obligés de lever le siége de Binche. Le Comte d'Anguyen essaye inutilement de surprendre le château de Nice. Siége de Landrecy par les Impériaux. Brissac bat un de leurs détachemens. Le Duc d'Aumale leur enleve plusieurs châteaux. Prise d'Arlon & de Luxembourg par le Duc d'Orléans. Le Duc de Cleves fait sa paix avec l'Empereur. Luxembourg est ravitaillé par le Prince de Melphe. La garnison de Landrecy est rafraîchie , & l'Empereur est obligé de lever le siége de cette place. Ruses ausquelles il a recours pour surprendre Cambrai. Prise de Nice par le Comte d'Anguyen ; mais il attaque inutilement le château. Le Marquis du Guast s'empare de Mondovi & de Carignan , & oblige Boutieres de lever le siége d'Yvrée. Fameuse bataille de Cerisoles, gagnée par le Comte d'Anguyen. La conquête du Montferrat & de Carignan est une suite de cette victoire. Traité de l'Angleterre avec l'Empereur. Prise de Luxembourg & de Ligny par les Impériaux. Surprise d'Abbe par le Comte d'Anguyen. Suspension d'armes pour l'Italie. Fameux siége de Saint-Disier. Une trahison rend les Impériaux maîtres de cette place. Ils surprennent Epernay & Château-Thierry. Paix de Crespy. Prise de Boulogne par les Anglois. Ils levent le siége de Montreuil. Monsieur le Dauphin reprend la Basse-Boulogne, & la perd presque aussi-tôt. Etrange exécution de Cabrieres & de Mèrindol. Descente en Angleterre faite par le Maréchal d'Annebaut sans aucun succès. Construction du fort d'Outreau. Mort du Duc d'Orléans. Les François ravagent la terre d'Oye. Traité de paix avec l'Angleterre. Mort de Henri VIII, suivie de près de celle de François I. Description des magnifiques obsèques faites à ce Prince. *Tome* XXI, p. I.

Fin de la Table des Sommaires, & du XXIe Volume.